LA PETITE DORRIT

24451. — PARIS, IMPRIMERIE LAHURE
Rue de Fleurus, 9

BIBLIOTHÈQUE
DES ÉCOLES ET DES FAMILLES

LA

PETITE DORRIT

PAR

CH. DICKENS

DEUXIÈME ÉDITION ILLUSTRÉE

PARIS
LIBRAIRIE HACHETTE et Cie
79, BOULEVARD SAINT-GERMAIN, 79
1892
Tous droits réservés.

LA PETITE DORRIT

LIVRE I

PAUVRETÉ

CHAPITRE I

AU SOLEIL ET A L'OMBRE

Il y a une trentaine d'années, Marseille était en train de rissoler au soleil. Il n'y avait pas assez de vent pour former une seule ride soit sur l'eau fétide du port, soit sur la mer imposante qu'on apercevait au delà.

Indiens, Russes, Chinois, Espagnols, Portugais, Anglais, Français, Génois, Napolitains, Vénitiens, Grecs, Turcs, descendants de tous les entrepreneurs de la tour de Babel que le commerce attirait à Marseille, recherchaient également l'ombre, acceptant n'importe quelle cachette, pourvu qu'elle leur servît d'abri contre l'éclat d'une mer d'un bleu trop ardent pour qu'on pût la regarder, et d'un ciel pourpre où étincelait enchâssé un vaste joyau de feu.

A cette époque il existait dans la ville une prison abominable. Dans une des salles de cette prison se trouvaient deux hommes. Auprès des deux hommes il y avait un banc déchiqueté et défiguré, fixé au mur, et sur lequel on avait grossièrement découpé un damier à coups de couteau; quant au jeu de dames, il était formé de vieux boutons et d'os; il y avait là aussi un jeu de dominos, deux paillassons et deux ou trois bouteilles. Le peu de jour que recevait la salle lui arrivait à travers une grille de fer, représentant une assez grande croisée, qui permettait d'inspecter à toute heure la prison, sans quitter les marches du sombre escalier sur lequel elle donnait. Il y avait une large saillie à cette grille, à l'endroit où l'extrémité des barreaux inférieurs était scellée dans la maçonnerie, à trois ou quatre pieds au-dessus du sol.

Sur cette saillie reposait l'un des deux prisonniers, à moitié assis et à moitié couché, les genoux ramassés, les pieds et les épaules accotés contre les parois opposées de la fenêtre. Il y avait assez d'espace entre les barreaux pour lui permettre d'y passer le bras jusqu'au coude, et il se retenait négligemment à la grille, pour plus de commodité. Cet homme semblait avoir froid. D'un geste impatient, il ramena d'une de ses épaules son large manteau, de façon à le faire tomber plus lourdement autour de lui, et grommela : « Au diable ce brigand de soleil qui ne brille jamais ici ! »

Il attendait sa pâture, et regardait obliquement à travers les barreaux, afin de voir le bas de l'escalier ; l'expression de son visage ressemblait à celle d'une bête féroce irritée par l'attente. Mais ses yeux, trop rapprochés, n'étaient point placés dans sa tête aussi noblement que ceux du roi des animaux, et ils étaient plus perçants que brillants. Il avait un nez recourbé, assez beau dans son genre, mais qui remontait trop entre les yeux. Il était grand et robuste de corps ; il avait des lèvres minces, à en juger par le peu que son épaisse moustache en laissait voir, une masse de cheveux secs, d'une couleur indéfinissable dans leur état inculte, mais offrant çà et là des tons rougeâtres. La main avec laquelle il se retenait aux barreaux de la croisée, toute couturée sur le dos de vilaines égratignures fraîchement cicatrisées, était extrêmement potelée ; elle eût même été extrêmement blanche sans la souillure de la prison.

L'autre prisonnier dormait par terre, sur les dalles, recouvert d'un habit brun de drap grossier.

« Lève-toi, animal, gronda son compagnon. Je ne veux pas que tu dormes quand j'ai faim.

— Ça m'est égal, maître, répondit l'animal d'un ton soumis et avec une certaine gaîté. Je me réveille quand je veux, je dors quand je veux : ça m'est égal. »

Tout en parlant, il s'était levé, secoué, gratté; il attacha négligemment son habit brun autour de son cou, en croisant les manches, et s'assit en bâillant sur le pavé humide, le dos appuyé contre le mur. C'était un petit homme au teint basané; un petit homme vif et agile, bien qu'un peu trapu. Il portait des boucles d'oreilles; des dents blanches éclairant l'expression grotesque de son visage brun, une barbe épaisse et d'un noir de jais, une chemise rouge toute déchirée, un large pantalon de marin, des souliers passables, un long bonnet rouge, une ceinture rouge à la taille : voilà son signalement.

On entendit une espèce de gargouillement dans la gorge de quelque serrure qui s'ouvrait au-dessous de la prison, puis une porte se referma avec bruit. On gravissait lentement les marches de l'escalier; bientôt le geôlier parut.

« Comment ça va-t-il cet après-midi, messieurs ? » dit-il, et s'adressant plus particulièrement au petit prisonnier brun : « Je vous apporte votre pain, signor Jean-Baptiste : et si j'osais vous conseiller de ne plus jouer....

— Vous ne conseillez pas au maître de ne plus jouer! » répliqua Jean-Baptiste; et il montra ses dents en souriant. Le signor Jean-Baptiste était Italien.

« Oh! c'est que le maître gagne, répondit le geôlier avec un rapide coup d'œil qui n'annonçait pas une grande sympathie pour l'individu en question, tandis que, vous, vous perdez. C'est bien différent. Ça ne vous a rapporté que du pain noir et une boisson amère, tandis que ça rapporte à M. Rigaud du saucisson de Lyon, du veau à la gelée, du pain blanc, du fromage d'Italie, du bon vin et du tabac. »

Dès qu'il eut déposé ses comestibles autour de lui, dans des coins commodes de l'embrasure où il reposait, M. Rigaud se mit à manger avec appétit. Il riait de plaisir.

Lorsque M. Rigaud riait, il s'opérait dans sa physionomie un changement remarquable, qui n'était pas fait pour prévenir en sa faveur. Sa moustache se relevait vers son nez, et son nez descendait sur sa moustache, ce qui lui donnait un air sinistre et cruel.

« Comme je vous le disais hier, fit observer le geôlier à M. Rigaud, le président du tribunal recherchera l'honneur de votre société cet après-midi.

— Pour me juger, hein? demanda Rigaud s'arrêtant, le couteau à la main et le morceau dans la bouche.

— Vous l'avez dit, pour vous juger.

— Et moi? il n'y a pas de nouvelles pour moi? » demanda Jean-Baptiste, qui avait commencé à grignoter son pain, d'un air très résigné. Le geôlier haussa les épaules.

« Sainte Vierge! me faudra-t-il rester ici toute ma vie?

— Comment voulez-vous que je le sache? s'écria le geôlier. Mort de ma vie! Jean-Baptiste Cavalletto, il y a quelquefois ici des prisonniers qui ne sont pas si pressés de se voir juger. »

Il parut jeter un coup d'œil oblique à l'adresse de M. Rigaud en faisant cette observation; mais M. Rigaud avait déjà recommencé son repas interrompu, quoiqu'il n'y mît pas, ce semble, autant d'appétit qu'auparavant.

« Adieu! » dit le geôlier, et il se retira.

M. Rigaud, ayant achevé son repas, dit à Cavalletto : « Tiens, tu peux boire, tu peux finir ça! »

Le don n'était pas des plus magnifiques, car il restait fort peu de vin à boire; mais signor Cavalletto se leva vivement, reçut la bouteille avec reconnaissance, porta le goulot à sa bouche, et fit claquer sa langue, en signe de satisfaction.

« Mets la bouteille avec les autres », dit Rigaud.

L'Italien obéit à cet ordre et se tint prêt à donner à son bienfaiteur une allumette tout allumée; car Rigaud roulait son tabac en cigarettes.

« Tiens, tu peux en prendre une.

— *Ringrazio!* mon maître! »

M. Rigaud se leva, alluma une cigarette, mit le reste de sa provision de tabac dans une poche de côté de son habit, et s'étendit tout de son long sur le banc. Cavalletto s'assit sur les dalles, tenant une de ses chevilles de chaque main, et se mit à fumer avec beaucoup de sang-froid.

« Cavalletto, demanda négligemment M. Rigaud, depuis combien de temps sommes-nous ici?

— Moi, il y aura onze semaines que j'y suis, demain, à minuit. Il y aura neuf semaines que vous y êtes, ce soir à cinq heures.

— M'as-tu jamais vu rien faire ici? Ai-je jamais touché au balai?

Ai-je jamais roulé ou déroulé nos paillassons, ou cherché les dames, ou ramassé les dominos, ou mis la main à aucune espèce d'ouvrage?

— Jamais!

— As-tu jamais eu la moindre idée de me voir faire aucune espèce d'ouvrage? »

Jean-Baptiste répondit par ce geste particulier qui consiste à secouer l'index de la main droite en le ramenant vers l'épaule, et qui est la négative la plus expressive de la langue italienne.

« Non! Tu as bien vu tout de suite, dès mon arrivée ici, que j'étais un gentilhomme?

— Altro! » répliqua Jean-Baptiste en fermant les yeux et en hochant vivement la tête.

« Ah! ah! ah! tu as raison! Je suis gentilhomme! et je vivrai en gentilhomme, et je mourrai en gentilhomme! je ne veux pas être autre chose qu'un gentilhomme! c'est là mon jeu, mort de ma vie! et je reste dans mon rôle partout où je vais! »

Il changea de position et s'assit, s'écriant d'un air de triomphe:

« Tiens! regarde-moi! Lancé hors du cornet de la destinée, me voilà tombé dans la société d'un simple contrebandier; claquemuré avec un pauvre petit fraudeur, dont les papiers ne sont pas en règle, et sur lequel la police a mis la main, pour avoir loué son bateau à d'autres petites gens qui désiraient passer la frontière et dont les papiers ne sont pas non plus en règle; et cet homme reconnaît instinctivement ma position sociale, même dans ce demi-jour et dans un endroit comme celui-ci. Bien joué! par le ciel! Tu vois bien que je gagne à tout coup. Le président va bientôt voir paraître un gentilhomme devant lui. Voyons! veux-tu que je te dise de quoi l'on m'accuse? C'est le moment ou jamais, car je ne reviendrai pas ici. Ou bien je m'en irai, libre comme l'air, ou bien l'on m'emmènera ailleurs pour me faire la barbe; tu sais, où ils gardent le rasoir! »

Signor Cavalletto retira sa cigarette d'entre ses lèvres entr'ouvertes et parut, pour le moment, plus déconcerté que l'on ne s'y serait attendu.

« Je suis un.... » M. Rigaud se leva avant de commencer son discours. « Je suis un gentilhomme cosmopolite. Le monde entier est ma patrie. Mon père était Suisse, ma mère était Française d'origine, mais elle est née en Angleterre. Moi-même je suis né en Belgique : je suis un citoyen de l'univers. Je peux avoir trente-cinq ans. J'ai vu le monde. J'ai vécu ici et j'ai vécu là, et partout j'ai vécu en gentilhomme. Il y a deux ans, je vins à Marseille. J'étais pauvre, c'est vrai. Je me suis mésallié en épousant la veuve d'un aubergiste, qui avait de la fortune. Je découvris trop tard que nos caractères ne pouvaient se convenir. Nous eûmes quelques querelles à propos d'argent. A chaque petite somme dont j'avais besoin pour mes dépenses personnelles, toujours une querelle nouvelle.... Juge de l'effet que cela devait produire sur l'esprit d'un homme dont le caractère est de vouloir être le maître ! Un soir, Mme Rigaud et moi nous nous promenions, comme deux bons amis, sur une falaise qui domine la mer. Mme Rigaud eut la malechance de faire allusion à ses parents (qui ne m'aimaient pas et qui ne cessaient de l'exciter contre moi) ; je raisonnai avec elle à ce sujet, et je lui reprochai de manquer à son devoir, en se laissant influencer par la malveillance jalouse que me témoignait sa famille. Mme Rigaud riposta, je ripostai à mon tour ; Mme Rigaud s'échauffa, je m'échauffai également, et je lui dis des choses irritantes, je le reconnais : il est dans mon caractère d'être franc. Enfin Mme Rigaud, dans un accès de fureur que je dois à jamais déplorer, se jeta sur moi en poussant des cris de rage (ce sont sans doute ces cris que l'on aura entendus à une certaine distance), me déchira mes habits, m'arracha les cheveux, m'égratigna les mains, piétina et laboura le sol avec ses pieds ; finalement, elle s'élança du haut de la falaise et se brisa le crâne sur des rochers qui sont au bas. Telle est la série de faits que la calomnie a voulu pervertir en cherchant à faire croire que j'avais tenté de forcer Mme Rigaud à m'abandonner la libre disposition de sa fortune, et que, sur son refus obstiné de faire la concession que je lui demandais, j'avais lutté avec elle,... que je l'avais assassinée !

— C'est hideux ! s'écria le petit Italien.

— Qu'entends-tu par là?

— Les juges et les tribunaux ont tant de préjugés ! reprit prudemment Cavalletto.

— Eh bien ! s'écria l'autre avec un juron, qu'ils me condamnent !

— Et vraiment c'est ce qu'ils feront, je crois », murmura tout bas Jean-Baptiste.

Ils n'échangèrent plus une parole. Au bout de quelque temps, une clef tourna dans la serrure. Un son de voix succéda au grincement de la clef.

« Allons, monsieur Rigaud, dit le geôlier, ayez la bonté de sortir.

— Je vais partir en grande cérémonie, à ce que je vois.

— Ma foi, si vous ne partiez pas comme cela, répondit le geôlier, vous pourriez bien partir en tant de morceaux qu'il deviendrait dif-

« JE SUIS UN GENTILHOMME COSMOPOLITE. »

ficile de vous rassembler. Il y a une fameuse foule qui ne vous aime guère. »

Parmi les mille tons blancs qu'éclaire le soleil, il n'en existe aucun qui ressemble à la pâleur qui couvrait en ce moment le visage de M. Rigaud.

Il alluma une autre cigarette à celle de son compagnon, la plaça entre ses dents serrées, se couvrit la tête d'un feutre mou à larges bords, rejeta de nouveau le coin de son manteau par-dessus son épaule, et sortit sans plus s'occuper de Cavalletto.

Quant à Jean-Baptiste, libre désormais de choisir entre les quatre murs l'emplacement où il lui conviendrait de mettre à profit sa faculté de s'endormir à volonté, il s'allongea sur le banc, le visage renversé sur ses bras croisés, et sommeilla. Sa soumission, sa légèreté, sa bonne humeur, ses colères passagères, sa facilité à se contenter de pain dur et de pierres plus dures encore, ses élans et ses boutades, en un mot, faisaient de lui un véritable enfant de la terre sur laquelle il était né.

CHAPITRE II

COMPAGNONS DE VOYAGE

La scène se passe au lazaret de Marseille, le lendemain du jour où la foule a hué M. Rigaud avec une fureur toute méridionale.
« Ils n'ont pas recommencé aujourd'hui à hurler comme ils l'ont fait hier, n'est-ce pas?
— Je n'ai rien entendu.
— Alors vous pouvez être sûr qu'ils n'ont rien dit. Lorsque ces gens-là se mettent à hurler, ils hurlent de façon à se faire entendre. »
L'orateur, qui malgré tout conservait un air de bonne humeur fort amusant à voir, lança dans la direction de Marseille un regard plein de mépris et de dénigrement. Puis, prenant une pose résolue en mettant ses mains dans ses poches et en faisant sonner son argent en signe de défi, il apostropha ainsi la ville : « Sans tant crier, vous feriez mieux de nous laisser aller à nos affaires, au lieu de nous tenir prisonniers, sous prétexte de quarantaine.
— C'est fort ennuyeux, en effet, dit son interlocuteur, mais nous allons sortir aujourd'hui même du lazaret.
— Nous allons en sortir aujourd'hui, je le sais bien; mais pourquoi y sommes-nous entrés? je vous le demande.
— La raison n'est pas bien forte, je dois l'avouer; mais comme nous arrivons de l'Orient, et que l'Orient est la patrie de la peste....
— La peste! répéta l'autre, voilà justement ce dont je me plains. Je l'ai eue continuellement, la peste, depuis le jour où je suis entré ici. Je suis entré ici aussi bien portant que je l'aie jamais été; mais me soupçonner d'avoir la peste, c'est me donner la peste. Et je l'ai eue, et je l'ai encore!

— Et vous la supportez très bien, monsieur Meagles, répondit son compagnon avec un sourire.

— Du tout. Si vous saviez ce qui en est, vous ne diriez pas ça !

— Eh bien, monsieur Meagles, n'en parlons plus puisque c'est fini, dit une joyeuse voix de femme, qui vint se mêler à la conversation.

— Fini ! répéta M. Meagles, qui semblait (ce n'était pourtant pas un méchant homme) se trouver dans cette disposition d'esprit toute particulière où le dernier mot prononcé par un tiers renferme une nouvelle offense ; fini ! et pourquoi donc n'en parlerions-nous plus parce que c'est fini ? »

C'est Mme Meagles qui avait adressé la parole à M. Meagles, et Mme Meagles avait, comme M. Meagles, l'air avenant et bien portant.

« Là ! n'y pensez plus, père, n'y pensez plus ! dit Mme Meagles ; de grâce, contentez-vous de notre Chérie.

— Notre Chérie ! » répéta M. Meagles, du même ton indigné.

Chérie, cependant, se trouvait tout près de son père ; elle posa sa main sur l'épaule de M. Meagles, qui s'empressa de pardonner à Marseille, et cela du fond du cœur.

Chérie pouvait avoir vingt ans. C'était une jolie fille, avec d'abondants cheveux bruns qui retombaient en boucles naturelles ; une charmante fille, avec un visage ouvert et des yeux admirables, si grands, si doux, si brillants, si bien enchâssés dans ce bon et joli visage ! Elle était fraîche, potelée et gâtée par-dessus le marché, avec un air de timidité qui lui allait à ravir.

« Voyons, je vous le demande, dit M. Meagles avec une douceur pleine de confiance, je vous le demande franchement, comme un honnête homme s'adressant à la bonne foi d'un honnête homme, vous savez.... Chérie mise en quarantaine !... Avez-vous jamais ouï parler d'une bêtise pareille ?

— Au moins cette bêtise a-t-elle eu pour résultat de nous rendre la captivité supportable.

— Allons ! dit M. Meagles, c'est bien quelque chose, il faut le reconnaître. Je vous remercie de votre observation. Ah çà ! Chérie, mon amour, tu feras bien d'aller avec ta mère, te préparer à monter dans le canot. Quant à nous autres, avant de sortir de cage, nous allons déjeuner encore une fois ensemble, comme de bons chrétiens, et puis chacun de nous s'envolera vers le but de son voyage. Tattycoram, ne perdez pas de vue votre jeune maîtresse. »

Il s'adressait cette fois à une belle fille aux cheveux et aux yeux noirs et brillants, mise très proprement, qui répondit par une demi-révérence, en s'éloignant à la suite de Mme Meagles et de Chérie.

Le compagnon de M. Meagles entama de nouveau la conversation.

« Oserai-je vous demander, dit-il, quel est le nom de...?

— De Tattycoram? répliqua M. Meagles ; ma foi, je n'en ai pas la moindre idée.

— J'avais cru, reprit l'autre, que....

— Tattycoram? suggéra M. Meagles.

— Merci ;... que Tattycoram était un nom propre; et plus d'une fois l'originalité de ce nom a excité ma surprise.

— Voyez-vous, reprit M. Meagles, le fait est que Mme Meagles et moi, nous sommes des gens pratiques. Or un beau matin, il y a de cela cinq ou six ans, lorsque nous avons mené Chérie à l'église des Enfants trouvés, Mère (c'est le nom de famille que je donne à Mme Meagles) se mit à pleurer. Je lui demandai ce qu'elle avait. « Mon Dieu ! mon Dieu, me répondit-elle en pleurant de plus belle, « lorsque j'ai vu tous ces enfants rangés en ligne et qui en appelaient « du père qu'aucun d'eux n'a connu sur la terre, au Père universel « qui est aux cieux, je n'ai pu m'empêcher de me demander si « quelque mère infortunée ne venait jamais ici, interrogeant tous « ces jeunes visages et cherchant à deviner quel est le pauvre enfant « qu'elle a mis au monde et qui ne doit jamais connaître l'amour, « le baiser, le visage, la voix, le nom de sa mère! » Or c'était là une pensée digne d'une femme pratique, et je dis à Mère : « Voilà « ce que j'appelle une pensée digne d'une femme pratique, ma « chère ! »

« Alors, le lendemain, je lui dis encore : « Ah çà ! Mère, j'ai une « proposition à te faire qui, je le crois, aura ton approbation. Pre-« nons une de ces enfants pour servir de petite bonne à Chérie. « Nous sommes des gens pratiques. Donc, si nous trouvons que la « petite bonne n'a pas le meilleur caractère du monde et que ses fa-« çons d'agir ne s'accordent pas tout à fait avec les nôtres, nous « saurons à quoi attribuer ces défauts-là. Nous saurons tout ce qui « lui a manqué des influences et des leçons qui nous ont formés « nous-mêmes. Pas de parents, pas de conte de la Mère l'Oie, pas de

« fée pour marraine.... » Et voilà comment nous avons mis la main sur Tattycoram.

— Et le nom lui-même ?

— Par saint Georges ! s'écria M. Meagles, j'oubliais le nom. Eh bien, on l'appelait à l'hospice Harriet Bedeau. Un nom en l'air, ça va sans dire. Or nous avons changé Harriet en Hatty, puis en Tatty. Quant à Bedeau, je n'ai pas besoin de vous dire que ce nom n'avait pas la moindre chance d'être accepté. Or, le fondateur de cet hospice d'enfants trouvés étant une bonne âme du nom de Coram, nous avons donné son nom à la petite bonne de Chérie. Tantôt on l'appelait Tatty et tantôt Coram, enfin nous avons fini par confondre les deux noms et nous ne l'appelons plus que Tattycoram. »

M. Meagles, en veine de confidences, apprit à son compagnon que Chérie avait eu une sœur jumelle, et qu'elles se ressemblaient à s'y méprendre. La sœur de Chérie était morte, encore enfant. Ses parents avaient concentré toute leur tendresse sur Chérie. La mort de sa jumelle l'avait extraordinairement frappée ; pour cette raison et aussi parce qu'ils craignaient de la voir s'attrister à vivre toujours avec des parents âgés (car ils s'étaient mariés tard), M. et Mme Meagles l'avaient fait voyager pour la distraire.

« Et maintenant, monsieur Clennam, dit M. Meagles, vous me permettrez de vous demander si vous avez enfin décidé quel sera le but de votre voyage.

— Non, pas encore.

— Il me paraît extraordinaire, si vous voulez bien excuser la liberté que je prends de vous dire cela, que vous ne vous rendiez pas directement à Londres, reprit M. Meagles, du ton d'un conseiller intime.

— J'irai peut-être.

— Oui ; mais il faut *vouloir* y aller.

— Je n'ai pas de volonté ; c'est-à-dire, ajouta Clennam en rougissant un peu, rien qui ressemble à une volonté pour me pousser à agir maintenant dans un sens ou dans un autre. Élevé par une main de fer qui m'a brisé sans m'assouplir ; obligé de traîner comme un galérien le boulet d'un emploi sur lequel on ne m'a pas consulté, et qui n'a jamais été de mon goût ; embarqué avant ma vingtième année pour l'autre bout du monde, où je suis resté en exil jusqu'à la mort de mon père, qui est décédé là-bas il y a deux ans ; toujours attelé à une charrue que je détestais, que peut-on attendre de moi, maintenant que je touche à la quarantaine? Une volonté, un but, un espoir quelconque? Toutes ces lueurs-là étaient déjà éteintes en moi avant que j'eusse appris à prononcer les mots.

— Eh bien, rallumez-les, dit M. Meagles.

— Ah! c'est facile à dire! monsieur Meagles. Je suis le fils de parents très durs. Je suis l'unique enfant d'un père et d'une mère qui ont tout pesé, mesuré et évalué, et pour lesquels ce qu'on ne peut ni peser, ni mesurer, ni évaluer, n'a jamais existé : des gens rigides, comme on dit, professant une religion sévère. Leur religion même n'était qu'un sombre sacrifice de goûts et de sympathies qui n'avaient jamais été les leurs, offert au ciel comme partie d'un marché qui devait leur assurer la jouissance de leurs biens terrestres. Mais c'est assez causé, voici le canot. »

Toutes les formalités accomplies, les voyageurs furent libres d'aller où bon leur sembla. Ils traversèrent le port dans de gais canots et se trouvèrent de nouveau rassemblés dans un grand hôtel.

Au milieu d'un plantureux repas, M. Meagles s'écria :

« Tenez! je n'en veux plus aux murailles monotones du lazaret. La première chose que l'on fait quand on quitte un mauvais gîte, c'est de lui pardonner. Je ne serais pas étonné de voir un prisonnier se montrer moins sévère pour sa prison lorsqu'on le met en liberté. »

Il y avait une trentaine de convives, et parmi eux se trouvait une jeune et jolie Anglaise, voyageant toute seule; elle avait une physionomie orgueilleuse et un regard observateur; elle avait évité la société de ses compagnons de route, ou peut-être étaient-ce eux qui l'avaient évitée : dilemme qu'elle seule peut-être eût été en état de résoudre.

Elle releva la dernière remarque de M. Meagles.

« Vous croyez donc qu'un prisonnier peut cesser jamais d'en vouloir aux murs de sa prison? demanda-t-elle d'une voix lente et en appuyant sur chaque mot.

— C'est une simple hypothèse de ma part, mademoiselle Wade. Je ne prétends pas savoir au juste ce qu'éprouve un captif. C'est la première fois que je sors de prison.

— Mademoiselle doute, dit un Français en sa langue, qu'il soit facile de pardonner? »

Chérie fut obligée de traduire ce passage à M. Meagles, qui

jamais n'apprenait un mot de la langue des pays qu'il visitait.
« Oh! fit-il; mais c'est dommage, savez-vous?

— De ne pas être crédule? demanda Mlle Wade.

— Ce n'est pas tout à fait ce que j'ai voulu dire. Vous tournez la question. C'est dommage de ne pas croire qu'il soit facile de pardonner.

— Mon expérience, répliqua tranquillement Mlle Wade, s'est chargée de corriger peu à peu mes croyances. C'est un progrès qui s'opère naturellement dans l'espèce humaine, à ce qu'on dit.

— A la bonne heure! Mais il n'est pas naturel de garder rancune, j'espère? demanda gaîment M. Meagles.

— Si on m'avait enfermée dans une prison quelconque, si j'y avais langui et souffert, j'aurais en horreur cette prison, et je voudrais la brûler ou la raser à fleur de terre. Voilà tout ce que je sais. »

Après le déjeuner les voyageurs se séparèrent. Les Meagles firent leurs offres de service à Mlle Wade, qui les refusa avec froideur.

Avec l'adieu le plus glacial et une expression de découragement qui donnait à sa beauté, encore dans toute sa fleur, un air fané, elle sortit de la salle. En passant par le couloir où se trouvait son appartement, elle entendit le bruit d'une voix irritée, éclatant en murmures et en sanglots. Une porte était restée entr'ouverte : elle aperçut la jeune bonne des Meagles. Elle se tint immobile à la regarder. C'était une fille intraitable et irascible.

« Brutes, égoïstes! s'écria-t-elle, sanglotant et haletant après chaque parole. Ils ne s'inquiètent pas seulement de savoir ce que je deviens! Ils me laissent ici à mourir de faim et de soif! Qu'est-ce que ça leur fait à ces brutes-là?

— Qu'avez-vous donc, ma pauvre fille?

— Qu'est-ce que cela vous fait? répondit brusquement Tattycoram. Est-ce que ça vous regarde?

— Oh! certainement, je suis fâchée de vous voir ainsi.

— Vous n'en êtes pas fâchée, dit la servante. Dites plutôt que vous en êtes contente. Je ne me suis mise en colère que deux fois là-bas, en quarantaine, et à chaque fois vous m'avez surprise. J'ai peur de vous.

— Peur de moi?

— Oui. Il semble que vous arriviez toujours avec ma colère, ma

MADEMOISELLE WADE RESTAIT TOUJOURS IMMOBILE. (Voir p. 20.)

méchanceté, ma... je ne sais pas ce que c'est. Mais c'est égal, je suis maltraitée; je suis maltraitée, maltraitée! »

Elle recommença à pleurer, à sangloter, à se frapper, pour se faire des meurtrissures.

Mlle Wade resta là immobile, contemplant ce spectacle avec un étrange sourire. C'était chose merveilleuse à voir en effet, la fureur du combat que se livrait la jeune servante, et la lutte physique qu'elle soutenait contre elle-même, comme si elle eût été possédée des démons du temps jadis.

« J'ai deux ans de moins qu'elle, et pourtant c'est toujours moi qui la soigne, comme si j'étais une vieille duègne; et c'est elle qu'on dorlote et qu'on appelle petite Chérie! Je déteste ce nom! Je la déteste elle-même. Ils en font une sotte. Ils la gâtent. Elle ne pense qu'à elle; elle ne pense pas plus à moi que si j'étais une borne! »

Mlle Wade restait toujours immobile, la main posée sur sa poitrine, contemplant la servante, semblable à un malade qui suit d'un œil curieux la dissection et l'explication d'un sujet mort du mal même dont il se sent atteint.

Les exclamations irritées de Tattycoram finirent par dégénérer en murmures entrecoupés et plaintifs, comme si elle eût souffert de quelque mal. Peu à peu elle se laissa tomber sur une chaise, puis sur ses genoux, puis sur le parquet, à côté du lit, dont elle tira le couvre-pied à elle, pour y cacher son visage honteux et ses cheveux humides, peut-être aussi pour le presser dans ses bras, plutôt que de n'avoir rien à serrer contre son cœur repentant.

« Allez-vous-en! allez-vous-en! Quand mon vilain caractère me reprend, je suis comme folle. Je sais que je pourrais me retenir si j'essayais bien fort; mais d'autres fois je ne me retiens pas, je ne veux pas me retenir. Tenez! tout à l'heure, je savais que tout ce que je disais n'était que des mensonges. Ils sont persuadés, j'en suis sûre, que quelqu'un s'est occupé de moi dans l'hôtel, et que j'ai tout ce qu'il me faut. Ils sont, pour moi, aussi bons qu'on peut l'être. Je les aime de tout mon cœur; personne ne pourra jamais être meilleur pour un être aussi ingrat. Je vous en prie, je vous en prie, allez-vous-en, car j'ai peur de vous. J'ai peur de moi lorsque je sens venir mes accès de rage; eh bien! j'ai peur aussi de vous! Allez-vous-en, et laissez-moi prier et pleurer à mon aise »

CHAPITRE III

CHEZ SOI

La scène se passe à Londres, par une soirée de dimanche, une soirée sombre, étouffante et comme moisie. Mille cloches agaçantes appellent les fidèles à l'église, sur tous les degrés de dissonances, en dièse et en bémol, fêlées et sonores, lentes et rapides, tirant toutes de hideux échos des amas de briques et de plâtre que l'on appelle des maisons.

M. Arthur Clennam, récemment arrivé de Marseille, par la route de Douvres, et déposé par la voiture de Douvres devant l'hôtel de la *Fille aux yeux bleus*, était assis à la croisée d'un café de Ludgate-hill. Le bruit des cloches avait réveillé en lui le souvenir d'une longue suite de bien tristes dimanches.

« Que le ciel me pardonne ! se dit-il, et à ceux qui m'ont élevé ! M'a-t-on assez fait prendre en grippe ce jour-là ! »

« Pardon, m'sieu, dit un garçon affairé, en frottant la table. Voulez-vous voir vot' chamb' à coucher ?

— Oui, c'est justement ce que j'allais vous demander.

— Madame ! cria le garçon, le m'sieu à la malle numéro sept demande à voir sa chambre à coucher.

— Attendez ! dit Clennam, sortant de sa rêverie. Je ne songeais pas à ce que je disais ; je vous ai répondu machinalement. Je ne couche pas ici. Je vais chez moi.

— Très bien, m'sieu. Madame, m'sieu à la malle numéro sept couche pas ici. S'en va chez lui. »

La pluie tombait à torrents. M. Arthur Clennam prit son chapeau, boutonna son habit et sortit. Il passa devant l'église Saint-Paul et descendit, par un angle prolongé, presque jusqu'aux bords de la Tamise, en traversant ces rues tortueuses et penchées qui vont de Cheapside à la rivière, devenant de plus en plus tortueuses et penchées à mesure qu'elles s'en rapprochent davantage.

Il atteignit enfin la maison qu'il cherchait, une vieille maison de brique, si sombre qu'elle paraissait presque noire, isolée derrière une grille. C'était une maison double en profondeur, avec des fenêtres longues, étroites, lourdement enchâssées. Bien des années auparavant, elle s'était mis dans la tête de se laisser glisser jusqu'à terre; on l'avait étayée, elle s'appuyait encore sur une demi-douzaine de ces béquilles gigantesques qui, rongées par l'intempérie des saisons, noircies par la fumée du charbon, couvertes de mauvaises herbes, servaient de gymnase à tous les chats du voisinage, et ne paraissaient plus former un appui bien rassurant.

« Rien de changé, dit le voyageur, s'arrêtant pour regarder autour de lui ; c'est aussi sombre et aussi triste que jamais ! »

Il frappe. Un pas traînant se fait bientôt entendre sur les dalles de l'antichambre, et la porte est ouverte par un vieillard, courbé et momifié, sauf les yeux, qui sont vifs et perçants.

« Ah ! c'est M. Arthur, dit-il sans émotion aucune : vous voilà enfin arrivé. Entrez ! »

M. Arthur entra et referma la porte.

« Vous avez pris du corps et de l'embonpoint, dit le vieillard, mais vous ne valez pas encore votre père, ni même votre mère.

— Comment va-t-elle, ma mère ?

— Elle va toujours de même. Elle garde la chambre, quand elle n'est pas forcée de garder le lit ; elle n'a pas quitté sa chambre quinze fois en quinze années. Je doute que votre mère soit bien aise d'apprendre que vous avez voyagé un dimanche.

— Vous ne voulez pas, sans doute, que je m'en retourne ?

— Oh ! moi ? moi ? Je ne suis pas le maître. Il ne s'agit pas de ce que je veux. J'ai servi de plastron entre votre père et votre mère pendant bien des années ; je n'ai pas envie de servir de plastron entre votre mère et vous.

— Voulez-vous lui dire que je suis revenu ?

— Oui, Arthur, oui ; oh ! certainement ! Je vais lui dire que vous êtes revenu. Voulez-vous bien attendre un moment dans la salle à manger? Vous ne trouverez rien de changé ici. »

Il prit un autre chandelier dans une armoire, l'alluma, laissa le premier sur la table et alla exécuter sa commission. C'était un petit vieillard chauve, vêtu d'un gilet et d'un habit noirs à collet montant, d'une culotte de velours gris et de longues guêtres de même étoffe.

« C'EST AUSSI SOMBRE ET AUSSI TRISTE QUE JAMAIS! »

Grâce à ce costume équivoque, il pouvait passer à volonté pour un commis ou pour un domestique; et en effet il remplissait depuis longtemps l'une et l'autre de ces fonctions. Il avait la tête de travers, et se mouvait tout d'un côté, avec une certaine démarche d'écrevisse, qui donnait à penser que ses fondations avaient cédé à la même époque que celles de la maison, et qui faisait regretter qu'on ne l'eût pas étayé de la même façon.

Au bout de quelque temps, le vieillard revint en disant :

« Arthur, je passe devant pour vous éclairer. »

Arthur monta après lui l'escalier, qui était divisé en panneaux semblables à des tablettes tumulaires, et entra avec lui dans une chambre à coucher obscure, dont le parquet s'était enfoncé et tassé peu à peu, de façon à laisser la cheminée au fond d'une vallée. Dans ce vallon, sur un canapé noir pareil à une bière, le dos appuyé contre un grand coussin anguleux, était assise la mère d'Arthur Clennam, dans son costume de veuve.

Son père et sa mère avaient toujours vécu en mésintelligence, d'aussi loin qu'il pouvait se rappeler. Demeurer silencieux sur sa chaise au milieu d'un profond silence, promenant avec effroi son regard de l'une à l'autre de ces figures qui se tournaient le dos, telle avait été l'occupation la plus paisible de son enfance. Sa mère lui donna un baiser glacial et quatre doigts raides, enveloppés dans un tricot de laine. Cette embrassade terminée, il s'assit de l'autre côté de la petite table placée auprès de sa mère. Il y avait du feu dans la cheminée, comme il y en avait eu nuit et jour depuis quinze ans. Il y avait enfin dans la chambre mal aérée une odeur de teinture noire que le feu tirait depuis quinze ans du crêpe et de l'étoffe qui composaient le costume de la veuve, et depuis quinze ans aussi de ce canapé funèbre.

« Mère, voilà qui ne ressemble plus à vos vieilles habitudes d'activité.

— Le monde s'est rétréci pour moi, Arthur, il se borne à cette chambre, ajouta-t-elle en regardant autour d'elle. Bien m'a pris de ne pas m'attacher à ses vanités.

— Ne quittez-vous jamais votre chambre, mère?

— Par suite de mon affection rhumatismale et de la débilité nerveuse qui s'ensuit, j'ai perdu l'usage de mes jambes. Je ne quitte pas ma chambre. Je n'ai pas franchi ce seuil depuis…. Dites-lui depuis combien de temps, ajouta-t-elle, s'adressant à quelqu'un par-dessus son épaule.

— Il y aura douze ans à Noël, répliqua une voix fêlée qui se fit entendre dans l'obscurité, derrière le canapé.

— Est-ce vous, Affery? » demanda Arthur, regardant dans cette direction.

La voix fêlée répondit que c'était Affery, et une vieille femme s'avança jusque dans le peu de clarté douteuse qu'il y avait, envoya un baiser à Arthur, puis s'évanouit de nouveau dans l'obscurité.

Mme Clennam, indiquant d'un geste léger de la main un fauteuil

à roulettes auprès du grand secrétaire soigneusement fermé, reprit :
« Je suis encore en état de faire mes affaires, et je remercie le ciel de cette faveur. C'est une faveur précieuse. Mais assez causé d'affaires le jour du Seigneur. »

Sur sa table il y avait deux ou trois livres, son mouchoir, une paire de lunettes d'acier qu'elle venait de quitter, et une grosse montre d'or à double boîtier de forme ancienne. Les yeux de la mère et du fils se fixèrent simultanément sur ce dernier objet.

« Je vois que le paquet que je vous ai envoyé à la mort de mon père vous est parvenu sain et sauf, mère.

— Vous voyez.

— Jamais, à ma connaissance, mon père n'avait montré autant de sollicitude que lorsqu'il m'a recommandé de vous expédier cette montre sans délai.

— Je la garde en souvenir de votre père.

— Après la mort de mon père, je l'ai ouverte, pensant qu'elle pouvait renfermer quelque souvenir ; mais je n'ai pas besoin de vous le dire, mère, je n'y ai découvert que le vieux rond de soie brodé de perles, que vous avez sans doute retrouvé à sa place, entre les deux boîtiers, où je l'ai remis. »

Mme Clennam fit un signe de tête affirmatif, puis elle ajouta :

« Assez causé d'affaires le jour du Seigneur. » Après quoi elle ajouta : « Affery, il est neuf heures ».

Là-dessus, Affery et le vieillard servirent à Mme Clennam un petit souper très fin, qu'elle expédia sans se faire prier. Lorsqu'elle eut soupé, on enleva les plateaux ; les livres, la chandelle, le mouchoir et les lunettes furent replacés sur la table. Mme Clennam mit alors ses lunettes et lut tout haut dans un des livres certains passages menaçants, d'une voix dure, farouche, irritée, priant afin que ses ennemis (par son intonation et par son geste elle en faisait expressément ses ennemis personnels) fussent passés au fil de l'épée, brûlés vifs, frappés de la lèpre et de la peste, complètement exterminés, et que leurs os fussent broyés en poussière.

Mme Clennam referma le livre et se recueillit quelques minutes, le visage caché dans sa main. Puis elle se disposa à se coucher.

« Bonsoir, Arthur ; Affery verra à ce qu'il ne vous manque rien. »

Arthur suivit le vieillard et sa femme qui descendaient.

Dès qu'elle fut seule avec lui dans la salle à manger, Affery lui demanda s'il voulait souper.

« Non, Affery, pas de souper pour moi.

— Vous en aurez si vous voulez, dit Affery. La perdrix qu'elle soit manger demain est dans le garde-manger. C'est sa première de l'année. Dites un mot et je vous la ferai rôtir. »

Non, il avait dîné tard, et il ne voulait rien manger.

« Buvez quelque chose alors, reprit Affery; vous aurez un verre de son vin de Porto, si vous voulez. Je dirai à Jérémie que vous m'avez donné l'ordre d'apporter la bouteille. »

Non, il ne voulait pas boire non plus.

« Ce n'est pas une raison, Arthur, dit la vieille, se penchant pour lui parler à l'oreille, parce qu'ils me font trembler dans ma peau, pour que vous trembliez aussi. Vous avez la moitié de la fortune, n'est-ce pas?

— Oui, oui.

— Eh bien, alors, qu'est-ce que vous craignez? Vous êtes malin, n'est-ce pas, Arthur? »

Il fit un signe de tête affirmatif, pour contenter la vieille.

« Alors, jouez serré avec eux! Elle est terriblement maligne, *elle*, et il faut quelqu'un de bien malin pour oser lui dire un mot. *Lui* aussi, il est fièrement malin; oui, il est malin!... et il arrange madame, allez! quand l'envie lui en prend.

— Votre mari ose...?

— Ose! Ça me fait trembler des pieds à la tête, de l'entendre arranger madame comme il le fait. Mon mari, Jérémie Flintwinch, sait dompter jusqu'à votre mère. Vous voyez s'il faut qu'il soit malin! »

Le pas traînant du vieux Jérémie, s'avançant vers la salle à manger, la fit reculer jusqu'à l'autre bout de la chambre. Mme Jérémie avait beau être une grande femme aux traits durs et à la charpente vigoureuse, elle parut s'affaisser sur elle-même à l'approche du petit vieillard aux yeux perçants, et à la dégaine d'écrevisse.

« Ah çà! Affery, dit Jérémie à sa femme, à quoi penses-tu? Ne peux-tu pas trouver pour M. Arthur quelque chose à grignoter? »

M. Arthur répéta le refus qu'il avait déjà fait de grignoter quoi que ce fût.

« Très bien, alors, reprit le vieillard ; va faire son lit ; remue-toi. »

Puis s'adressant à Arthur : « Vous aurez demain maille à partir avec votre mère. Elle se doute qu'à la mort de votre père vous avez renoncé aux affaires. Ça n'ira pas tout seul.

— J'avais renoncé à tout pour les affaires ; il est bien temps maintenant que je renonce aux affaires.

— Très bien ! s'écria Jérémie, qui voulait évidemment dire : *très mal.* Très bien ; seulement, ne comptez pas, Arthur, que je vais servir de plastron entre votre mère et vous, comme j'ai servi de plastron entre elle et votre père. En voilà assez, comme dit votre mère, et plus qu'assez sur un pareil sujet, le jour du Seigneur. Affery, femme, n'as-tu pas encore trouvé ce qu'il te faut ? »

Elle était en train de prendre dans une armoire des draps et des couvertures ; elle s'empressa de les rassembler et de répondre : « Si, Jérémie ». Arthur Clennam l'aida, en se chargeant lui-même du paquet, souhaita le bonsoir au vieillard, et suivit Affery jusqu'aux combles de la maison.

Arthur ouvrit la longue croisée de la mansarde pour contempler toute une forêt de cheminées noires et délabrées ; puis il quitta la croisée, s'assit au pied du lit et regarda Affery mettre les draps.

« Affery, lui dit-il après un assez long silence, quelle est cette jeune fille que j'ai entrevue dans la chambre de ma mère ?

— Fille ? demanda Mme Jérémie d'un ton un peu criard.

— C'est certainement une jeune fille que j'ai vue près de vous, presque cachée dans un coin obscur.

— Oh ! bon ! la petite Dorrit ? Oh ! ce n'est rien du tout, un de ses caprices, à *elle*... (Une des singularités de Mme Jérémie consistait à ne jamais désigner Mme Clennam par son nom.) Mais il y a au monde des personnes qui valent mieux que celle-là. Avez-vous oublié votre ancienne bonne amie ?

— Non, je me la rappelle très bien.

— Je vais vous annoncer une bonne nouvelle. Elle est à son aise et veuve ; et si vous voulez l'épouser, rien n'empêche.

— Comment savez-vous cela, Affery ?

— C'est les deux finauds qui en ont causé.... Voilà Jérémie sur l'escalier ! »

Là-dessus, elle s'éclipsa.

CHAPITRE IV

MADAME JÉRÉMIE FAIT UN RÊVE

Ce soir-là, quelques heures seulement après avoir quitté le fils de sa vieille maîtresse, Mme Jérémie fit un rêve d'une vivacité étrange; et même cela n'avait nullement l'air d'un rêve, tant il semblait réel, tous tous les rapports.

Après avoir mis sa maîtresse au lit, allumé la lampe et dit bonsoir, Mme Jérémie alla se coucher comme de coutume.

Il lui sembla qu'elle se réveillait après avoir dormi quelques heures. Là-dessus elle s'était levée, s'était enveloppée d'un peignoir, et, ayant mis ses pantoufles, avait descendu l'escalier, à la recherche de Jérémie, dont l'absence l'intriguait beaucoup.

Elle descendit l'escalier marche par marche, se dirigeant au moyen de la rampe, attendu que la chandelle venait de s'éteindre. Dans un des coins du vestibule, derrière la porte d'entrée, il y avait une petite chambre d'attente, semblable à l'ouverture d'un puits, et dont l'étroite et longue fenêtre avait l'air d'une crevasse. Une lumière brillait dans ce cabinet, dont on ne se servait jamais.

Mme Jérémie s'attendait à trouver son époux endormi ou évanoui; mais non, il était là tranquillement assis auprès d'une table, tout éveillé... et aussi bien portant que jamais.

Mais ce qui remplit Mme Jérémie d'étonnement et d'épouvante, c'est que M. Flintwinch éveillé observait M. Flintwinch endormi. Il était assis d'un côté de la petite table, fixant un regard scrutateur sur son image qui dormait en face de lui, le menton sur la poitrine, avec force ronflements. Le Flintwinch éveillé avait le visage tourné en plein du côté de sa femme; le Flintwinch endormi se présentait de profil.

Si elle eût pu douter un seul instant que le Flintwinch éveillé fût son Jérémie à elle, l'impatience naturelle de son cher époux eût dissipé toute incertitude à cet égard. Il chercha autour de lui quelque arme offensive, saisit les mouchettes et, avant de s'en servir pour enlever le chou-fleur qui couronnait la mèche de la chandelle, il

LE FLINTWINCH ENDORMI SE PRÉSENTAIT DE PROFIL.

porta une botte au dormeur, comme s'il eût voulu le percer de part en part.

« Qui est là? Qu'est-ce qu'il y a? s'écria le dormeur, brusquement éveillé. Ah! je ne savais plus où j'étais.

— Savez-vous que vous avez dormi deux heures? grommela Jérémie, regardant à sa montre, et vous disiez qu'un petit somme suffirait pour vous reposer. Deux heures et demie du matin! Où est votre pardessus? Où est la boîte?

— Tout est là, répliqua Jérémie numéro deux; il mit son cache-nez, endossa son pardessus, but un verre de porto, et prit la boîte.

C'était une cassette de fer d'environ deux pieds carrés, qu'il pouvait porter assez aisément sous son bras.

Jérémie numéro un sortit sur la pointe des pieds pour lui ouvrir la porte. Mme Jérémie, ayant prévu cette sortie, était déjà sur l'escalier. Le reste se passa d'une façon si ordinaire et si naturelle, qu'elle put voir la porte s'ouvrir, sentir l'air frais de la nuit et apercevoir les étoiles qui brillaient au ciel.

Mais c'est alors que le rêve devint étrange. Mme Jérémie avait si grand'peur de son mari, qu'elle resta sur l'escalier sans pouvoir bouger pour battre en retraite et regagner sa chambre, et elle se tint immobile sur une des marches. Aussi lorsque Jérémie remonta, chandelier en main, pour aller se coucher, il arriva droit sur elle. Il parut étonné; mais il ne dit pas un mot. Il fixa ses regards sur elle et continua sa route; Mme Jérémie, sous l'influence de ce regard, reculait à mesure qu'il avançait. C'est ainsi qu'ils arrivèrent dans leur chambre. Ils ne furent pas plus tôt renfermés, que le mari saisit sa femme à la gorge, et se mit à la secouer, jusqu'à ce qu'elle fût sur le point d'étouffer.

« Ah çà! Affery, femme,... Affery ! dit M. Jérémie Flintwinch, tu es donc somnambule ? Je monte me coucher, après m'être endormi moi-même en bas, et je te trouve en peignoir, en proie à un cauchemar! Si jamais tu t'avises de faire encore un rêve pareil, ça me prouvera que tu as besoin de quelque médecine. Et je t'en donnerai, ma vieille,... une telle dose, vois-tu!... »

Mme Jérémie le remercia et se glissa dans son lit.

CHAPITRE V

AFFAIRES DE FAMILLE

Le lendemain matin, à neuf heures, Mme Clennam, assise dans son fauteuil, fut roulée par Jérémie vers le grand secrétaire. Lorsqu'elle eut tourné la clef et ouvert le secrétaire, Jérémie se retira et Arthur parut. Après avoir pris des nouvelles de sa mère, il s'assit auprès d'elle.

« Puis-je vous parler d'affaires, mère? Êtes-vous disposée à vous en occuper?

— Si j'y suis disposée, Arthur? Ne serait-ce pas à moi de vous adresser cette question? Voilà un an et plus que votre père est mort. Depuis cette époque je suis à votre disposition, à attendre votre bon plaisir.

— J'ai eu bien des choses à régler avant de pouvoir partir, et, après être parti, j'ai voyagé un peu pour me reposer et pour me distraire. D'ailleurs, comme vous êtes seule exécutrice testamentaire, il me restait peu de chose, ou plutôt il ne me restait rien à faire avant que vous eussiez tout arrangé à votre satisfaction.

— Les comptes sont balancés, répondit-elle, je les ai là, les pièces à l'appui ont été examinées et paraphées ; vous pourrez les voir lorsque vous voudrez, Arthur, tout de suite si cela vous plaît.

— Il me suffit, dit Arthur, de savoir que tout est en règle. Mère, depuis quelque temps les affaires de notre maison vont décroissant chaque année, et nos relations commerciales ont diminué progressivement. Nous n'avons jamais témoigné ni par conséquent provoqué beaucoup de confiance; nous ne nous sommes pas fait d'amis;

la marche que nous avons suivie n'est plus celle de notre époque, et nous nous trouvons distancés. Je n'ai pas besoin d'insister là-dessus, mère, vous le savez nécessairement.

— Je sais ce que vous voulez dire, répliqua-t-elle d'un ton moins glacial.

— Vous avez prévu, mère, que j'ai résolu, quant à moi, de ne plus m'occuper des affaires de la maison ; j'y renonce.

— Est-ce tout ?

— Mère, il me reste à vous parler d'une chose qui, depuis longtemps, me préoccupe nuit et jour. C'est difficile à dire ; maintenant il ne s'agit plus de moi, mais de nous tous.

— Nous tous ! Qu'entendez-vous désigner par ces mots ?

— Vous, moi, feu mon père. »

Mme Clennam retira ses mains de dessus le secrétaire, les croisa sur ses genoux, et regarda le feu avec l'expression mystérieuse d'un sphinx antique.

« Vous avez connu mon père beaucoup plus que je n'ai pu le connaître. L'influence que vous aviez sur lui a été cause de son départ pour la Chine, où il surveillait nos affaires pendant que vous les surveilliez ici. C'est d'après votre volonté, je sais cela aussi, que je suis resté auprès de vous jusqu'à ma vingtième année, et que je suis ensuite allé rejoindre mon père en Chine. Vous ne vous offensez pas de m'entendre vous rappeler ces faits à vingt ans de distance ?

— J'attends que vous m'appreniez pourquoi vous les rappelez. »

Il baissa la voix, et ajouta avec une hésitation évidente : « Je veux savoir, mère, si l'idée vous est jamais venue de soupçonner... ».

Au mot *soupçonner*, elle tourna un instant ses yeux vers son fils, avec un sombre froncement de sourcils.

« ... de soupçonner que mon père fût tourmenté par quelque souvenir secret,... par quelque remords ?

— Je ne comprends pas bien, répliqua-t-elle après un moment de silence, à quelle espèce de souvenir secret votre père, à vous entendre, aurait été en proie. Vous parlez avec tant de mystère !

— Ne serait-il pas possible, mère, qu'il eût malheureusement fait du tort à quelqu'un, et qu'il fût mort sans avoir pu le réparer ? »

Lançant à son fils un regard plein de colère, Mme Clennam se recula dans son fauteuil afin de s'éloigner de lui; mais elle ne répondit pas. Il continua :

« A force de saisir l'argent d'une main avide et de conclure des marchés avantageux, on peut avoir gravement trompé, lésé, ruiné quelqu'un. Avant que je vinsse au monde, vous étiez déjà la cheville ouvrière de nos affaires; depuis plus de quarante ans, votre esprit, plus ferme, a influencé toutes les transactions de mon père : je crois que vous pourriez dissiper tous mes doutes, en m'aidant franchement à découvrir la vérité. Voulez-vous, mère? »

Il se tut, dans l'espoir que sa mère allait lui répondre; mais les lèvres comprimées de Mme Clennam restèrent aussi immobiles que les bandeaux de sa chevelure grise.

« S'il est une réparation, s'il est une restitution que nous puissions faire, sachons-le, et faisons-la; ou plutôt, mère, si mes moyens me le permettent, laissez-moi la faire. J'ai reconnu que l'argent est si peu capable de donner le bonheur! L'argent, à ma connaissance, a apporté si peu de calme dans cette maison. Il ne saurait rien me procurer qui ne devienne, pour moi, une source de reproches et de misère, si je me sens poursuivi par le soupçon qu'il a assombri par un remords les dernières heures de mon père, et qu'il ne m'appartient pas honnêtement et loyalement. »

Un cordon de sonnette pendait le long d'une des boiseries du mur, à deux ou trois pieds du secrétaire. Par un rapide et soudain mouvement de son pied, elle fit brusquement rouler son fauteuil en arrière, et sonna avec une violence extrême, le bras gauche levé entre son fils et elle, comme si son fils eût menacé de la frapper, et qu'elle cherchât à parer le coup.

Une jeune fille accourut tout effrayée.

« Envoyez-moi Jérémie! »

L'instant d'après, la jeune fille s'était retirée et le vieillard se tenait debout sur le seuil.

Mme Clennam allongea le bras qui lui avait servi de bouclier et s'écria, en désignant ainsi l'objet de sa colère :

« A peine y a-t-il quelques heures qu'il est de retour, et il vient calomnier la mémoire de son père en présence de sa mère! Il prie sa mère de s'associer à lui pour espionner la vie passée de feu son père! Il craint que les biens de ce monde, que nous avons péniblement amassés en travaillant du matin au soir, en nous fatiguant, en nous privant de tout, ne soient qu'un butin mal acquis, et il demande à qui il faut les céder à titre de réparation et de restitution! »

Bien que sa colère fût devenue de la fureur, elle parlait d'une voix contenue, moins élevée même que d'habitude.

« Réparation! reprit-elle, oui vraiment! Il peut parler de réparation celui qui vient de voyager et de s'amuser dans je ne sais quels pays étrangers, et de mener une vie de vanité et de plaisir. Mais qu'il me regarde, moi qu'il trouve emprisonnée et enchaînée ici. J'endure tout cela sans me plaindre, parce qu'il a plu au Seigneur de m'imposer cette existence en réparation de mes péchés. Réparation! Croit-on qu'il n'y en a aucune dans cette chambre? Croit-on qu'il n'y en ait pas eu à rester ici pendant ces quinze dernières années? »

C'est ainsi qu'elle balançait toujours ses comptes avec la majesté du ciel, inscrivant dans le grand livre tous les articles payés à son crédit, établissant régulièrement son solde et réclamant son dû.

« Voyons où nous en sommes, dit Jérémie en s'adressant à sa maîtresse. Avez-vous dit à M. Arthur qu'il ne doit pas soupçonner son père? qu'il n'a pas le droit de le soupçonner? qu'il n'y a pas le moindre fondement à ses soupçons?

— Je le lui dis maintenant.

— Ah! très bien, reprit le vieillard, vous ne le lui aviez pas encore dit, mais vous le lui dites maintenant. Très bien! Puis-je vous demander, pendant que j'y suis, si Arthur vous a dit ce qu'il a décidé au sujet des affaires de la maison?

— J'y renonce, répondit Arthur.

— En faveur de personne, je suppose?

— En faveur de ma mère, naturellement. Elle fera ce qu'elle voudra.

— Et moi, dit Mme Clennam après une courte pause, s'il pouvait y avoir quelque plaisir après une si amère déception, lorsque je comptais voir mon fils, dans toute la force de l'âge, donner à notre vieille maison une nouvelle vigueur, pour la rendre riche et puissante, ce serait l'occasion qu'elle me procure de faire monter en grade un vieux et fidèle serviteur. Jérémie, le capitaine abandonne son navire; mais vous et moi nous coulerons ou nous voguerons sous notre ancien pavillon. »

Jérémie, dont les yeux brillèrent comme s'ils voyaient de l'argent, lança au fils un coup d'œil rapide qui semblait dire : « Ce n'est pas à vous que j'en ai l'obligation; vous n'y êtes pour rien, *vous!* » Puis il dit à la mère qu'il la remerciait, qu'Affery la remerciait, qu'il ne l'abandonnerait jamais, Affery non plus. Finalement, il tira sa

CE REPAS N'AVAIT PAS ÉTÉ SERVI PAR AFFERY, MAIS PAR LA JEUNE FILLE.

montre et ajouta : « Onze heures. C'est l'heure de vos huîtres! » Et ayant ainsi changé le cours de la conversation, sans toutefois changer ni de ton ni d'allure, il sonna.

Mais Mme Clennam, décidée à se traiter avec d'autant plus de rigueur qu'on l'avait soupçonnée d'ignorer ce que c'est qu'une réparation, refusa de manger les huîtres qu'on lui apporta, inscrivant sans doute cet acte d'abnégation à son journal de l'Éternité.

Ce repas d'huîtres n'avait pas été servi par Affery, mais par la jeune fille qui était déjà accourue au bruit de la sonnette, la même qu'Arthur avait à peine entrevue la veille dans cette chambre mal éclairée.

Arthur reconnut que sa petite taille, ses traits délicats, sa toilette peu avantageuse où l'on avait ménagé l'étoffe, la faisaient paraître beaucoup plus jeune qu'elle ne l'était en effet. Bien qu'elle n'eût probablement guère moins de vingt-deux ans, on ne lui aurait pas donné beaucoup plus de la moitié de cet âge, en la voyant passer dans la rue. Non qu'elle fût très jeune de visage ; ses traits, au contraire, annonçaient plus de soins et de soucis que l'on n'en a d'ordinaire à vingt-deux ans. Malgré sa dureté habituelle, Mme Clennam lui témoignait cependant quelque intérêt.

La petite Dorrit était couturière à la journée, à *tant* par jour, ou plutôt à *si peu* par jour. Que devenait la petite Dorrit de huit heures du soir à huit heures du matin ? C'était un mystère.

On remarquait chez la petite Dorrit un autre phénomène moral. Outre sa paye, il était stipulé dans le contrat quotidien de l'ouvrière qu'elle serait nourrie. Mais elle s'arrangeait toujours pour ne pas manger à table.

Arthur Clennam, après la première nuit qu'il avait passée dans sa lugubre mansarde, annonça son intention d'aller loger à l'hôtel où il avait laissé ses bagages. Comme M. Flintwinch était ravi de se débarrasser de lui, et que Mme Clennam n'en était pas fâchée, Arthur put opérer ce changement de domicile sans soulever de nouvelles colères.

CHAPITRE VI

LE PÈRE DE LA MARÉCHAUSSÉE

Il y a trente ans, à quelques portes en deçà de l'église Saint-Georges, s'élevait une prison pour dettes, que l'on appelait la prison de la Maréchaussée.

Bien avant le jour où le soleil dardait sur Marseille ses rayons incandescents, bien avant l'époque où s'ouvre cette histoire, on avait amené à cette prison un débiteur qui doit jouer un rôle dans notre récit.

Ce débiteur était un gentleman entre deux âges, très aimable et très innocent. Il comptait bien être promptement élargi. C'était un homme timide et réservé; d'assez bonne mine, quoiqu'il eût l'air un peu efféminé, avec une voix douce, des cheveux bouclés, des mains ornées de bagues : c'était la mode dans ce temps-là. Il s'inquiétait surtout de sa femme et de l'impression qu'elle ressentirait quand elle viendrait le voir le lendemain.

« Monsieur, dit-il au guichetier,... j'espère que cela ne sera pas contre les règlements qu'elle amène les enfants?

— Les enfants! répéta le guichetier,... les règlements! Mais, monsieur, nous avons ici tout un pensionnat d'enfants. Des enfants! mais on ne voit que cela ici. Combien en avez-vous?

— Deux », répondit le prisonnier pour dettes, qui rentra aussitôt dans la prison.

« Deux enfants et vous, ça fait trois, se dit le guichetier en le suivant des yeux. Et je parierais un écu que votre femme est aussi enfant que vous, ce qui fait quatre. »

La femme arriva le lendemain avec un petit garçon de trois ans et une petite fille de deux ans.

« Vous avez loué une chambre, n'est-ce pas? demanda le guichetier au débiteur.

— Oui, j'ai loué une très bonne chambre.

— Avez-vous quelques petites nippes pour la meubler?

— J'attends les meubles indispensables, qui doivent arriver par les petites messageries, cet après-midi.

— Madame et les petits viendront loger avec vous?

— Mais oui ; nous avons pensé qu'il valait mieux ne pas nous disperser, même pour quelques semaines. »

Les « quelques semaines » venaient de former tout juste six mois, lorsque la femme du prisonnier mit au monde une petite fille.

« Une très jolie petite fille, ma foi ! dit le docteur; petite, mais bien conformée. »

Le prisonnier avait vendu successivement toutes ses bagues pour subvenir à son entretien et à celui de sa famille. Il ne lui en restait plus une seule ce soir-là, quand il mit dans la main du médecin quelque chose qui rendit un son métallique.

Anéanti tout d'abord par son incarcération, le prisonnier n'avait pas tardé à y trouver un triste soulagement. On l'avait mis sous clef, mais la clef qui l'empêchait de sortir défendait à maint ennui d'entrer. S'il eût été doué d'assez d'énergie pour faire face à ces ennuis et les combattre, peut-être aurait-il rompu les mailles du réseau qui l'enveloppait, peut-être son cœur se fût-il brisé à la tâche; mais, étant ce qu'il était, il se laissa glisser avec langueur le long de cette pente, sans faire un seul effort pour se relever.

Lorsqu'il fut débarrassé de ses affaires embrouillées que rien ne pouvait éclaircir, et dont une douzaine de procureurs à la file refusèrent de s'occuper davantage, déclarant qu'elles n'avaient ni queue ni tête, le captif commença à s'apercevoir que la prison était un lieu de refuge plus calme qu'il ne l'avait d'abord pensé. Ses deux aînés descendaient régulièrement jouer dans la cour. Chacun dans la geôle connaissait la petite fille venue au monde dans la prison, et se croyait sur cette enfant un droit de copropriétaire.

« Savez-vous que je commence à devenir tout fier de vous? dit un jour au détenu son ami le guichetier. Vous serez bientôt le plus ancien habitant de l'endroit. Il nous manquerait quelque chose si vous veniez à nous quitter, vous et votre famille. »

Lorsque la plus jeune de ses filles eut atteint sa huitième année, la femme du prisonnier mourut. Le mari resta enfermé dans sa chambre pendant quinze jours. Lorsque le veuf se remontra, ses cheveux étaient plus gris (ils avaient commencé à grisonner de bonne heure). Il se remit au bout d'un mois ou deux, et les enfants continuèrent de jouer dans la cour ; seulement ils étaient en deuil.

Le guichetier, devenu par la suite des années impotent et asthmatique, se tenait désormais dans un fauteuil rembourré ; sa respiration sifflante devenait si courte qu'il se passait quelquefois plusieurs minutes avant qu'il fût capable d'ouvrir ou de refermer la grille de la prison. Lorsque ces crises duraient trop longtemps, le prisonnier prenait la clef et remplissait les fonctions de geôlier.

Un soir d'hiver qu'il neigeait, la loge bien chauffée avait attiré une société nombreuse : « Vous et moi, dit le porte-clefs, nous sommes les deux plus anciens habitants de la prison. Il n'y avait pas plus de sept ans que j'étais ici quand vous êtes arrivé. Moi, je n'y suis plus pour bien longtemps. Quand le bon Dieu lèvera mon écrou pour tout de bon, vous serez le Père de la *Maréchaussée*. »

L'écrou du guichetier fut levé et il sortit de la geôle de ce monde le lendemain même. On se rappela et on se répéta ses dernières paroles. Une tradition qui se transmettait de génération en génération (on peut calculer que, dans la prison de la Maréchaussée, les générations avaient une durée moyenne d'environ trois mois) établissait que ce vieil insolvable râpé, qui avait des manières si affables et des cheveux si blancs, était le Père de la Maréchaussée.

Il était très fier de ce titre, et on l'accusait même d'exagérer le nombre de ses années de service. Tous les nouveaux venus lui étaient présentés ; il tenait énormément à ce qu'on remplît cette formalité.

Il arrivait souvent qu'on glissait le soir sous la porte du vieux débiteur insolvable des lettres adressées au Père de la Maréchaussée, renfermant tantôt une demi-couronne, et parfois, à d'assez longs intervalles, une demi-guinée : « avec les compliments d'un membre de la communauté qui va prendre congé de ses camarades ». Le bénéficiaire acceptait ces cadeaux comme un libre tribut offert à un personnage officiel par ses sujets reconnaissants.

A la longue, cette correspondance offrant des symptômes d'épuisement, le doyen prit l'habitude d'accompagner jusqu'au guichet les libérés d'une certaine position sociale, et de leur faire ses adieux sur le seuil de la prison. Le libéré ainsi honoré, après avoir échangé une poignée de main avec le Doyen, s'arrêtait ordinairement pour envelopper quelque chose dans un morceau de papier, et revenait sur ses pas pour crier :

« Eh ! dites donc ! »

Le Doyen se retournait alors d'un air surpris.

« Moi ? » demandait-il avec un sourire.

A cet endroit de la conversation, le débiteur libéré ayant rejoint le Doyen, celui-ci ajoutait d'un ton paternel :

« Qu'avez-vous oublié ? que puis-je faire pour vous ? »

L'autre répondait presque toujours : « J'ai oublié de faire remettre ceci au Père de la Maréchaussée.

— Mon cher monsieur, répliquait le Doyen, il vous est infiniment obligé. »

Mais jusqu'à la fin sa main restait dans la poche où elle avait glissé l'argent, pendant que le Doyen faisait deux ou trois tours dans la cour, pour dissimuler, autant que possible, la gratification à la masse de la communauté.

CHAPITRE VII

L'ENFANT DE LA MARÉCHAUSSÉE

L'enfant qui était venue au monde dans la prison fut transmise de génération en génération parmi les pensionnaires, ainsi que l'avait été la tradition relative à leur père commun. Dans les premiers temps de son existence, elle fut même transmise d'une façon plus positive et plus prosaïque que ne pouvait l'être une tradition, attendu que chaque nouveau pensionnaire se voyait, pour ainsi dire, obligé de prendre dans ses bras la petite fille qui était venue au monde dans la prison.

« Comme de juste, dit le guichetier la première fois qu'on lui montra l'enfant, c'est moi qui dois être son parrain. »

Et il fut son parrain. Cette circonstance donna au guichetier de nouveaux droits sur l'enfant, sans compter ceux que lui conférait sa position officielle. Aussi, lorsqu'elle commença à marcher et à parler, il s'attacha de plus en plus à elle. Il lui acheta un petit fauteuil, qu'il plaça près du grand garde-feu qui se dressait devant la vaste cheminée de sa loge; il aimait à avoir l'enfant auprès de lui, quand il était de garde; il l'attirait chez lui par l'appât de quelques jouets peu coûteux. L'enfant, de son côté, s'attacha assez à son parrain pour grimper spontanément les marches de la loge à toute heure de la journée.

A quel âge la précoce petite fille commença-t-elle à se douter que tout le monde n'avait pas l'habitude de vivre sous clef? C'est là un point difficile à éclaircir. Toujours est-il qu'elle était bien petite quand elle s'aperçut qu'il fallait toujours lâcher la main de son père sur le seuil de cette porte qu'ouvrait la grande clef de son parrain.

Le regard sympathique et compatissant que, toute jeune encore, elle avait commencé à diriger sur son père, fut sans doute un des résultats de cette découverte.

Le parrain et la filleule avaient coutume de sortir de la loge tous les quinze jours, et de se diriger, avec beaucoup de gravité, vers quelque prairie ou quelque verte allée que le guichetier avait désignée dans le courant de la semaine, après beaucoup de recherches. Là l'enfant cueillait de l'herbe et des fleurs pendant que le geôlier fumait sa pipe. Plus tard on visita les jardins publics, où l'on se régala de thé, de crevettes, d'ale et autres friandises. Puis ils revenaient en se donnant la main, à moins toutefois que la petite, plus fatiguée que de coutume, ne se fût endormie sur l'épaule de son parrain.

Après la mort de sa mère, l'air de protection que ses yeux étonnés avaient toujours eu quand elle regardait son père se traduisit par des actions; l'enfant de la prison se dévoua à un nouveau rôle auprès du Père de la Maréchaussée, et aussi auprès de son frère et de sa sœur.

Elle fut inspirée du désir de devenir quelque chose que ses proches n'étaient pas, quelque chose d'actif et de laborieux, et cela par amour pour eux, afin de pouvoir leur venir en aide. Elle trouva moyen de suivre quelques cours dans le voisinage, et elle fit si bien que son frère et sa sœur se décidèrent eux aussi à apprendre quelque chose.

L'Enfant de la Maréchaussée avait treize ans, lorsqu'un maître de danse fut interné dans la prison pour dettes. Ayant remarqué que sa sœur aînée avait des dispositions pour la danse, elle alla trouver gravement le maître et lui demanda des leçons pour elle. Le maître de danse, charmé de son petit air précoce de mère de famille, donna les leçons pour rien, et les continua après sa sortie de la prison, tant et si bien que la sœur put entrer plus tard comme danseuse dans un théâtre.

Une modiste insolvable parut un beau jour dans la prison de la Maréchaussée; tout aussitôt « l'enfant », comme on l'appelait, alla la supplier de lui apprendre la couture. La pauvre modiste n'était pas de bonne humeur; elle fit d'abord des objections: l'enfant était trop petite, trop délicate, et mille autres raisons du même genre.

L'autre, à force de douceur et de patience, triompha de cette résistance et fut en mesure d'apprendre ce qu'elle désirait si vivement savoir.

A la même époque précisément, le doyen des détenus commençait à se montrer sous un nouveau jour. Plus il était paternel avec les prisonniers, plus il se trouvait réduit à compter sur les contributions volontaires de sa changeante famille, et plus il tenait à se poser en gentilhomme ruiné. Avec la même main qui, une demi-heure auparavant, avait empoché l'écu de trois francs dont on lui avait fait hommage, il essuyait les larmes qui inondaient ses joues dès qu'on disait que ses filles étaient obligées de gagner leur pain. L'enfant de la prison, en sus de ses soucis journaliers, eut donc celui d'entretenir la fiction élégante qu'ils vivaient tous en mendiants comme il faut.

La sœur aînée se fit donc danseuse. Il existait dans la famille un oncle ruiné,... ruiné par son frère, le Père de la Maréchaussée, et ne sachant pas plus que lui ni comment, ni pourquoi, mais acceptant le fait comme une nécessité: c'est lui qui dut devenir le protecteur de sa nièce, la danseuse. Homme d'une nature simple et timide, il n'avait pas paru affecté de la perte de sa fortune lorsque cette calamité l'avait frappé. Seulement il renonça à se laver le jour où il apprit cette triste nouvelle, et commença par cette économie la suppression de tout luxe dans son régime. Du temps de ses beaux jours, il avait fait d'assez mauvaise musique d'amateur, et lorsqu'il fit faillite avec son frère, il s'avisa de jouer, pour vivre, du cornet à pistons dans l'orchestre d'un petit théâtre. C'est justement à ce théâtre-là que Fanny, sa nièce, obtint un engagement. Il accepta la tâche de lui servir d'escorte et de cavalier, absolument comme il aurait accepté une maladie, un héritage, un festin, la faim, comme il aurait accepté toute chose... hormis le savon, dont il ne voulait plus entendre parler.

Pour que sa sœur aînée pût vivre chez son oncle, afin de pouvoir gagner ses très modestes appointements hebdomadaires, la sœur cadette, la petite Amy, fut obligée de manœuvrer avec adresse auprès du père. Il affecta tout le temps d'ignorer que sa fille aînée allait gagner sa vie au théâtre, trouva qu'on le négligeait pour s'occuper de son frère, et finalement céda avec beaucoup de grandeur d'âme.

Amy dut aussi s'occuper de son frère Tip. Tip n'avait que dix-huit ans, mais il était déjà si bien résigné à vivre au jour le jour et sou à sou, qu'il aurait bien continué ce métier-là jusqu'à quatre-vingt-dix ans.

Elle eut recours à son parrain, qui le plaça, à force de démarches, à la *Cour du palais*, avec un siège peu rembourré et douze shillings par semaine. Au bout de six mois, il déclara à sa sœur qu'il ne retournerait pas au bureau, qu'il en était fatigué. Tip se fatiguait de tout. Sa sœur le fit entrer dans un entrepôt, chez un maraîcher, chez un marchand de houblon, chez un autre homme de loi, chez un commissaire-priseur, chez un brasseur, chez un agent de change. Mais à peine Tip entrait-il quelque part qu'il en sortait fatigué.

Néanmoins la courageuse petite fille avait tellement pris à cœur de sauver son frère qu'elle finit, à force de privations et de travail, par amasser de quoi payer son passage au Canada. Mais il n'alla pas plus loin que Liverpool et reparut au bout d'un mois devant sa sœur, en haillons, sans souliers aux pieds, et plus fatigué que jamais.

Après avoir fait les commissions des détenus pendant quelque temps, Tip trouva de lui-même une occupation à sa guise. Il se fit le compère d'un marchand de chevaux. Au bout de quelques mois il revint à la Maréchaussée, non plus en amateur, mais en détenu, pour une dette de quarante guinées.

Pour la première fois de sa vie, Amy succomba sous le poids de ses épreuves. Elle s'écria, en élevant ses mains jointes au-dessus de sa tête, que leur père en mourrait de chagrin, si jamais il venait à le savoir; et elle tomba aux pieds de ce mauvais garnement.

Voilà l'existence, voilà la biographie de la petite Dorrit, qui, au moment où nous parlons, retourne chez elle par une triste soirée de septembre, suivie de loin par Arthur Clennam. Voilà l'existence, voilà la biographie de la petite Dorrit, que nous voyons disparaître comme une ombre à travers la grille intérieure et la petite cour de la prison de la Maréchaussée.

CHAPITRE VIII

LA GEÔLE

Arthur Clennam s'arrêta au milieu de la rue, guettant quelque passant à qui il pût demander quel était cet endroit. Il aperçut enfin un vieillard qui se dirigeait de ce côté pour entrer dans la cour.

Le dos voûté, il marchait d'un pas lourd et préoccupé. Sa mise était sale et misérable. Il avait sous le bras un étui bosselé et usé qui renfermait quelque instrument de musique. Il tenait à la main un petit cornet de papier gris contenant pour un sou de tabac à priser, à l'aide duquel il régalait sans trop de frais son pauvre vieux nez bleu, lorsque Clennam fixa ses yeux sur lui.

« Pouvez-vous me dire, monsieur, demanda Arthur, quel est cet endroit?

— Ah oui! cet endroit? répondit le vieillard arrêtant sa prise de tabac à mi-chemin. C'est la Maréchaussée, monsieur. »

Il se retourna et poursuivit son chemin.

« Pardon, dit Arthur l'arrêtant une seconde fois, mais voulez-vous me permettre de vous adresser encore une question? Ne croyez pas que je sois poussé par une curiosité impertinente. J'ai au contraire un bon motif. Connaissez-vous par hasard le nom de Dorrit?

— Mon nom, monsieur, répliqua le vieillard, est Dorrit. »

A cette réponse inattendue, Arthur tira son chapeau.

« Accordez-moi la faveur de quelques mots d'entretien. Je suis tout surpris de ce que vous venez de me dire. Je suis tout récemment rentré en Angleterre après une longue absence. J'ai vu chez ma mère... Mme Clennam, dans le quartier de la Cité... une jeune fille travaillant à l'aiguille. Je ne l'ai jamais entendu appeler ou désigner sous un autre nom que celui de la petite Dorrit. Je m'intéresse sérieusement et sincèrement à elle, et j'ai le plus grand désir d'apprendre quelque chose sur ce qui la concerne. Une minute peut-être avant de vous accoster, je l'ai vue passer par cette porte.

— La jeune femme que vous avez vue entrer là dedans est la fille de mon frère, William Dorrit; moi, je suis Frédéric. Vous dites que vous avez rencontré ma nièce chez votre mère (je sais que votre mère la protège), que vous vous intéressez à elle et désirez savoir ce qu'elle fait ici : venez voir. »

Il continua son chemin, et Arthur l'accompagna.

« Mon frère, poursuivit le vieillard, habite ici depuis bien des années; et, pour des motifs qu'il est inutile de vous expliquer maintenant, nous ne lui parlons guère de ce qui se passe en dehors de ces murs, même par rapport à nous. Soyez assez bon pour ne lui rien dire des travaux de couture de ma nièce. Maintenant venez voir. »

Ils montèrent par un sombre escalier jusqu'au second étage. M. Frédéric Dorrit s'arrêta un moment sur le palier, avant d'ouvrir une porte. Il ne l'eût pas plus tôt ouverte que le visiteur aperçut la petite Dorrit et s'expliqua pourquoi elle tenait tant à dîner seule.

Elle avait apporté la viande qu'elle aurait dû manger elle-même et elle était déjà en train de la faire réchauffer sur le gril pour son père, qui, vêtu d'une vieille robe de chambre grise et d'une culotte noire, attendait son souper.

La jeune fille tressaillit, devint très rouge, puis très pâle. Le visiteur, mieux encore par son regard que par un léger mouvement, la supplia de se rassurer et de n'avoir pas peur de lui.

« William, j'ai trouvé ce gentleman, dit l'oncle, M. Clennam, fils de l'amie de ma petite nièce que voilà,... dans la rue, désireux de vous présenter ses respects en passant, mais hésitant s'il devait entrer ou rester à la porte. Vous voyez mon frère William, monsieur. »

Le Doyen souhaita la bienvenue à Arthur avec un merveilleux air de bienveillance et de protection, l'air officiel avec lequel il recevait les détenus. Il lui apprit, non sans orgueil, qu'il était le Père de la Maréchaussée, que sa fille Amy était née dans la prison, et que,

hem ! les détenus lui rendaient hommage comme à leur père, hem !
de diverses façons.

Quand il aborda cette partie de son sujet, Amy lui posa doucement la main sur le bras, comme pour l'engager à se taire ; mais il était trop tard : Clennam avait compris que le Père de la Maréchaussée ne dédaignait pas les hommages pécuniaires !

Une cloche commença à sonner ; on entendit alors un bruit de pas qui se dirigeaient vers la porte. Une jolie fille, d'une taille plus avantageuse et plus développée que celle de la petite Dorrit, bien qu'elle parût plus jeune de visage lorsqu'on les voyait ensemble, s'arrêta sur le seuil en voyant un étranger, et un jeune homme qui l'accompagnait s'arrêta aussi.

« Fanny, je vous présente M. Clennam. Monsieur Clennam, je vous présente ma fille aînée et mon fils. Cette cloche annonce aux visiteurs qu'il est temps de se retirer et mes enfants viennent me dire bonsoir ; mais rien ne presse. Mes filles, si vous avez à vous occuper de quelque arrangement domestique, M. Clennam vous excusera. Il sait probablement que nous ne possédons ici qu'une seule chambre.

— Je n'ai que ma robe blanche à demander à Amy, père.

— Et moi mes habits », ajouta Tip.

La petite Dorrit ouvrit un tiroir dans un vieux meuble dont le haut formait une commode et le bas un lit, et en tira deux petits paquets, qu'elle donna à son frère et à sa sœur.

Cependant la cloche continuait à sonner, et l'oncle était pressé de partir.

Fanny dit bonsoir à son père et s'esquiva d'un pas léger. Tip était déjà descendu en faisant beaucoup de tapage dans l'escalier.

Clennam avait deux choses à faire avant de les suivre : il s'agissait d'abord d'offrir son souvenir au Père de la Maréchaussée sans blesser la jeune fille, puis de dire quelque chose à la jeune fille elle-même, ne fût-ce qu'un seul mot, pour lui expliquer le motif de sa visite.

« Permettez-moi, dit le père, de vous reconduire. »

La petite Dorrit s'était glissée hors de la chambre pour aller rejoindre les autres, et ils se trouvaient seuls.

« Non, non, pour rien au monde, je ne le souffrirai, s'empressa de répondre le visiteur. Veuillez me permettre de.... »

On entendit un tintement métallique.

« Monsieur Clennam, dit le père, je suis profondément, bien profondément.... »

Mais son interlocuteur lui avait fermé la main pour empêcher le tintement métallique et descendait l'escalier à la hâte.

Il n'aperçut pas la petite Dorrit en descendant; il ne la rencontra pas non plus dans la cour. Deux ou trois retardataires se dirigeaient rapidement vers la loge et il les suivait, lorsqu'il aperçut la jeune couturière dans l'allée la plus rapprochée du guichet. Il se retourna vivement.

« Pardonnez-moi de vous adresser la parole ici; je vous en prie, dit-il, pardonnez-moi d'être venu! Je vous ai suivie ce soir. Je l'ai fait dans l'intention d'être utile à vous et à votre famille. Vous savez dans quels termes je vis avec ma mère, et vous ne serez sans doute pas étonnée que je n'aie jamais cherché à me rapprocher de vous sous son toit. J'aurais craint, malgré mes bonnes intentions, de la rendre jalouse, de l'irriter peut-être, ou de vous faire quelque tort dans son estime. Ce que j'ai vu ici, dans un si court espace de temps, a beaucoup augmenté mon désir de vous rendre service. Ce serait me faire oublier bien des mécomptes que de me laisser espérer que je puis gagner votre confiance.

— Vous êtes bien bon, monsieur. Vous avez l'air de me parler avec tant de sincérité. Mais je regrette que vous m'ayez suivie. »

Il comprit que son émotion venait de sa piété filiale, il la respecta et il se tut.

« J'ai de grandes obligations à Mme Clennam; je ne sais pas ce que nous aurions fait sans l'ouvrage qu'elle m'a donné; ce serait, je le crains, montrer de l'ingratitude que d'avoir des secrets pour elle; je ne puis en dire davantage ce soir, monsieur. Je suis sûre que vous me voulez du bien. Merci, merci.

— Permettez-moi de vous faire une question avant de m'éloigner. Y a-t-il longtemps que vous connaissez ma mère?

— Je crois qu'il y a environ deux ans, monsieur.... La cloche a cessé....

— Comment l'avez-vous connue? Vous a-t-elle envoyé chercher ici?

— Non, elle ne sait seulement pas que j'y demeure. Nous avons un ami, père et moi,.... un pauvre ouvrier, mais le meilleur des amis....

J'ai fait annoncer que je désirais faire des travaux de couture et j'ai donné son adresse. C'est comme cela que Mme Clennam m'a connue et m'a envoyé chercher. La grille va se fermer, monsieur. »

Il avait trop tardé : la grille intérieure était fermée et la loge déserte.

« Pris dans la souricière, hein ! dit une voix derrière lui. Vous voilà obligé de découcher.... Ah ! c'est donc vous, monsieur Clennam ? »

C'était la voix de Tip ; ils restèrent à se regarder l'un l'autre, dans la cour de la prison, tandis qu'il commençait à pleuvoir.

« Puis-je trouver un abri ? demanda Arthur. Qu'ai-je de mieux à faire ?

— Si vous ne regardez pas à payer un lit, répondit Tip, on vous en fera un sur une des tables du café, vu les circonstances. Si cela vous va, venez avec moi, je vous présenterai. »

Comme il traversait la cour, Arthur leva les yeux vers la croisée de la chambre qu'il venait de quitter ; il y vit briller encore une lumière.

« Oui, monsieur, dit Tip, suivant la direction du regard de Clennam, c'est la chambre du gouverneur. Amy va passer encore une heure avec lui pour lui lire le journal d'hier, ou quelque chose comme ça, puis elle sortira comme une petite fée et disparaîtra sans bruit.

— Je ne vous comprends pas.

— Le gouverneur (c'est l'auteur de mes jours) couche dans cette chambre, et Amy a un logement chez le guichetier. Elle aurait à moitié prix un logement qui vaudrait deux fois mieux que celui-là si elle voulait demeurer en ville ; mais elle ne veut pas abandonner le gouverneur. Pauvre chère fille ! elle le soigne nuit et jour. »

Cet entretien les amena devant l'espèce de taverne située à l'autre extrémité de la prison ; les détenus venaient d'en déserter la salle, rendez-vous ordinaire de leur club nocturne.

CHAPITRE IX

PETITE MÈRE

Le lendemain matin, Arthur Clennam n'eût guère été disposé à paresser dans son lit, quand même ce lit se fût trouvé dans un endroit plus retiré, où l'on ne serait pas venu le déranger pour enlever les cendres de la veille, pour allumer un nouveau feu sous la bouilloire du club, pour remplir ce récipient à la pompe, pour balayer et sabler la salle commune, ou pour maints autres préparatifs du même genre. Ravi de voir poindre le jour, quoique la nuit ne l'eût pas beaucoup reposé, il se leva dès qu'il put distinguer les objets qui l'entouraient et arpenta la cour pendant deux longues heures avant qu'on vînt ouvrir la grille.

Nulle apparition de la petite fée qui l'avait amené là ne vint rompre la monotonie de cette promenade. Peut-être s'était-elle glissée jusqu'à la porte du bâtiment habité par le Doyen ; dans tous les cas, il ne la vit pas. Il était de trop bonne heure pour Tip.

Enfin la grille tourna sur ses gonds, et le porte-clefs, debout sur le seuil, se donnant un coup de peigne matinal, fut prêt à le laisser sortir. C'est avec un joyeux sentiment de délivrance qu'Arthur franchit la grille.

On voyait déjà arriver à la file des flâneurs qu'on reconnaissait facilement pour les commissionnaires, les messagers, les serviteurs hétéroclites de l'endroit. L'un d'eux s'étant approché de Clennam pour lui offrir ses services, l'idée vint à Arthur d'avoir encore un bout de conversation avec la petite Dorrit avant de s'éloigner. Elle était sans doute remise de son premier moment de surprise et pourrait causer tranquillement avec lui. Il demanda donc à ce membre externe de la communauté quel était l'établissement le plus voisin où l'on pût se faire servir une tasse de café. Le serviteur hétéroclite des détenus lui fit une réponse encourageante et le conduisit à une taverne qui se trouvait dans la rue même, à une portée de pierre de la prison.

« Connaissez-vous Mlle Dorrit? » demanda le nouveau client.

Le commissionnaire hétéroclite connaissait deux demoiselles Dorrit : une qui était née dans la prison... c'est celle-là?... Ah! c'est celle-là! Le commissionnaire la connaissait depuis bien des années. Quant à l'autre Mlle Dorrit, elle habitait, avec son oncle, la même maison que ledit commissionnaire.

Ce dernier renseignement changea les intentions du client, qui s'était presque décidé à envoyer le messager hétéroclite en éclaireur, et à attendre dans le café qu'il revînt lui dire quand la petite Dorrit apparaîtrait dans la rue. Il aima mieux le charger d'un message pour la jeune fille, à laquelle il fit dire, en résumé, que le visiteur qu'elle avait vu la veille chez le Doyen désirait lui dire quelques mots chez son oncle. Après avoir déjeuné à la hâte, il se rendit à la demeure du vieux musicien.

Ce fut le pauvre vieillard en personne qui vint ouvrir.

« Ah! dit-il, vous avez été pris hier soir ? »

Il lui avait fallu plusieurs minutes pour reconnaître Arthur.

« En effet, monsieur Dorrit. Je compte voir votre nièce chez vous ce matin.

— Oh! répondit le vieillard, la présence de mon frère vous aurait gêné; c'est juste. Voulez-vous monter et attendre chez moi?

— Merci !... »

Se retournant avec la même lenteur qu'il retournait dans son esprit tout ce qu'il pouvait dire et entendre, le vieillard monta l'escalier afin de montrer le chemin. La maison manquait d'air et on y respirait des odeurs malsaines. Dans une mansarde donnant sur la cour, chambre nauséabonde, ornée d'un lit pouvant se transformer en commode et auquel une main pressée avait si récemment donné cette dernière forme, que les couvertures bouillonnaient à la surface comme l'eau qui soulève le couvercle d'une marmite.

« Que pensez-vous de mon frère, monsieur ? » demanda le vieillard.

Arthur fut assez embarrassé, car il pensait en ce moment à celui des deux frères qui venait de l'interroger.

« J'ai été bien aise, dit-il, de le trouver si bien portant et si peu abattu.

— Ah! marmotta le vieillard, si peu abattu, oui, oui, oui! Et Amy, que pensez-vous d'elle, monsieur Clennam?

— Je suis vivement touché, monsieur Dorrit, de tout ce que j'ai vu et de tout ce que je sais d'elle.

— Je ne sais pas ce que mon frère aurait fait sans Amy, répondit le vieillard, je ne sais pas ce que nous aurions tous fait sans elle. C'est une très bonne fille qu'Amy; elle fait bien son devoir. »

Arthur se figura, en protestant intérieurement contre cette froideur apparente, qu'il y avait dans ces louanges un certain ton de convention qu'il avait déjà remarqué la veille dans le langage du père. Ils ne ménageaient pas les éloges et ne paraissaient pas insensibles à tout ce que la jeune fille faisait pour eux; seulement, par paresse d'esprit, ils s'étaient habitués à ses soins comme aux autres nécessités de leur position. Ils la regardaient comme une parente qui occupait tout bonnement au milieu d'eux la place que la nature lui avait assignée. Au lieu de la considérer comme s'étant élevée au-dessus de l'atmosphère délétère de la prison, ils ne voyaient en elle qu'une dépendance de la prison même; à leurs yeux enfin elle était ce qu'elle devait être, et rien de plus.

L'oncle Frédéric, sans plus songer à son hôte, avait repris son déjeuner interrompu, lorsque la sonnette retentit.

« C'est Amy », dit-il, et il descendit pour ouvrir la porte.

Amy monta derrière lui, toujours vêtue avec la même simplicité et toujours avec le même air de timidité.

« Amy, dit l'oncle, voilà déjà quelque temps que M. Clennam est là.

— Allez-vous chez ma mère ce matin? demanda Clennam. Il me semble que non, à moins que vous n'y alliez plus tard que d'habitude.

— Je n'y vais pas ce matin, monsieur. On n'a pas besoin de moi aujourd'hui.

— Voulez-vous me permettre de vous accompagner un peu dans la direction où vous avez affaire? Je pourrais alors causer avec vous tout en marchant, sans vous retenir et sans abuser plus longtemps de l'hospitalité de votre oncle. »

Elle parut embarrassée, mais elle répondit : « Comme il vous plaira ».

Une fois dans la rue, M. Clennam offrit son bras à la petite Dorrit, et la petite Dorrit l'accepta.

« Voulez-vous que nous prenions le pont suspendu? demanda le cavalier, nous y serons à l'abri du tapage de la rue. »

La petite Dorrit répondit encore : « Comme il vous plaira ».

Sa petite compagne lui paraissait si jeune, qu'à plusieurs reprises il eut besoin de s'observer pour ne pas lui parler comme

L'ONCLE FRÉDÉRIC AVAIT REPRIS SON DÉJEUNER INTERROMPU.

à une enfant. Peut-être, de son côté, paraissait-il très âgé à celle qu'il trouvait si jeune.

« Je suis bien fâchée du désagrément que vous avez eu, monsieur, de passer la nuit en prison, c'est fort ennuyeux.

— Ce n'est rien, j'avais un très bon lit, dit Clennam. Permettez-moi de revenir sur notre conversation d'hier. Je vous demandais comment vous aviez fait connaissance avec ma mère. Aviez-vous entendu prononcer son nom avant qu'elle vous envoyât chercher?

— Non, monsieur.

— Pensez-vous que votre père l'ait jamais entendu?

— Non, monsieur. »

Il lut tant de surprise dans le regard qui rencontra sa vue (la petite Dorrit eut grand'peur, par parenthèse, lorsque leurs yeux se rencontrèrent, et détourna bien vite les siens), qu'il crut devoir ajouter :

« J'ai mes raisons pour vous faire cette question, quoique je ne puisse pas très bien vous les expliquer ; mais surtout n'allez pas supposer un seul instant qu'elles soient de nature à vous causer la moindre alarme ou la moindre inquiétude. Au contraire. Ainsi donc vous croyez qu'à aucune époque de la vie de votre père mon nom, le nom de Clennam, ne lui a été connu particulièrement?

— Oui, monsieur, je le crois. »

Ce fut ainsi qu'ils s'avancèrent sur le pont suspendu qui, au sortir des rues tumultueuses, semblait aussi tranquille que la pleine campagne. Quant à la petite Dorrit, elle semblait la plus petite, la plus tranquille, la plus faible des créatures du bon Dieu.

Elle lui dit : « Vous m'avez témoigné tant d'intérêt hier soir, monsieur, et j'ai su plus tard que vous vous étiez montré si généreux envers mon père, que je n'ai pas pu résister à votre message ; je serais venue quand ce n'eût été que pour vous remercier : surtout je désirais beaucoup vous dire... ».

Elle hésita et trembla, des larmes lui montèrent aux yeux, mais ne coulèrent pas.

« Me dire?

— Que j'espère que vous ne vous méprendrez pas sur le caractère de mon père. Ne le jugez pas comme vous jugeriez quelqu'un en dehors de la prison. Il y a si longtemps qu'il y est ! Je ne l'ai jamais vu ailleurs, mais je sais qu'il a dû changer sous beaucoup de rapports depuis qu'il y est.

— Je ne suis pas du tout disposé à porter sur lui un jugement injuste ou sévère. Soyez-en sûre.

— Non qu'il ait à rougir de quoi que ce soit, reprit-elle avec un peu d'orgueil (la pensée lui étant venue qu'elle pouvait avoir l'air de trahir le vieillard), ou que j'aie moi-même aucun motif de rougir de lui. Il faut seulement le connaître. Tout ce que je demande, c'est que l'on soit assez juste pour se rappeler l'histoire de sa vie. Tout ce qu'il a dit est parfaitement exact. Tout cela est arrivé comme il vous l'a raconté. On le respecte beaucoup. Les nouveaux venus sont toujours heureux de faire sa connaissance. Sa société est plus recherchée que celle d'aucun autre détenu. On fait bien moins de cas du gouverneur que de lui. C'est autant pour cela qu'on lui fait de petits cadeaux que parce que l'on sait qu'il est pauvre. »

Quelle affection dans ses paroles, quelle sympathie dans ses larmes refoulées, quelle ardeur de fidélité dans son âme, quelle sincérité dans son empressement à entourer le vieillard d'une auréole, hélas! peu méritée.

« Il faut, lui dit Clennam, que je vous demande encore quelques renseignements. Votre père a-t-il beaucoup de créanciers?

— Oh oui, beaucoup.

— Je veux dire beaucoup de créanciers *opposants* qui le retiennent où il est.

— Oh oui, beaucoup.

— Savez-vous quel est celui d'entre eux qui possède le plus d'influence? »

La petite Dorrit répliqua, après quelques instants de réflexion, qu'elle se rappelait avoir entendu parler autrefois d'un M. Tenace-Mollusque, personnage très puissant. Il était commissaire du gouvernement, ou membre d'un conseil, ou administrateur, ou quelque chose. Il demeurait dans Grosvenor-square, à ce qu'elle croyait, ou tout près de là. Il occupait une place... un emploi très élevé dans le ministère des Circonlocutions.

« Il n'y aura pas de mal, se dit Arthur, à aller voir ce M. Tenace-Mollusque. »

Cette pensée ne se présenta pas à lui si rapidement que la petite Dorrit ne pût l'interpréter au passage.

« Ah! fit-elle, secouant la tête avec un désespoir que les années avaient adouci, beaucoup de personnes ont songé, dans le temps, à faire sortir mon pauvre père; mais vous ne savez pas combien il y a peu de chances de succès. Et quand même on réussirait, où donc père vivrait-il, et comment vivrait-il? Les gens du dehors n'auraient peut-être pas de lui une opinion aussi favorable que les pensionnaires de la Maréchaussée. Peut-être aurait-il beaucoup de peine à se faire à un autre genre de vie. »

Alors, pour la première fois, la petite Dorrit fut incapable de réprimer ses larmes, et les mains maigres et mignonnes de la pauvre enfant tremblèrent en se joignant.

« Ce serait un nouveau chagrin pour lui que d'apprendre que je travaille pour gagner un peu d'argent et que Fanny en fait autant. Il s'occupe tant de nous et de notre sort, voyez-vous, dans cette prison où il est enfermé sans espoir!... C'est un si bon, si bon père!... »

Arthur laissa passer cet éclat de douleur avant de reparler.

« Vous seriez heureuse, reprit-il enfin, de voir votre père recouvrer sa liberté?

— Oh! bien, bien heureuse, monsieur!

— Eh bien alors, espérons toujours que nous pourrons faire quelque chose pour lui. Vous m'avez parlé hier soir d'un humble ami.... »

Cet ami s'appelait Plornish. Il habitait la cour du Cœur-Saignant. Ce n'était qu'un maçon. Il occupait la dernière maison de l'impasse du Cœur-Saignant.

Arthur prit note de cette adresse et donna la sienne. Il avait fait maintenant tout ce qu'il avait espéré faire pour le moment; seulement il ne voulait pas quitter la petite Dorrit sans l'avoir bien persuadée qu'elle pouvait compter sur lui, et sans lui faire promettre de ne pas oublier ses offres.

Ils avaient regagné High-street, où se trouvait la prison, lorsqu'une voix s'écria : « Petite mère! petite mère! » La petite Dorrit s'étant arrêtée et retournée, une personne étrange vint d'un air empressé se jeter sur eux, sans cesser de crier : « Petite mère! » et renversa, en tombant dans la boue, le contenu d'un grand panier de pommes de terre.

« Oh! Maggy, dit la petite Dorrit, vilaine maladroite! »

Maggy, ne s'étant fait aucun mal, se releva tout de suite et se mit à ramasser les pommes de terre, occupation dans laquelle elle fut aidée par la petite Dorrit et par Clennam. Maggy retrouvait fort peu de ses tubercules, mais, en revanche, elle ramassait une grande quantité de boue; néanmoins on finit par les recueillir tous et par les déposer dans le panier. Maggy débarbouilla avec son châle son visage couvert de boue, puis, présentant ce visage à M. Clennam comme un modèle de propreté, lui permit enfin de voir à quoi il ressemblait.

Elle avait environ vingt-huit ans, de gros os, de gros traits, de grosses mains, de gros pieds, de gros yeux et pas de cheveux. Ses gros yeux étaient transparents et presque incolores ; le jour ne paraissait pas les affecter, car ils conservaient une immobilité anormale. On lisait aussi sur son visage cette expression attentive que l'on remarque chez les aveugles ; mais elle n'était pas aveugle, ayant conservé un œil qui voyait tant bien que mal. Quoique sa physionomie ne fût pas d'une laideur excessive, il s'en fallait de peu, car elle eût été repoussante sans son sourire, sourire plein de bonheur et assez agréable en lui-même, mais qui faisait mal à voir, parce qu'il était là à poste fixe, sans s'effacer jamais.

Arthur Clennam regarda la petite Dorrit avec une expression de visage qui voulait dire : « Oserai-je vous demander quelle est cette dame ? » La petite Dorrit répondit à sa question muette : « C'est Maggy, monsieur.

— Maggy, monsieur, répéta comme un écho le personnage ainsi présenté. Petite mère !

— C'est la petite fille…, reprit Amy.

— Petite fille, répéta Maggy.

— De ma vieille nourrice qui est morte depuis longtemps. Maggy, quel âge as-tu ?

— Dix ans, petite mère, répondit Maggy.

— Vous ne pouvez vous figurer comme elle est bonne, ajouta la petite Dorrit avec une tendresse infinie.

— Comme *elle* est bonne, répéta Maggy, renvoyant à sa petite mère, d'une façon très expressive, le pronom souligné.

— Et comme elle est adroite, poursuivit la petite Dorrit. Elle fait les commissions aussi bien que qui que ce soit. » Maggy se mit à rire. « Elle est aussi sûre que la banque d'Angleterre. » Maggy se mit à rire plus fort. « Elle gagne sa vie sans rien demander à personne, monsieur ! » dit la petite Dorrit d'un air de triomphe, mais parlant un peu plus bas : « très sérieusement, monsieur !

— Quelle est son histoire ? demanda Clennam.

— Voilà de quoi te rendre fière, Maggy ! s'écria la petite Dorrit, lui prenant ses deux grosses mains qu'elle frappa l'une contre l'autre. Voilà un monsieur qui arrive de je ne sais combien de milliers de lieues d'ici et qui veut savoir ton histoire !

— *Mon* histoire, petite mère?

— C'est moi qu'elle appelle ainsi, fit observer la petite Dorrit en rougissant. Elle m'est très attachée. Sa vieille grand'mère n'a pas été aussi bonne pour elle qu'elle aurait dû, n'est-ce pas, Maggy? »

Maggy fit un signe de tête négatif, transforma son poing fermé en un vase à boire, le porta à sa bouche, et dit : « Genièvre ». Puis elle se mit à frapper un enfant imaginaire, en ajoutant : « Manche à balai et pincettes.

— A l'âge de dix ans, reprit la petite Dorrit, les yeux fixés sur le visage de la pauvre fille, Maggy eut une vilaine fièvre, monsieur, et depuis ce temps-là elle n'a plus vieilli.

— Dix ans, répéta Maggy avec un signe de tête approbateur. Mais quel bel hôpital ! C'est là qu'on est bien, n'est-ce pas ? oh ! le bel endroit !

— Aussi Maggy y est demeurée le plus longtemps qu'elle a pu, poursuivit sa petite mère, et enfin lorsqu'on n'a plus voulu la garder, il a bien fallu qu'elle s'en allât. Alors, comme elle ne devait jamais avoir plus de dix ans tant qu'elle vivrait, et comme elle était très faible, si faible que lorsqu'elle commençait à rire, elle ne pouvait plus se retenir... et c'était bien dommage. »

Maggy devint tout à coup très sérieuse.

« La grand'mère ne savait trop que faire d'elle, et pendant plusieurs années elle se montra très, très méchante. A la fin, avec le temps, Maggy commença à écouter ce qu'on lui disait, et à tâcher d'être bien sage, bien attentive et bien laborieuse; et, petit à petit, on la laissa sortir et rentrer aussi souvent qu'elle voulait, et elle gagna assez pour se suffire à elle-même, et aujourd'hui elle se tire d'affaire toute seule ! »

Arthur Clennam aurait facilement deviné ce qui manquait pour compléter cette histoire, quand même il n'eût pas entendu ce nom de petite mère, quand même il n'eût pas vu Maggy caressant la main grêle et mignonne de sa protectrice, quand même il n'eût pas aperçu les larmes qui tremblaient dans ses gros yeux incolores !

A la porte de la Maréchaussée il dit adieu à la petite Dorrit.

CHAPITRE X

RENFERMANT TOUTE LA THÉORIE DE L'ART DE GOUVERNER

Les Mollusques aident depuis longtemps à administrer le ministère des Circonlocutions. La branche Tenace-Mollusque croit même avoir des droits acquis à tous les emplois de ce ministère et elle se fâche toute rouge si quelque autre lignée fait mine de vouloir s'y installer. M. Tenace-Mollusque qui, à l'époque en question, était chargé de préparer et de bourrer de renseignements l'homme d'État qui se trouvait alors à la tête du ministère des Circonlocutions, avait plus de sang illustre dans les veines qu'il n'avait d'argent dans ses poches. En sa qualité de Tenace-Mollusque, il avait une place qui était une assez jolie petite sinécure ; et, toujours en sa qualité de Mollusque, il avait placé son fils Mollusque jeune dans son bureau.

Pour la cinquième fois, M. Arthur Clennam se présenta un matin au ministère des Circonlocutions et demanda à voir M. Tenace-Mollusque. Cette fois, on ne répéta pas au solliciteur, comme les quatre premières, que M. Mollusque se trouvait en conférence avec le noble prodige qui dirigeait le ministère. On se contenta de lui dire qu'il était absent. On voulut bien néanmoins lui faire savoir que Mollusque jeune, le satellite secondaire de cet astre important, était visible à l'horizon.

M. Clennam déclara qu'il désirait voir Mollusque jeune, et il le trouva en train de se roussir les mollets devant le feu paternel.

Le Mollusque présent, qui tenait encore à la main la carte de M. Clennam et paraissait fort jeune, avait les plus drôles de petits favoris *pelucheux* qu'on ait jamais vus. Un charmant lorgnon était suspendu à son cou ; mais par malheur les yeux de l'employé avaient des orbites si plats et de petites paupières si flasques que le lorgnon ne voulait pas lui tenir dans l'œil, et retombait sans cesse contre les boutons de son gilet avec un bruit sec qui molestait le porteur.

« Oh ! dites-moi : vous savez que mon père n'est pas là et ne sera pas là de toute la journée, dit Mollusque jeune. Est-ce quelque chose que je puisse faire ? »

Après bien des explications et des circonlocutions, Mollusque jeune déclara à Clennam qu'il n'entendait rien à l'affaire Dorrit.

« Dites donc, vous n'avez qu'une chose à faire, savez-vous ! Passez chez nous, si vous allez de ce côté-là : 24, *Mews-street, Grosvenor-square*. Mon père a une attaque de goutte qui le retient à la maison. »

M. Tenace-Mollusque daigna recevoir M. Clennam, et M. Clennam trouva M. Tenace-Mollusque le pied étendu sur un tabouret, image vivante et frappante de l'art de rien, rien, rien.

« Permettez-moi, dit Clennam, de vous expliquer tout d'abord que je viens de passer plusieurs années en Chine, que je suis presque étranger dans mon propre pays, et que ce n'est pas un motif d'intérêt personnel qui me dicte la question que je vais vous adresser. »

M. Tenace-Mollusque tambourina légèrement sur la table qui se trouvait près de lui.

« J'ai rencontré dans la prison de la Maréchaussée un prisonnier du nom de Dorrit, qui se trouve là depuis bien des années. Je désire me renseigner sur l'état de ses affaires, qui me semblent fort embrouillées, afin de voir s'il n'y aurait pas moyen d'améliorer sa position, après une si longue captivité. On m'a désigné M. Tenace-Mollusque comme un de ses créanciers les plus influents. Ce renseignement est-il exact ? »

Comme le ministère des Circonlocutions avait pour principe de ne jamais donner une réponse catégorique, sous quelque prétexte que ce fût, M. Mollusque se contenta de répondre :

« C'est possible.

— Comme représentant de l'État ou comme simple particulier ?

— Il est possible, monsieur, répondit M. Mollusque, que le ministère des Circonlocutions ait conseillé... cela est possible, je n'affirme rien... de poursuivre certaine réclamation que l'État a pu élever, par suite de la faillite d'une compagnie ou d'une association dont cette personne a pu faire partie.

— Oserai-je vous demander où je puis obtenir des renseignements officiels sur l'état réel de la question ?

— Il est loisible à tout membre du public d'adresser une requête au ministre des Circonlocutions. On peut se faire indiquer quelles sont les formalités indispensables, en s'adressant au bureau spécial du ministère.

— Quel est ce bureau ?

IL LE TROUVA EN TRAIN DE SE ROUSSIR LES MOLLETS. (Voir p. 59.)

— Monsieur, répondit M. Mollusque en tirant un cordon de sonnette, on vous l'indiquera au ministère ! »

Clennam, pour s'exercer à la persévérance, retourna au ministère, et fit passer une seconde carte au jeune Mollusque, qui le renvoya au secrétariat. « Jenkins, dit-il au garçon, conduisez chez M. Wobbler. »

Arthur Clennam accompagna le garçon de bureau à un autre étage, où ce fonctionnaire lui désigna le bureau de M. Wobbler.

A la question de Clennam, M. Wobbler répondit : « Peux pas vous dire; n'en ai jamais entendu parler; ça ne me regarde pas. Demandez à M. Clive, seconde porte à gauche dans le couloir voisin. »

M. Clennam n'eut que quelques pas à faire pour arriver à la seconde porte à gauche dans le couloir voisin. Dans ce bureau-là il trouva quatre employés; numéro un n'avait pas grand'chose à faire, numéro deux se croisait les bras, numéro trois regardait par la fenêtre en bâillant.

Clennam exposa sa demande à numéro un, qui le renvoya à numéro deux, celui-ci le renvoya à numéro trois, qui l'adressa à numéro quatre.

Numéro quatre était un jeune et joli garçon, à l'air vif et aimable. Il appartenait à la famille Mollusque, mais à une variété plus animée de cette noble race, et il répondit avec la plus grande aisance :

« Oh! vous feriez mieux de ne pas vous casser la tête de ça, croyez-moi.

— Ne pas me casser la tête?

— Oui ! je vous conseille de perdre votre temps d'une façon moins assommante. »

C'était là une manière si nouvelle d'envisager la chose, que Clennam ne sut trop comment prendre l'avis qu'on lui donnait.

« Vous pouvez continuer si ça vous amuse. Je puis vous donner un tas d'imprimés officiels à remplir. Prenez-en une douzaine, si vous voulez; mais vous n'aurez jamais la patience d'aller jusqu'au bout.

— Est-il donc impossible d'obtenir ces renseignements? Pardonnez-moi mon importunité, mais je suis presque un étranger.

— Je ne dis pas que c'est impossible, répliqua numéro quatre avec un sourire plein de franchise ; je n'émets aucune opinion à cet égard. Je crois seulement que vous n'aurez pas la patience d'aller jusqu'au bout. Je présume que votre homme aura soumissionné quelque fourniture et qu'il aura failli à ses engagements. Est-ce ça?

— Je n'en sais vraiment rien.

— Allons! vous pouvez toujours vous renseigner là-dessus. Ensuite vous tâcherez de savoir quel bureau a adjugé la fourniture, et alors on vous donnera des détails.

— Pardon; mais comment obtiendrai-je cette première indication?

— Ma foi, vous..., vous la demanderez jusqu'à ce qu'on vous réponde. Lorsqu'on vous aura répondu, vous adresserez une lettre à ce bureau (d'après le modèle que vous tâcherez de vous faire indiquer) pour obtenir la permission d'envoyer une requête au secrétariat. Il sera pris acte de votre demande dans ce bureau, qui devra la renvoyer pour être enregistrée au secrétariat, qui devra la transmettre à un autre bureau, qui, après l'avoir apostillée, devra la renvoyer pour être contresignée par un autre bureau, et alors votre demande sera régularisée. Vous saurez la marche qu'aura suivie votre requête en demandant à chaque bureau jusqu'à ce qu'on vous réponde. »

Arthur Clennam ne put s'empêcher de faire observer que c'était un drôle de moyen d'avancer les affaires.

Cette observation amusa beaucoup le gracieux petit Mollusque, qui ne pouvait pas se figurer que l'on fût assez naïf pour conserver le moindre doute à cet égard.

Arthur Clennam était très indécis. « Dans tous les cas, dit-il, je vous remercie.

— Pas du tout, répliqua cet aimable petit Mollusque. Vous n'avez qu'à essayer. Venez si cela vous amuse. Rien ne vous obligera à continuer si vous vous sentez fatigué. Vous ferez bien d'emporter un tas d'imprimés…. Remettez-lui un tas d'imprimés à remplir. »

Arthur Clennam mit les imprimés dans sa poche d'un air assez sombre, et sortit du ministère des Circonlocutions.

CHAPITRE XI

LE VOILÀ LÂCHÉ, GARE !

Une tardive et sombre nuit d'automne s'abattait sur la Saône. Un homme, qui s'avançait lentement dans la direction de Chalon, était le seul être animé visible dans le triste paysage. Un vieux havresac de peau de mouton sur le dos, la main armée d'un gros bâton, couvert de boue, les pieds meurtris, les souliers et les guêtres déchirés, les cheveux et la barbe incultes, les vêtements trempés de pluie ainsi que le manteau, rejeté sur l'épaule, il s'avançait en boitant, lentement et péniblement.

Il lançait un coup d'œil à droite, un coup d'œil à gauche, d'un air sombre, mais craintif, s'arrêtant quelquefois, et se retournant pour regarder autour de lui. Puis il continuait son pénible voyage, boitant et grommelant : « Au diable cette plaine sans fin. Moi, j'ai soif, je tombe de faim et de fatigue. Vous, imbéciles, là-bas où j'aperçois des lumières, vous mangez, vous buvez, vous vous chauffez ! Si je pouvais mettre votre ville à sac, je vous ferais payer ça, mes enfants ! »

Il arriva enfin sur le pavé de Chalon. Là, dans une rue de traverse, il trouva une modeste auberge : *Au point du jour*. Le voyageur tourna le bouton de la porte et entra en boitant.

En entrant, il mit la main à son feutre mou et décoloré, pour saluer quelques habitués qui se trouvaient assemblés dans la salle. Se dirigeant vers une petite table non occupée, dans un coin, derrière le poêle, il posa à terre son havresac et son manteau. En se redressant après ces préliminaires d'installation, il trouva l'hôtesse auprès de lui.

« On peut loger ici, ce soir, madame?

— Certainement, répondit l'hôtesse d'une voix élevée et encourageante.

— Bon. On peut dîner... ou souper si vous aimez mieux?

— Certainement! s'écria l'hôtesse avec la même intonation.

— Dépêchons, alors, madame, s'il vous plaît. Donnez-moi à man-

IL S'AVANÇAIT EN BOITANT, LENTEMENT ET PÉNIBLEMENT.

ger aussi vite que vous pourrez, apportez-moi du vin tout de suite, je n'en puis plus. »

On lui apporta du comptoir une bouteille de vin. Ayant rempli et vidé son verre deux fois de suite, et cassé une croûte à même le grand pain que l'on avait posé devant lui, il s'appuya le dos contre le mur, s'allongea sur le banc et commença à grignoter son pain en attendant que son repas fût prêt.

Un des consommateurs, qui était le suisse de la paroisse, continua une conversation que l'entrée du voyageur avait interrompue, en disant :

« Voilà pourquoi on a dit que le diable était lâché. »

L'hôtesse, après avoir appelé son mari, qui remplissait les fonctions de cuisinier, et commandé le dîner du nouveau venu, revint au comptoir et se mêla à la conversation.

« Ah ciel ! s'écria-t-elle, lorsque le bateau est arrivé de Lyon, et qu'on a répandu le bruit que le diable était lâché dans les rues de Marseille, il y a des gobe-mouches qui ont cru cela. Mais pas moi, non, non !

— Madame, vous avez toujours raison, répondit le grand suisse. Mais vous deviez être bien enragée contre cet individu.

— Ah ! mais oui, répliqua l'hôtesse ; et c'est tout simple.

— C'était un mauvais sujet ?

— C'était un misérable assassin, dit l'hôtesse, et il méritait bien le sort auquel il a eu la chance d'échapper. C'est grand dommage.

— Et, reprit le suisse, c'est tout simplement parce que cet homme a été acquitté par le jury, que les Marseillais ont crié qu'on avait lâché le diable. Voilà comment la phrase a commencé à circuler ; voilà tout ce qu'on a voulu dire, rien de plus.

— Comment le nomme-t-on ? demanda l'hôtesse. Biraud, n'est-ce pas ?

— Rigaud, madame, répondit le suisse.

— Rigaud ! c'est juste. »

Le potage du voyageur avait été suivi d'un plat de viande, puis d'un plat de légumes. Il mangea tout ce qu'on lui mit devant lui, vida sa bouteille de vin, se fit servir du café et du rhum, et fuma une cigarette, en buvant sa demi-tasse. A mesure qu'il oubliait sa fatigue, il se mettait aussi plus à son aise, et il finit par se mêler à une conversation insignifiante avec des airs de condescendance protectrice, comme s'il eût été d'une condition bien supérieure à celle qu'annonçait son costume.

Il demanda qu'on le conduisît à sa chambre.

« Très bien, monsieur, répondit l'hôtesse. Holà ! mon mari ! Mon mari va vous y conduire. Il s'y trouve déjà un voyageur endormi, qui s'est retiré de bonne heure, parce qu'il tombait de fatigue ; mais c'est une grande chambre à deux lits, et on pourrait y faire coucher vingt personnes. »

L'aubergiste y conduisit le voyageur. Lui lançant un regard oblique pendant qu'il défaisait son havresac, il lui dit d'un ton rude : « Le lit à droite ! » et le laissa. L'aubergiste, qu'il fût bon ou mauvais physionomiste, avait jugé sans hésitation que sa nouvelle pratique avait une mine suspecte.

La pratique jeta un regard plein de mépris sur les draps propres, parce qu'ils étaient de grosse toile; s'asseyant sur une chaise de paille, elle tira son argent de sa poche et se mit à le compter dans sa main.

« Il faut bien manger, murmura-t-il, mais le diable m'emporte si je ne serai pas forcé de manger demain aux dépens d'un de mes semblables ! »

La curiosité le poussa à regarder le voyageur qui dormait paisiblement dans le second lit.

« Mort de ma vie ! dit-il tout bas en se reculant, c'est Cavalletto ! »

Le petit Italien, dont le sommeil avait été peut-être mystérieusement troublé par la présence de son ex-compagnon, cessa sa respiration régulière et ouvrit les yeux. Il resta quelques secondes à contempler d'un air hébété son camarade de prison; puis tout à coup, avec un cri de surprise et d'alarme, il sauta à bas du lit.

« Silence ! Qu'est-ce qui te prend donc ? Tiens-toi tranquille, te dis-je, c'est moi, tu ne me reconnais pas ? »

Mais Jean-Baptiste, écarquillant les yeux sans rien regarder, laissa échapper une foule d'invocations et d'exclamations, se recula en tremblant vers un coin de la chambre, passa son pantalon, attacha autour de son cou les manches de sa redingote, et manifesta un désir bien clair de s'enfuir plutôt que de renouveler connaissance. Son ancien camarade n'eut rien de plus pressé que de se reculer vers la porte, contre laquelle il appuya ses épaules.

« Cavalletto ! réveille-toi, mon garçon ! frotte-toi les yeux et regarde-moi. Ne me donne pas le nom que tu me donnais autrefois,... pas ce nom-là.... Lagnier, entends-tu ? Je m'appelle Lagnier ! Allons, Cavalletto, donne-moi la main. Tu reconnais Lagnier le gentilhomme ? Touche la main d'un gentilhomme. »

Docile comme autrefois au ton d'autorité condescendante adopté par Lagnier, Cavalletto s'avança et mit sa main dans celle de son patron, la secoua en l'air et la lâcha.

Comme Jean-Baptiste regardait autour de lui d'un air inquiet, son patron ferma la porte à clef et s'assit sur son lit.

« Allons, dit-il, assieds-toi par terre, reprends ton ancienne place. »

Jean-Baptiste obéit.

« Quand es-tu sorti de prison ? lui demanda le gentilhomme cosmopolite.

— Deux jours après vous, mon maître.

— Comment es-tu venu ici ?

— On m'a conseillé de ne pas rester à Marseille.

— Et où vas-tu maintenant ?

— Per Bacco ! dit-il d'un air contraint, j'ai quelquefois eu l'idée d'aller à Paris, et peut-être même en Angleterre.

— Cavalletto, je te le dis en confidence, moi aussi je vais à Paris et peut-être en Angleterre. Nous voyagerons ensemble. Tu verras comme il me faudra peu de temps pour reconquérir mes droits de gentilhomme, et tu en profiteras. Pour le moment rends-toi utile à ton protecteur. Mets mes souliers dans ce coin. Étends mon manteau auprès de la porte, afin qu'il sèche. Prends mon chapeau. »

Cavalletto obéit à ses ordres à mesure qu'il les recevait.

« Allons ! reprit le gentilhomme cosmopolite, voilà que le hasard m'a encore jeté dans ta société. Par le ciel ! tant mieux pour toi, tu en profiteras. J'ai besoin d'un long repos. Tu ne me réveilleras pas demain matin, entends-tu ? »

Le lendemain, Cavalletto n'eut garde de le réveiller : il déguerpit dès la pointe du jour, n'ayant point de plus pressant souci que de fuir son protecteur.

CHAPITRE XII

LA COUR DU CŒUR-SAIGNANT

La cour du Cœur-Saignant est située dans Londres même, bien qu'elle se trouve sur l'ancienne route rurale conduisant à un faubourg où, du temps de Shakespeare, le roi avait des maisons de chasse.

Le sol s'était tellement exhaussé autour de la cour du Cœur-Saignant qu'on y descendait au moyen d'une quantité de marches dont le besoin ne se faisait nullement sentir autrefois, et on en sortait par une voûte peu élevée, donnant sur un dédale de misérables rues qui tournaient et retournaient sur elles-mêmes, pour regagner, par une marche tortueuse, le niveau de la ville. Vers cette sortie de la cour et au-dessus de la voûte, il y avait un atelier de construction; cet atelier était celui d'un certain Daniel Doyce, que M. Meagles avait récemment présenté à M. Clennam.

Sortant de l'atelier Daniel Doyce, M. Meagles et Clennam descendirent les marches et pénétrèrent dans la cour, qu'ils traversèrent entre deux rangées de portes ouvertes, toutes abondamment pourvues d'enfants chétifs berçant des enfants plus lourds qu'eux; ils arrivèrent à l'autre extrémité, où se trouvait la porte de sortie. Arthur Clennam s'arrêta alors pour regarder autour de lui, en quête du domicile de Plornish, maçon, dont Daniel Doyce, selon la coutume des habitants de Londres, n'avait jamais vu ni entendu le nom, quoiqu'il demeurât à sa porte.

Clennam, ayant pris congé de son compagnon, finit par découvrir la maison du maçon.

Il fut reçu par Mme Plornish, qui tenait un enfant dans ses bras, et qui se servait de sa main libre pour ajuster le haut de sa robe. Ce geste maternel était le geste auquel Mme Plornish se livrait presque tout le temps qu'elle était éveillée. M. Plornish était absent, mais Mme Plornish assura qu'il allait bientôt rentrer ; et en effet il ne tarda pas à arriver. Trente ans, joues lisses, teint rosé, favoris roux, jambes longues, un peu faibles vers les genoux, air borné, veste de flanelle, habits couverts de chaux ; tel était M. Plornish.

« Je suis venu, dit M. Clennam en se levant, vous demander la faveur de quelques moments d'entretien au sujet de la famille Dorrit. »

Plornish prit un air défiant ; il crut flairer un créancier et dit :

« Ah oui ! très bien. Je ne vois pas ce que je puis vous apprendre concernant la famille. Et de quoi s'agit-il, s'il vous plaît ?

— Je vous connais mieux que vous ne le croyez », dit Clennam en souriant.

Plornish fit remarquer, sans sourire le moins du monde, qu'il n'avait pourtant pas le plaisir de connaître son visiteur.

« Non, répondit Arthur ; mais, quoique je n'aie pas été témoin des bons offices que vous avez rendus à la famille, je tiens mes renseignements de bonne source. Ils me viennent de la petite Dorrit,... je veux dire, reprit-il, de Mlle Dorrit.

— Vous êtes donc M. Clennam ? Oh ! on m'a parlé de vous, monsieur.

— Et vous aussi, on m'a parlé de vous et de votre femme, dit Arthur. Pouvez-vous me dire comment vous avez présenté Mlle Dorrit chez ma mère ? »

M. Plornish détacha de ses favoris un petit morceau de chaux, le mit entre ses lèvres, le retourna avec sa langue, comme si c'eût été une dragée, se trouva incapable de donner une explication lucide, et chargea sa femme de répondre en disant :

« Sarah, raconte donc comment les choses se sont passées, ma vieille.

— Mlle Dorrit, dit alors Sarah, berçant le poupon dans ses bras et posant son menton sur la petite main qui cherchait à déranger de nouveau les plis de son corsage, est venue ici un après-midi avec un bout d'écriture, disant qu'elle voulait trouver de l'ouvrage comme couturière, et elle nous a demandé s'il n'y aurait aucun inconvénient à donner son adresse chez nous. Moi et M. Plornish, nous lui avons dit : « Mais non, mademoiselle Dorrit, aucun inconvénient ». Pour lors, elle a écrit notre adresse sur le papier. Même que moi et Plornish, nous lui avons dit : « Oh! mademoiselle Dorrit, n'avez-vous pas « pensé à en faire plusieurs exemplaires pour les répandre davantage? « — Non, dit Mlle Dorrit, je n'y avais pas pensé, mais je vais le faire. » Si bien que Plornish emporta un exemplaire chez le gentleman pour qui il travaillait, et aussi chez le propriétaire de la cour du Cœur-

IL FUT REÇU PAR MADAME PLORNISH. (Voir p. 69.)

Saignant, par qui Mlle Dorrit a été recommandée à Mme Clennam.

— Le propriétaire de la cour, dit Arthur, se nomme...?

— Il se nomme M. Casby, monsieur, voilà comment il se nomme, répondit Plornish, Casby et Pancks, qui vient toucher le loyer tous les samedis.

— Comment? répliqua Clennam devenu rêveur, M. Casby! C'est une de mes vieilles connaissances. »

Alors il arriva au véritable objet de sa visite : se servir de l'intermédiaire de M. Plornish pour faire relâcher Tip, afin que ce jeune détenu ne perdît pas l'habitude de compter sur lui-même et sur ses propres ressources, si toutefois il n'avait pas déjà perdu jusqu'au dernier vestige de cette confiance en lui-même. Comme Plornish avait appris de la bouche même du créancier les motifs de l'incarcération, il déclara à Clennam que c'était un certain Chantre... non pas un chantre de paroisse, mais un marchand de chevaux. Plornish pensait qu'en offrant cinquante pour cent on ferait très bien les choses. Clennam et son intermédiaire montèrent aussitôt dans un cabriolet, et au bout d'une heure l'affaire était réglée.

« Monsieur Plornish, dit Arthur, je compte sur vous, s'il vous plaît, pour me garder le secret. Si vous voulez bien annoncer au jeune homme qu'il est libre, et que vous avez été chargé de transiger avec un créancier par une personne qu'il ne vous est pas permis de nommer, non seulement vous m'obligerez, mais peut-être rendrez-vous en même temps service au jeune Tip et à sa sœur.

— Je ferai ce que vous désirez, monsieur.

— Et si vous voulez être assez bon, vous qui connaissez la famille mieux que moi, pour communiquer avec moi en toute liberté et m'indiquer comment je pourrais me rendre réellement utile à la petite Dorrit, sans la blesser, je vous serais très reconnaissant.

— Ne parlez pas de ça, monsieur, ce sera à la fois un plaisir et un..., à la fois un plaisir et un.... »

Plornish, après ces deux vaines tentatives, se trouvant incapable de mettre sa phrase en équilibre sur ses pieds, prit le parti fort sage de la laisser boiteuse. Il prit la carte de M. Clennam et accepta une gratification pécuniaire.

Il avait hâte de s'acquitter de sa commission, et M. Clennam approuvait cet empressement. Clennam lui ayant donc proposé de le descendre à la porte de la prison pour dettes, ils traversèrent le pont de Blackfriars et se dirigèrent de ce côté.

CHAPITRE XIII

PATRIARCHE

Le nom de M. Casby avait ravivé dans la mémoire de M. Clennam une étincelle de curiosité et d'intérêt sur laquelle Mme Jérémie Flintwinch avait déjà soufflé le soir de son arrivée. Flora Casby avait été, comme on dit, la bien-aimée de son adolescence et fût devenue sa femme, si une volonté supérieure ne l'eût condamné à partir pour la Chine. C'était la fille et l'unique enfant du vieux Christophe Tête-de-Bois (sobriquet donné à M. Casby par certains esprits irrévérencieux qui se trouvaient en relations d'affaires avec lui, et chez qui la familiarité avait, comme on dit, engendré le mépris). M. Casby passait pour être fort riche en locataires hebdomadaires et pour tirer, en dépit du proverbe, des pierres de diverses cours et allées peu lucratives en apparence, plus d'huile qu'il n'en fallait pour alimenter la lampe de son existence.

Après quelques jours de recherches et de démarches, Arthur Clennam acquit la certitude que la situation du Père de la Maréchaussée était vraiment désespérée, et il renonça à regret au projet de lui faire recouvrer sa liberté. Il n'avait pas non plus à espérer, pour le moment, de nouvelles encourageantes au sujet de la petite Dorrit; mais il se persuada qu'en renouvelant connaissance avec M. Casby, il trouverait peut-être moyen d'être utile à sa petite amie; rien ne prouvait le contraire, et, d'ailleurs, il se serait toujours présenté chez M. Casby sans cela.

Avec une conviction très agréable et fort honnête dans son genre, qu'il rendait service à la petite Dorrit en faisant une chose qui ne la concernait pourtant en rien, il se trouva au coin de la rue où demeurait M. Casby.

« La maison, pensa-t-il en avançant vers la porte, est aussi peu changée que celle de ma mère ; elle paraît tout aussi triste. Mais la ressemblance cesse dès qu'on a franchi le seuil. Je connais la gravité paisible qui règne à l'intérieur. Je crois déjà sentir d'ici le parfum de ses vases pleins de lavande et de feuilles de roses desséchées. »

Lorsqu'il eut frappé à la porte au moyen d'un brillant marteau de cuivre de forme surannée, et qu'une servante eut répondu à cet appel, ces parfums affaiblis le saluèrent en effet comme une brise d'hiver qui conserve encore un vague souvenir du printemps envolé.

Il n'y avait qu'une seule personne auprès de la cheminée du salon lorsque Clennam fut introduit, et il entendit parfaitement le tic tac de la montre de cette personne.

La servante avait prononcé si doucement les mots : « Monsieur Clennam », que son maître ne l'avait pas entendue ; le visiteur resta donc debout et inaperçu auprès de la porte qu'elle venait de refermer. Un vieillard, dont les sourcils lisses et gris paraissaient se mouvoir à mesure que la flamme du foyer s'élevait ou s'abaissait, assis dans un fauteuil, ses chaussons de lisière posés sur le garde-cendre, roulait lentement ses pouces l'un autour de l'autre. C'était le vieux Christophe Casby, reconnaissable au premier coup d'œil, aussi peu changé au bout de vingt années que les vieux meubles solides qui l'entouraient, aussi peu altéré par l'influence des saisons que les vieilles feuilles de roses qui remplissaient ses vases de porcelaine.

Patriarche, tel était le nom que beaucoup de gens se plaisaient à lui donner. Plusieurs vieilles dames du voisinage l'avaient surnommé le Dernier des Patriarches. Quel nom plus convenable aurait-on pu trouver pour M. Casby, si gris, si lent, si paisible, si calme, avec une tête si couverte de bosses vénérables ?

Arthur fit quelques pas pour attirer l'attention de son hôte, et les sourcils gris se tournèrent vers lui.

« Pardon, dit Clennam, je crains que vous ne m'ayez pas entendu annoncer ?

— En effet, monsieur, je n'avais pas entendu. Vous désirez me parler, monsieur ? »

Clennam se fit reconnaître, et ces deux messieurs entamèrent le sujet des souvenirs d'autrefois.

« Il fut un temps, dit le Patriarche, où, vos parents et moi, nous ne vivions pas en bonne intelligence. Il a existé entre nos deux familles un petit malentendu. Peut-être votre respectable mère était-elle un peu fière de son fils. Quand je dis son fils, c'est de vous que je parle, mon digne monsieur,... de vous-même, mon digne monsieur! »

LE VIEILLARD ROULAIT LENTEMENT SES POUCES L'UN AUTOUR DE L'AUTRE.

Sa physionomie lisse avait la fraîcheur d'une pêche d'espalier. Grâce à son visage florissant, grâce à sa tête vénérable, à ses yeux bleus, M. Casby donnait à toutes ses observations un air de profonde sagesse et de vertu incomparable. Ses traits semblaient aussi respirer la bonté et la bienveillance. Personne n'aurait pu préciser où était nichée cette sagesse, cette vertu, cette bonté bienveillante; mais enfin elles avaient l'air d'être quelque part, par là, autour de lui.

« Mais ce temps-là n'est plus, poursuivit M. Casby; il est passé, il est passé. Je me donne le plaisir de visiter votre mère de temps en temps et d'admirer le courage et la vigueur d'esprit avec lesquels elle supporte de si rudes épreuves,... de si rudes épreuves.

— J'ai appris que vous aviez été assez bon, dans une de vos visites, dit Arthur, saisissant l'occasion au vol, pour recommander la petite Dorrit à ma mère.

— La petite... Dorrit?... Ah oui, la couturière dont m'avait parlé un de mes humbles locataires? Oui, oui, Dorrit, c'est bien cela. Ah, oui, oui. Vous l'appelez la petite Dorrit? »

Aucun renseignement à espérer de ce côté-là. Le chemin de traverse qu'Arthur venait de prendre aboutissait à une impasse.

« Ma fille Flora, reprit le Patriarche, ainsi qu'on vous l'aura dit sans doute, monsieur Clennam, s'est mariée il y a plusieurs années. Elle a eu le malheur de perdre son mari, M. Finching, après quelques mois de mariage. Elle est revenue demeurer chez moi. Elle sera charmée de vous revoir, si vous voulez bien me permettre de lui annoncer votre visite.

— Certainement, répondit Clennam, je vous aurais même prié de le faire si vous n'aviez pas eu l'obligeance d'aller au-devant de mes désirs. »

Sur ce, M. Casby se leva dans ses chaussons de lisière, et d'un pas lent et lourd (un vrai pas d'éléphant) se dirigea vers la porte.

Il avait à peine quitté le salon, qu'une main rapide tourna une clef dans la serrure de la porte d'entrée, l'ouvrit et la referma. L'instant d'après, un petit homme vif, brun et inquiet, se précipita dans le salon avec tant d'élan qu'il arriva à un pied de Clennam avant de pouvoir s'arrêter.

« Où est M. Casby? demanda le petit homme brun, regardant autour de lui.

— Si c'est lui que vous demandez, il sera ici dans un instant.

— *Moi*, le demander? répondit le petit homme brun. Pas du tout. Mais vous? »

Cette dernière question provoqua de la part de Clennam quelques mots d'explication, que le petit homme brun écouta en retenant son haleine et en regardant son interlocuteur. Il était habillé en gris de fer rouillé; il avait des yeux comme des perles de jais, un petit menton noir et raboteux, des cheveux noirs et raides qui s'élançaient de son crâne comme des dents de fourchette ou des épingles à cheveux, un teint d'une saleté naturelle ou artificielle, à moins que ce ne fût une combinaison de l'art et de la nature tout ensemble. Il avait, en outre, des mains sales, des ongles noircis et ébréchés. Il transpirait, ronflait, pouffait comme une petite locomotive en travail.

« Oh ! fit-il après qu'Arthur lui eut conté comment il se trouvait là, très bien, fort bien ! S'il demande après Pancks, voulez-vous être assez bon pour lui dire que Pancks vient de rentrer ? »

Là-dessus, toujours ronflant et soufflant, il sortit par une autre porte.

Avant son départ pour la Chine, Clennam avait entendu bien des gens émettre des doutes sur la bonté et la bienveillance de M. Casby, le traiter de faux bonhomme et de faux patriarche, assez lourd d'intellect, assez fin cependant pour savoir qu'il réussirait dans la vie en parlant le moins possible, en polissant la partie chauve de sa tête, et en laissant ses cheveux de patriarche produire leur effet.

Se rappelant ces vieilles rumeurs et y associant l'idée plus récente de Pancks, Arthur Clennam se sentait assez disposé à croire en ce moment, sans toutefois en être absolument convaincu, que le Dernier des Patriarches était bien, en effet, un nigaud sans initiative, qui n'avait d'autre mérite que de polir la partie chauve de son crâne. Pareil à un lourd navire que l'on voit lutter péniblement pour remonter le courant de la Tamise, se présenter en travers, la poupe en avant, rester gêné lui-même et gêner les autres vaisseaux, tout en se donnant des airs d'activité maritime, jusqu'à ce qu'un petit vapeur enfumé vienne soudain s'en emparer, le traîner à la remorque et l'emmener d'un air affairé, le pesant Patriarche se laissait guider par le poussif M. Pancks et suivait à la remorque ce sale petit bâtiment.

Le retour de M. Casby, accompagné de sa fille Flora, mit un terme à ces méditations. Le regard de Clennam ne fut pas plutôt tombé sur l'objet de son premier amour que cet amour fut à jamais détruit, brisé en mille morceaux comme un miroir qui roule à terre.

Flora était toujours aussi grande, seulement elle était devenue grosse en proportion. Mais ce n'était rien encore; Flora qu'il avait laissée blanche comme un lis, il la retrouvait rouge comme une pivoine. Mais ce n'était rien encore; Flora, dont chaque parole et chaque pensée ravissaient autrefois Arthur, lui semblait bavarde et sotte. Ça, par exemple, c'était quelque chose. Flora, qui était autrefois sans inconvénient une enfant gâtée et candide, avait voulu rester, en dépit des ans, une enfant gâtée, avec toute sa candeur primitive. Pour le coup, c'était trop fort !

« En vérité, s'écria Flora avec un petit rire étouffé, je n'ose pas me présenter devant M. Clennam ; je ne suis plus qu'une horreur ; je suis sûre qu'il va me trouver atrocement changée, je suis positivement une vieille femme : c'est affreux de se faire voir dans cet état, c'est vraiment affreux ! »

Arthur affirma qu'il la retrouvait telle qu'il s'était attendu à la retrouver, et que d'ailleurs le temps ne l'avait pas épargné lui-même.

« Oh ! mais pour un homme, ce n'est pas du tout la même chose. Vous, par exemple, vous avez si bonne mine, vraiment, que vous n'avez pas le droit de dire cela ; mais moi, ce n'est pas la même chose, voyez-vous.... Oh ! s'écria Flora d'un petit cri enfantin, je suis laide à faire peur. »

Le Patriarche insista pour que Clennam restât à dîner, et Flora fit à son ancien soupirant un signe qui voulait dire : « Restez ! » Ce n'était pas le compte de Clennam ; mais il avait tant de regrets de n'avoir pas retrouvé la Flora de sa jeunesse qu'il était tout honteux de son désenchantement, et, par une délicatesse de remords rétrospectif, il crut devoir, en expiation de ses torts, s'immoler au dîner du Patriarche et de sa fille.

Pancks dîna avec eux. Vers six heures moins un quart il sortit, comme un vapeur de son petit bassin, pour aller bien vite au secours du Patriarche, qui pataugeait à propos de la cour du Cœur-Saignant, dans un abîme d'explications ineptes où il allait s'enfoncer, sans son remorqueur fidèle.

Pancks établit nettement les points suivants : la cour du Cœur-Saignant est une propriété qui donne beaucoup de peine au Patriarche parce qu'il est difficile de faire rentrer les loyers. Les gens disent qu'ils sont pauvres : qui le prouve ? S'ils sont pauvres, ce n'est pas la faute du Patriarche. Il serait pauvre lui-même s'il ne touchait pas ses loyers !

Le dîner, proprement servi et bien apprêté (car dans la demeure du Patriarche tout était calculé pour favoriser une heureuse digestion), commença par un potage, des soles frites, des cardons au jus et des pommes de terre. La conversation continua à rouler sur la rentrée des loyers.

Il y avait eu un temps où Clennam, assis à cette même table, n'avait d'yeux que pour Flora. Ce jour-là, quand il fit attention à Flora, ce fut pour remarquer, malgré lui, qu'elle aimait beaucoup le *porter*, qu'elle combinait une assez grande quantité de xérès avec le sentiment, et que, si elle avait engraissé, il y avait à cela des raisons substantielles. Le Dernier des Patriarches avait toujours été un grand mangeur, et il engloutissait une grande quantité de nourriture solide avec la béatitude d'une bonne âme qui nourrit son prochain. M. Pancks, toujours pressé, et qui consultait de temps en temps un sale petit calepin qu'il avait posé près de lui, sans doute la liste des locataires arriérés qu'il comptait tracasser pour son dessert, avalait comme une locomotive où l'on empile du charbon, avec beaucoup de bruit, beaucoup de maladresse et quelques ronflements qui semblaient annoncer que la machine était prête à partir.

Prévoyant que Pancks ne tarderait pas à lever l'ancre et que le Patriarche allait s'endormir, Arthur prétexta une visite à sa mère et demanda à Pancks de quel côté il allait.

« Du côté de la Cité, monsieur, répondit Pancks.

— Voulez-vous que nous fassions route ensemble? demanda Arthur.

— Volontiers », répliqua Pancks.

Lorsque la fraîcheur de l'atmosphère eut dissipé le trouble de ses idées, Arthur s'aperçut que Pancks s'avançait d'un pas rapide, mordant le peu de pâturage qu'il pouvait trouver au bout de ses ongles et ronflant du nez par intervalles. Quand on voyait ces symptômes, ainsi que la main qu'il tenait dans sa poche, et son chapeau mal brossé sens devant derrière, c'était signe que M. Pancks réfléchissait.

« Il fait un peu froid, ce soir, dit Arthur.

— Oui, assez froid, répondit Pancks. En votre qualité d'étranger, vous devez sans doute souffrir du climat plus que moi. Je vous avouerai même que je n'ai guère le temps de sentir s'il fait chaud ou froid.

— Vous menez une vie très occupée?

— Oui, j'ai toujours à courir après quelque locataire ou à surveiller quelque chose. Mais j'aime les affaires, ajouta Pancks marchant un peu plus vite; n'est-ce pas pour ça que nous sommes au monde?

— Vous croyez que c'est pour ça? demanda Clennam.

— Pour quelle autre chose voulez-vous qu'on y soit? » riposta Pancks.

Ces paroles emballaient, dans le plus court espace possible, un poids énorme qui avait pesé sur toute la vie de Clennam; aussi il ne répondit pas.

Au bout de quelque temps Pancks dit à son compagnon: « Je vous quitte ici; voici la rue où je vais. Je vous souhaite le bonsoir.

— Bonsoir », dit Clennam.

Ils avaient traversé Smithfield ensemble, et Clennam se trouva seul au coin de Barbican. Il n'avait nulle intention de se présenter ce soir-là dans la morne chambre de sa mère, et il ne se serait pas senti plus seul ni plus abandonné s'il se fût trouvé au milieu d'un désert. Il descendit lentement Aldersgate-street, et s'avançait en rêvant vers l'église Saint-Paul, avec l'intention de gagner une des rues populeuses de la ville, parce qu'il avait besoin de bruit et de mouvement, lorsque, un groupe nombreux se dirigeant vers lui sur le même trottoir, il s'adossa à une boutique afin de le laisser passer. Quand tout ce monde fut près de lui, il s'aperçut qu'on se rassemblait autour de quelque chose que quatre hommes portaient sur leurs épaules. Il vit bientôt que c'était un brancard fabriqué à la hâte au moyen d'un volet ou de quelque objet de ce genre; la position de l'homme qui était couché dessus, des lambeaux de conversation qu'il attrapa à la volée, et la vue d'un paquet crotté que portait un passant et d'un chapeau couvert de boue que tenait un autre, firent comprendre à Clennam qu'il venait d'arriver un accident. Le brancard s'arrêta sous un réverbère, à quelques pas de là, pour laisser aux porteurs le temps de rajuster quelque chose; et, la foule s'arrêtant en même temps, Clennam se trouva au milieu du cortège.

« Un blessé qu'on porte à un hôpital? demanda-t-il à un vieillard qui se trouvait près de lui, hochant la tête comme un homme qui ne demande pas mieux que d'entamer une conversation.

— Oui, répondit le vieillard; c'est la faute de ces malles-postes. On devrait les poursuivre et les mettre à l'amende, ces malles-postes.

— Cet homme n'a pas été tué, j'espère?

LA PORTE DE LA CHAMBRE S'OUVRIT DOUCEMENT. (Voir p. 83.)

— Je n'en sais rien, répliqua le vieillard; s'il n'est pas tué, ce n'est toujours pas faute de bonne volonté de la part de ces malles-postes. Mais quand, nous autres Anglais, nous sommes obligés de nous tenir sur nos gardes afin de n'être pas tués raides par ces malles-postes, comment voulez-vous qu'un pauvre étranger leur échappe?

— C'est donc un étranger? » demanda Clennam, qui se pencha en avant pour mieux voir.

Au milieu d'une foule de réponses contradictoires, Clennam entendit une voix faible qui demandait de l'eau en français et en italien.

Arthur pria qu'on lui permît de passer, attendu qu'il comprenait ce que disait le blessé. On s'empressa de le laisser avancer pour qu'il pût servir d'interprète.

« D'abord il demande de l'eau », dit Arthur à ceux qui l'entouraient. Une demi-douzaine de bons enfants se dispersèrent pour aller en chercher. » Êtes-vous grièvement blessé, mon ami? demanda-t-il en italien à l'homme étendu sur le brancard.

— Oui, monsieur, oui, oui, oui. C'est ma jambe, c'est ma jambe!

— Vous êtes un voyageur?... Attendez, voici de l'eau; laissez-moi vous en donner un peu. »

On avait posé le brancard sur un tas de pavés; et, se penchant un peu, Arthur put soulever légèrement la tête du blessé avec la main gauche, tandis qu'avec la main droite il approchait le verre des lèvres du malade. C'était un petit homme musculeux, au teint bronzé, aux cheveux noirs et aux dents blanches. Une physionomie pleine de vivacité en apparence.

Arthur Clennam se retourna, puis, marchant auprès du brancard, il accompagna la civière jusqu'à l'hôpital Saint-Bartholomé. On ne laissa pénétrer dans l'hospice que les porteurs et l'obligeant interprète. Chemin faisant, le petit Italien apprit à Clennam qu'il venait de Marseille.

Les chirurgiens de l'hospice déclarèrent que la fracture était grave et compliquée, mais que l'on ne serait pas obligé de sacrifier la jambe. Clennam attendit qu'on eût fait vite et bien tout ce que l'on pouvait faire. Le pauvre étranger abandonné l'ayant supplié de ne pas le quitter, il resta près du lit où on l'avait transporté jusqu'à ce qu'il se fût endormi. Avant de partir, il écrivit quelques lignes au crayon, où il lui promettait de revenir le lendemain matin.

Tout cela dura si longtemps que onze heures sonnaient au moment où il sortait de l'hôpital. Il avait pris un logement provisoire près de Covent-Garden, et il rentra chez lui par le chemin le plus court, c'est-à-dire par Snow-Hill et Holborn.

Il était donc assis devant son feu presque éteint, songeant avec mélancolie à la route ténébreuse qu'il avait suivie dans le pèlerinage de la vie, mais sans empoisonner de ses reproches le passé d'autrui.

« A commencer par les jours de ma jeunesse si malheureusement supprimée, par mon adolescence refoulée dans une retraite morne et sans affection, mon départ, mon long exil, mon retour, l'accueil de ma mère, pour finir par cet après-midi passé avec la pauvre Flora, poursuivit Arthur Clennam, qu'ai-je jamais trouvé sur mon chemin ? »

La porte de sa chambre s'ouvrit doucement, et il tressaillit en entendant ces paroles prononcées comme en réponse à sa question :

« La petite Dorrit. »

CHAPITRE XIV

LA SOIRÉE DE LA PETITE DORRIT

Arthur Clennam s'empressa de se lever et la trouva debout sur le seuil.

« Ma pauvre enfant! vous ici à pareille heure, à minuit?

— C'est pour cela que j'ai dit : *La petite Dorrit*, en ouvrant la porte, monsieur : c'était pour vous préparer à ma visite, parce que je savais bien que vous seriez surpris de me voir.

— Êtes-vous seule?

— Non, monsieur; Maggy m'a accompagnée. »

Jugeant que, du moment que l'on avait prononcé son nom, elle avait le droit d'entrer, Maggy quitta le palier et se présenta, la bouche fendue jusqu'aux oreilles par une grimace amicale. Mais elle ne tarda pas à supprimer cette manifestation, et sa physionomie reprit son air de stupidité fixe et solennelle.

« Et moi qui ai laissé éteindre mon feu ! dit Clennam. Et vous êtes si... (il allait dire : *si légèrement vêtue*, mais il se retint, pour ne pas faire allusion à la pauvreté de la jeune fille, et ajouta :) et il fait si grand froid. »

Rapprochant de la cheminée le fauteuil qu'il venait de quitter, il y fit asseoir sa petite visiteuse, et, après avoir apporté à la hâte du charbon et du bois, il les entassa dans la grille et fit flamber le feu.

« Avant d'aller plus loin, commença la petite Dorrit, assise devant le feu, encore pâle, et levant les yeux vers le visage qui, dans son expression harmonieuse d'intérêt, de pitié et de protection, était un mystère bien au-dessus de sa condition et de son intelligence, puis-je vous dire quelque chose, monsieur?

— Oui, mon enfant.

— Ce que j'allais vous dire, monsieur, c'est que mon frère est libre. »

Arthur parut très content d'apprendre cette nouvelle; il espérait, dit-il, que Tip allait bien se conduire.

« Je ne dois jamais, à ce qu'on dit, connaître celui dont la générosité a fait relâcher Tip. Mais si je le connaissais, je lui dirais qu'il ne pourra jamais, jamais savoir combien je suis reconnaissante envers lui. Je lui dirais encore que je ne m'endormirai plus jamais sans avoir prié le ciel de le bénir et de le récompenser.

— Là! petite Dorrit, là! voyons! dit Clennam. Eh bien, nous supposerons que vous connaissez cette personne et que vous l'avez remerciée. Et maintenant dites-moi pourquoi vous êtes dehors à minuit, et ce qui vous amène si loin de chez vous à cette heure tardive, ma frêle et délicate... (*enfant* était le mot qu'il avait sur la langue) petite Dorrit.

— Maggy et moi, répondit-elle, nous sommes allées ce soir au théâtre où ma sœur est engagée, parce que je ne suis pas fâchée de voir quelquefois par moi-même ce que fait ma sœur. Je ne puis pas me donner ce plaisir-là bien souvent, parce que, lorsque je ne travaille pas, je suis avec mon père, et même lorsque je vais en journée, je me dépêche d'aller le rejoindre. Mais ce soir j'ai fait semblant d'aller en soirée. J'espère qu'il n'y a pas de mal à cela. Je n'aurais jamais pu me rendre utile si je n'avais pas un peu dissimulé. »

Clennam fit briller la flamme du foyer et posa sur la table du vin et des gâteaux.

« Voici, monsieur, reprit la petite Dorrit, la seconde chose que j'avais à vous dire. Je suppose que Mme Clennam aura découvert mon secret et qu'elle sait d'où je viens et où je vais; où je demeure, en un mot.

— En vérité! » répliqua Clennam avec vivacité. Et après un moment de réflexion il lui demanda ce qui lui faisait penser cela.

« Je crois, répondit la petite Dorrit, qu'il faut que M. Flintwinch m'ait suivie. Je l'ai rencontré deux fois, toujours près de la maison, toujours le soir, lorsque je rentrais. Il ne m'a pas abordée, mais il m'a fait un petit salut. Dois-je parler de tout cela à votre mère? dites-moi ce que je dois faire.

— Petite Dorrit, répondit Clennam, ne faites rien pour le moment. Je veux causer un peu avec ma vieille amie Mme Affery Flintwinch. Ne faites rien, petite Dorrit, si ce n'est de vous rafraîchir avec ce petit souper.

— Merci, je n'ai ni faim ni soif, ajouta la petite Dorrit, mais je crois que Maggy ne serait peut-être pas fâchée de prendre quelque chose.

— Maggy dort, comme vous voyez, répondit Clennam, nous lui ferons trouver tout à l'heure de la place dans ses poches pour y mettre tout ce qu'il y a là; mais avant de la réveiller, n'avez-vous pas encore quelque chose à me dire?

— Si; vous ne vous fâcherez pas, monsieur?

— Je vous le promets sans condition.

— Merci! Vous avez l'intention de retourner voir mon père?

— Oui.

— Pouvez-vous deviner, continua la petite Dorrit, les mains jointes et pressées, fixant sur Clennam des yeux où brillait l'ardeur d'une supplication muette, ce que je vais vous prier de ne pas faire?

— Je crois que oui, mais je puis me tromper.

— Non, vous ne vous trompez pas, répliqua la petite Dorrit, secouant la tête. Si nous venons à en avoir si grand besoin que nous ne puissions nous en passer, laissez-*moi* vous en demander.

— Je vous le promets,... je vous le promets.

— Ne l'encouragez pas à vous en demander. N'ayez pas l'air de le comprendre s'il vous en demande. Ne lui en donnez pas. Épargnez-lui cette honte et vous pourrez alors le juger plus favorablement! »

Soulagée de ce fardeau mortel, la petite Dorrit commença à être un peu agitée et à s'inquiéter de l'heure.

« Mais la grille est fermée depuis longtemps, s'écria Clennam. Où donc irez-vous?

— Chez Maggy, répondit la petite Dorrit; j'y serai très bien gardée et très bien soignée. »

Maggy, cependant, autorisée par Clennam, avait mis les gâteaux dans son panier, qui ne la quittait jamais.

« Allons, Maggy », dit gaîment la petite Dorrit. Et les voilà parties. Arthur Clennam attendit qu'elles eussent tourné le coin de la rue avant de les suivre à distance, pour être certain que la petite Dorrit regagnerait saine et sauve le quartier auquel elle était habituée. Quand il vit la petite mère et Maggy entrer dans la rue où était la prison de la Maréchaussée, et ralentir le pas avant de prendre une petite ruelle de traverse, il s'arrêta, sentant qu'il n'avait pas le droit d'aller plus loin.

La petite Dorrit frappa à la porte de la maison de Maggy, elle frappa une fois, deux fois, et comme personne ne donnait signe de vie : « Maggy, dit-elle, il faut faire de notre mieux, ma chère. Il nous faut patienter et attendre le jour. » Et elles attendirent le jour, par cette nuit froide et humide, tantôt marchant, tantôt s'arrêtant, tantôt se cachant sous les portes cochères, quand elles étaient menacées de quelque rencontre suspecte.

Le jour ne se montrait pas encore dans le ciel, mais pourtant c'était déjà le jour, car le pavé devenait sonore, les fourgons, les charrettes et les voitures se pressaient à la file. Les ouvriers se rendaient par groupes à leurs ateliers, les boutiques s'ouvraient, les marchés hurlaient, les bords de la Tamise commençaient à se mouvoir. On croyait bien que c'était le jour, car la lueur des flambeaux pâlissait ; l'air devenait plus froid et plus glacial, la nuit sinistre expirait.

Elles retournèrent vers la grille, avec l'intention d'attendre l'heure où l'on viendrait l'ouvrir ; mais le froid devenait si vif que la petite Dorrit emmena encore Maggy, qui dormait tout debout, pour la tenir en mouvement.

Comme elles passaient devant l'église Saint-Georges, le bedeau, qui s'était levé de bonne heure parce qu'il attendait les peintres, les fit entrer dans la sacristie, où il y avait un bon feu. Il poussa même la bonté jusqu'à leur donner des coussins pour s'étendre et dormir un peu en attendant l'heure.

Ainsi se passa la « soirée » d'où la petite Dorrit revint tout épuisée de fatigue, au premier brouillard grisâtre d'une matinée pluvieuse.

CHAPITRE XV

MADAME JÉRÉMIE FLINTWINCH FAIT UN AUTRE RÊVE

Par une froide soirée, vers l'heure du crépuscule, Mme Jérémie, s'étant senti l'esprit un peu lourd pendant toute la journée, fit le rêve suivant :

Elle rêva qu'elle se trouvait dans la cuisine, à faire chauffer de l'eau pour le thé. Elle rêva que, tandis qu'elle était assise, elle fut effrayée par un bruit subtil qu'elle entendait derrière elle ; elle rêva que, la semaine passée, un bruit pareil lui avait déjà causé une frayeur semblable, et que ce bruit était d'une nature mystérieuse, qu'il ressemblait à un frôlement, accompagné de trois ou quatre coups pareils à des pas rapides, tandis qu'un choc ou un tremblement se communiquait à son cœur, comme si ces pas eussent fait trembler le parquet. Mme Jérémie rêva qu'elle avait remonté quatre à quatre l'escalier de la cuisine, sans savoir comment, afin de se rapprocher d'une société humaine.

Elle s'était faufilée ensuite, ses souliers à la main, jusqu'au palier de la chambre de Mme Clennam, pour se rapprocher des deux finauds qui causaient.

« Allons ! pas de ces bêtises-là avec moi, s'écriait M. Jérémie Flintwinch, je ne le souffrirai pas.

— Qu'ai-je donc fait, homme irritable ? demanda la voix caverneuse de Mme Clennam.

— Ce que vous avez fait ? Vous êtes tombée sur moi.

— Si vous entendez par là que je vous ai adressé des remontrances....

— Vous êtes tombée sur moi, répéta Jérémie avec obstination.

— Je suis tombée sur vous, alors, homme obstiné que vous êtes, parce que vous n'aviez pas besoin, ce matin, d'être si indiscret avec Arthur. J'ai le droit de m'en plaindre; c'est presque un abus de confiance.

— Voulez-vous savoir pourquoi j'ai parlé comme je l'ai fait, vieille femme obstinée et opiniâtre? C'est parce que vous n'aviez pas disculpé son père à ses yeux et que vous auriez dû le faire; parce que, avant de vous monter la tête à propos de vous-même qui êtes....

— Arrêtez, Flintwinch! s'écria Mme Clennam d'un ton plus sévère, vous pourriez aller trop loin. »

Le vieillard parut être du même avis. Il y eut un nouveau silence; il avait changé de place, lorsqu'il reprit plus doucement :

« J'allais vous dire pourquoi. Parce que, avant de prendre votre propre défense, vous auriez dû prendre celle du père d'Arthur. Je ne l'ai jamais aimé le père d'Arthur! C'était un individu faible et irrésolu qui avait tout juste ce qu'il faut de courage pour vivoter. Et lorsqu'il vous a amenée ici, vous l'épouse que son oncle lui avait choisie, je n'ai pas eu besoin de vous regarder deux fois (vous étiez une belle femme dans ce temps-là) pour deviner qui de vous deux serait le maître. Vous avez marché toute seule; ne vous appuyez pas sur les morts.

— Je ne *m'appuie pas* sur les morts, comme vous dites.

— Non, mais vous en aviez bien envie, si je vous avais laissé faire, grommela Jérémie, et voilà pourquoi vous êtes tombée sur moi. Il est possible que j'aie le caractère un peu bizarre, mais enfin je suis comme ça, je n'entends pas laisser les gens faire uniquement à leur tête. Il faut que tout cède devant votre volonté; or, moi, je ne veux pas céder devant votre volonté. »

Peut-être était-ce là l'origine de l'entente qui existait entre eux. Si elle n'avait pas reconnu dans M. Flintwinch une si grande force de caractère, peut-être Mme Clennam n'aurait-elle pas daigné le prendre pour allié.

« En voilà assez et plus qu'assez sur ce sujet », dit-elle d'un air sombre.

Mme Jérémie rêva ensuite que son seigneur et maître avait commencé à se promener de long en large dans la chambre, et qu'au bout d'un certain temps Mme Clennam avait pris la parole.

« Voulez-vous allumer la chandelle, Jérémie ? disait Mme Clennam d'un ton conciliant, destiné à faire rentrer la conversation dans son ton habituel. Il est bientôt temps de prendre le thé. La petite Dorrit doit venir et elle me trouverait dans l'obscurité. »

M. Jérémie alluma la chandelle avec empressement, et dit en la posant sur la table : « Ah çà ! qu'est-ce que vous voulez faire de la petite Dorrit ? Est-ce qu'elle va venir toujours travailler ici ? toujours prendre le thé ici ? La verra-t-on aller et venir ici comme elle fait toujours, toujours ?

— Tant que la petite Dorrit sera sage et active, qu'elle aura besoin de la faible assistance que je puis lui donner, et qu'elle en sera digne, je ne vois pas pourquoi elle ne continuerait pas (à moins de se retirer de son propre gré) de venir ici aussi longtemps qu'il plaira au Seigneur de m'épargner

— Rien de plus ? demanda Jérémie se caressant le menton.

— Que voulez-vous qu'il y ait de plus ? Qu'est-ce qu'il peut y avoir de plus ? » s'écria Mme Clennam d'un ton de surprise sévère.

Là-dessus les deux interlocuteurs se regardèrent fixement.

« Sauriez-vous, par hasard, Mme Clennam, demanda alors Jérémie en brisant la voix et en mettant dans ses paroles une expression qui ne semblait pas suffisamment justifier cette question si simple, sauriez-vous où elle demeure ?

— Non.

— Tiendriez-vous à le savoir ?

— Non.

— Je le sais, moi.

— Quelle que soit sa demeure, dit Mme Clennam d'une voix dure et saccadée, elle m'en a fait un secret, et ce secret je le respecte.

— Après tout, peut-être auriez-vous préféré ne pas savoir que je la connais !

— Flintwinch ! dit sa maîtresse et associée, s'exprimant avec une soudaine énergie qui fit trembler Jérémie, pourquoi me poussez-vous à bout ? S'il est vrai qu'il y ait quelque dédommagement, en échange de ma longue réclusion dans ces étroites limites, à sentir que, si elle m'isole de tout plaisir, elle m'épargne aussi la connaissance de certaines choses que je préfère ne pas connaître, vous devriez être le dernier à m'envier cette faible compensation.

— Je ne vous l'envie pas, répliqua Jérémie.

— Alors ne m'en parlez plus. Que la petite Dorrit garde son secret et vous aussi. Laissez-la aller et venir, sans commentaires et sans questions. Laissez-moi souffrir, mais laissez-moi aussi profiter de tous les soulagements que peut comporter ma position. »

Alors on entendit sur le parquet le bruit du fauteuil que l'on faisait rouler, et une main impatiente agita la sonnette de Mme Jérémie.

Mme Jérémie se précipita à la cuisine, s'assit devant le feu et demeura immobile, la tête sous son tablier. Au bout de quelque temps, Jérémie impatient vint la relancer, et quand elle voulut lui parler de ses terreurs et de ses rêves, et de ses frôlements qu'elle entendait parfois, il lui dit : « Allons, ma femme, si tu ne sers pas le thé en deux temps, ma vieille, tu vas sentir un frôlement qui t'enverra à l'autre bout de la cuisine ».

La petite Dorrit arriva à l'heure du thé. Mme Jérémie regarda la petite Dorrit qui ôtait son modeste chapeau dans le vestibule, puis son mari qui se caressait la mâchoire en contemplant la jeune fille en silence, persuadée que cette rencontre allait amener quelque éclat terrible.

Après le thé il y eut un autre coup de marteau, annonçant Arthur. Mme Jérémie alla ouvrir et le visiteur lui dit, en entrant : « Je suis content que ce soit vous, j'ai quelque chose à vous demander ».

Mme Jérémie répondit immédiatement :

« Au nom du ciel ! ne me demandez rien, Arthur ; je passe la moitié de ma vie à rêver et l'autre moitié à trembler, j'en suis plus morte que vive. Ne me demandez rien, je ne sais rien de rien, je ne puis pas distinguer une chose d'une autre ! » Et elle prit immédiatement la fuite, ayant grand soin de ne plus l'approcher.

CHAPITRE XVI

A TWICKENHAM

Le temps étant arrivé d'aller renouveler connaissance avec la famille Meagles, Clennam tourna ses pas, un certain samedi, du côté de Twickenham, où M. Meagles habitait un cottage à lui appartenant. Il envoya sa valise par la voiture et partit à pied. Il alla par Fulham et Putney, rien que pour le plaisir de traverser la bruyère.

Il venait de la traverser lorsqu'il se rapprocha d'un piéton qui marchait devant lui depuis quelque temps, et qu'il crut bientôt reconnaître à un je ne sais quoi dans ses airs de tête et dans sa tournure réfléchie pendant qu'il s'avançait d'un pas délibéré.

« Comment vous portez-vous, monsieur Doyce? dit Clennam en le rejoignant.

— Ah! monsieur Clennam! s'écria M. Doyce, se réveillant de quelque combinaison mentale qu'il était en train de faire, et lui tendant la main. Je suis charmé de vous voir, monsieur.

— J'espère bien, continua Arthur, que nous faisons route vers le même endroit, monsieur Doyce?

— Vers Twickenham alors? répliqua Daniel, tant mieux! »

Ils devinrent bientôt très intimes et abrégèrent le chemin par une causerie variée. M. Doyce était un homme de beaucoup de modestie et de bon sens; et, malgré sa simplicité, il avait trop pris l'habitude de concilier les conceptions les plus originales et les plus hardies avec une exécution patiente et minutieuse pour être demeuré un homme ordinaire. Il fut d'abord difficile de le faire parler de lui-même, et chaque fois il répondait d'une manière évasive aux questions d'Arthur, avouant seulement, sans en tirer vanité, qu'en effet c'était lui qui avait fait ceci, puis encore que c'était lui qui avait fait cela, que telle chose sortait bien de ses ateliers, et que telle autre invention était bien de lui, mais ce n'était pas malin, « c'était son métier, voyez-vous, son métier ».

Clennam, pour entretenir la conversation, demanda à M. Doyce s'il avait un associé qui le débarrassât, au moins en partie, du souci des affaires.

« Non, répondit-il, pas maintenant, mais comme j'ai plus à faire qu'autrefois, je songe à en prendre un, comme qui dirait un homme d'affaires. Il ne trouvera pas, je crois, mes livres tenus avec négligence ou avec confusion ; mais nous verrons ce qu'il en dira : ce n'est pas à moi à me vanter de ça.

— Vous ne l'avez donc pas encore choisi ?

— Non, monsieur, non. Je viens seulement de me décider à en prendre un. Le fait est qu'il y a plus de besogne qu'il n'y en avait, et la surveillance des travaux suffit pour me donner assez d'occupation maintenant que je prends de l'âge. En outre il y a la comptabilité et la correspondance, et puis les voyages à l'étranger, où la présence d'un chef est souvent nécessaire, et je ne peux pas tout faire. »

Ils causèrent ensuite de choses et d'autres jusqu'au moment où ils arrivèrent au terme de leur voyage.

La cloche de la grille avait à peine résonné que M. Meagles vint à leur rencontre ; M. Meagles s'était à peine montré que Mme Meagles se montra ; Mme Meagles s'était à peine montrée que Chérie se montra ; et Chérie s'était à peine montrée que Tattycoram se montra. Jamais visiteurs ne reçurent meilleur accueil.

M. Meagles fit visiter sa maison à ses hôtes. Elle était tout juste aussi grande qu'il fallait, rien de plus, aussi jolie à l'intérieur qu'à l'extérieur, très bien disposée et très confortable. On retrouvait quelques traces des habitudes voyageuses de la famille dans les cadres enveloppés de gaze, les meubles enveloppés de leurs housses, les rideaux relevés ; mais on reconnaissait facilement que M. Meagles avait la manie de faire tenir la maison, pendant son absence, comme si la famille devait revenir le jour d'après. Il y avait une telle macédoine d'objets ramassés dans ses diverses expéditions, qu'on eût dit la retraite de quelque aimable corsaire.

Clennam, dans sa chambre, réfléchissait en s'habillant. Il s'agissait pour lui de résoudre une question qui datait de si loin qu'elle remontait même à une époque antérieure à son séjour dans la quarantaine de Marseille et qui, maintenant, se représentait à son esprit, demandant une solution immédiate : « Se laisserait-il aller, oui ou non, à l'espoir d'obtenir un jour la main de Chérie? »

Il avait deux fois son âge (il changea de place la jambe qu'il avait croisée sur l'autre pour recommencer son calcul, mais le total obtenu s'obstina à rester le même). Il avait donc deux fois son âge. Bah! il avait l'air jeune ; il était jeune de corps et de santé, jeune de cœur. Certainement un homme n'est pas vieux à quarante ans; combien y en a-t-il qui ne sont pas en état de se marier et ne se marient pas avant d'avoir atteint cet âge? Voilà qui est réglé pour lui : reste Chérie ; car il ne suffit pas qu'il soit de cet avis, il faut savoir ce qu'elle en pense.

Arthur croyait M. Meagles disposé à avoir pour lui une estime sérieuse, comme il avait lui-même une estime sincère pour M. Meagles et pour sa bonne femme. Il prévoyait que le sacrifice de cette belle jeune fille, leur unique enfant, qu'ils aimaient tant, à un mari, serait pour leur amour une épreuve si pénible qu'ils n'avaient pas encore eu le courage d'y songer. Mais plus leur fille était belle, engageante et charmante, plus l'époque de cette épreuve nécessaire se rapprochait pourtant, et pourquoi pas en sa faveur, aussi bien qu'en faveur de tout autre?

Lorsqu'il fut arrivé à cet endroit de son raisonnement, il lui revint à l'esprit que la question n'était pas de savoir ce qu'en pensaient M. et Mme Meagles, mais ce que Chérie en penserait.

Arthur Clennam était un homme modeste, sachant tout ce qui lui manquait, et dans sa pensée il exalta tellement les mérites de la belle Minnie (autrement dit Chérie) et déprécia tellement ses propres qualités, que, lorsqu'il s'attacha à la solution de cette question, l'espoir commença à lui manquer. En définitive, pendant qu'il s'habillait pour le dîner, il se décida finalement à ne pas s'attacher à Chérie, et à renoncer à l'espoir d'obtenir un jour sa main.

Ils n'étaient que cinq convives, autour d'une table ronde, et le dîner se passa fort agréablement. Les cinq convives auraient pu s'être rencontrés vingt fois sans se connaître mieux qu'ils ne se connaissaient.

Le soir, on fit un *rubber* prosaïque. Chérie allait et venait dans le salon, regardant quelquefois le jeu de son père, ou chantant au piano, pour son propre amusement, quand l'envie lui en prenait. C'était une enfant gâtée; mais comment en aurait-il pu être autrement? Qui donc aurait pu vivre avec un être si aimable, si charmant, sans céder à sa douce influence? Qui donc eût pu passer une soirée dans la maison et ne pas aimer Chérie pour le charme et la grâce que sa seule présence répandait autour d'elle? Telles furent les réflexions de Clennam, malgré la résolution bien arrêtée qu'il avait formée en s'habillant; et, en faisant ces réflexions, il révoqua ses résolutions, sauf à y revenir bientôt.

Comme ils allaient se retirer pour la nuit, Arthur entendit Daniel Doyce qui demandait à son hôte de lui accorder une demi-heure d'entretien le lendemain matin, avant le déjeuner. Il comprit que Daniel voulait consulter M. Meagles sur le choix d'un associé. Il resta en arrière, ayant un mot à ajouter là-dessus.

« Monsieur Meagles, dit-il quand ils furent seuls, j'ai suivi les conseils que vous m'avez donnés, et, m'étant débarrassé d'une occupation qui m'était pénible pour bien des raisons, je désire utiliser ce qui me reste de vigueur et de fortune dans un autre emploi.

— Vous avez raison! Vous ne sauriez le faire trop tôt, répliqua M. Meagles.

— Or, en venant ici, j'ai appris aujourd'hui que votre ami M. Doyce cherche un associé qui l'aide à diriger son atelier de construction, non pas un associé qui ait les mêmes connaissances mécaniques que lui, mais quelqu'un qui s'occupe de tirer le meilleur parti possible des affaires auxquelles il les applique.

— Justement, dit M. Meagles.

— M. Doyce m'a dit en passant, dans le cours de notre conversation, qu'il allait demander votre précieux avis pour le choix d'un associé dans ces conditions. Si vous pensez que nos vues et nos moyens puissent coïncider, peut-être voudrez-vous bien lui faire connaître la somme dont je puis disposer. Je parle, cela va sans dire, dans une ignorance complète des détails, et il se peut que nous ne nous convenions ni d'un côté ni de l'autre.

— Sans doute, sans doute, répondit prudemment M. Meagles.

— Mais ce sera une question de chiffres et de comptes.

— Parfaitement, parfaitement.

— Et je serais heureux d'entamer les négociations, pourvu que M. Doyce y consente et que vous n'y trouviez rien à redire. Si donc, pour le moment, vous voulez bien me permettre de placer l'affaire entre vos mains, vous m'obligerez beaucoup.

— Clennam, j'accepte très volontiers cette mission, dit M. Meagles, et, sans méconnaître d'avance les difficultés qu'en votre qualité d'homme habitué aux affaires vous avez pu prévoir, je me crois autorisé à dire que votre proposition a des chances. Dans tous les cas, soyez bien persuadé d'une chose, c'est que Daniel Doyce est un parfait honnête homme. »

CHAPITRE XVII

M. GOWAN

Le lendemain, avant le déjeuner, Arthur se promena pour admirer les environs. Comme il faisait beau et qu'il avait une heure devant lui, il traversa la rivière en bac et se promena le long d'un sentier à travers les prairies, lorsqu'il revint au chemin de halage, il vit le bac de l'autre côté de la rivière et un gentleman qui hélait le passeur, pour traverser.

Ce gentleman paraissait avoir à peine trente ans. Il était bien mis, avait l'air actif et gai, la taille bien prise et le teint brun. Au moment où Arthur escaladait une barrière pour gagner le bord de l'eau, l'inconnu le regarda un instant, puis se remit, dans son désœuvrement, à pousser du pied des cailloux pour les faire rouler dans la rivière. Dans sa manière de les déraciner avec le talon de sa botte et de les placer devant lui dans la position voulue pour les lancer à coup sûr, il y avait quelque chose qui, aux yeux de Clennam, avait un certain air de cruauté.

L'étranger semblait préoccupé; son visage le témoignait assez, et il ne faisait aucune attention à un beau chien de Terre-Neuve qui le regardait attentivement, suivant des yeux chaque pierre, et n'attendant qu'un signal pour se jeter à leur poursuite dans la rivière. Le passeur arriva cependant sans que le chien reçût la permission désirée, et lorsque le bateau toucha la rive, l'étranger prit le terre-neuve par le collier et le fit entrer dans le bateau.

Clennam suivit l'homme et le chien. Le maître, les mains dans les poches, resta debout entre Clennam et le passeur. Le maître et le chien sautèrent lestement à terre dès que le bateau eut touché de l'autre côté, et s'éloignèrent aussitôt. Clennam fut bien aise d'en être débarrassé.

L'horloge de l'église voisine sonnait l'heure du déjeuner comme il remontait le petit sentier par lequel on arrivait à la grille du jardin. Dès qu'il tira la sonnette, il entendit un chien aboyer de l'autre côté du mur.

« Tiens ! je n'avais pas entendu de chien hier soir », pensa Clennam. La porte lui fut ouverte par une des servantes, et sur la pelouse il vit le terre-neuve et l'étranger.

« Mlle Minnie n'est pas encore descendue, messieurs », dit-elle tandis qu'ils entraient tous ensemble dans le jardin. Puis elle dit au maître du chien : « M. Clennam, monsieur », et s'éloigna en courant.

« C'est assez drôle, monsieur Clennam, que nous nous soyons rencontrés tout à l'heure sans nous connaître, dit l'étranger. Permettez-moi de me présenter moi-même : Henry Gowan. Un joli endroit, et qui a extrêmement bonne mine ce matin ! »

Les manières étaient aisées et la voix agréable, mais cela n'empêcha pas Clennam de penser que, s'il n'avait pas formé cette résolution bien arrêtée de ne pas s'attacher à Chérie, il aurait éprouvé de l'antipathie pour ce Gowan.

Chérie parut en ce moment ; ah ! comme ses yeux brillèrent ! comme elle parut contente ! comme elle caressa le chien, et comme le chien la connaissait bien !

Elle s'avança ensuite vers Clennam, lui tendit la main, lui dit bonjour et se disposa gracieusement à lui prendre le bras jusqu'à la maison.

Un nuage obscurcit les traits ordinairement joyeux de M. Meagles lorsque les trois promeneurs rentrèrent pour déjeuner. Ni ce nuage ni la légère inquiétude de Mme Meagles, lorsque cette dame dirigea ses regards de leur côté, n'échappèrent à Clennam.

« Mme Gowan se porte bien ? demanda Mme Meagles.

(Clennam écouta attentivement.)

— Ma mère va bien, je vous remercie.

(Clennam n'écouta plus, et Gowan continua :)

« J'ai pris la liberté d'ajouter aujourd'hui un convive de plus à votre dîner de famille, et j'espère que cela ne vous dérangera pas.

Je ne pouvais guère faire autrement. Le jeune homme m'a écrit pour me prier de le présenter ; et comme il appartient à une famille distinguée, j'ai pensé que vous ne m'en voudriez pas de vous l'amener.

— Et quel est ce jeune homme ? demanda M. Meagles avec un air de satisfaction bien prononcé. Songez donc ! un jeune homme appartenant à une famille distinguée !

L'INCONNU SE MIT A POUSSER DU PIED DES CAILLOUX POUR LES FAIRE ROULER.

(Voir p. 97.)

— C'est un Mollusque, le fils de Tenace-Mollusque, le jeune Clarence, qui est employé dans le bureau de son père. Je puis vous garantir qu'il n'a pas inventé la poudre. Son père, comme vous devez le savoir, est le neveu de lord Decimus Mollusque.

— Neveu... de... lord... Decimus ! répéta voluptueusement M. Meagles en fermant les yeux afin que rien ne vînt le distraire du bonheur de savourer le parfum de ce grand arbre généalogique. Nous serons charmés de le voir !

— Je vous suis bien obligé, dit Gowan. Clarence est un âne bâté, mais c'est un des meilleurs garçons que je connaisse. »

Il devint évident, avant la fin du déjeuner, que les amis de ce Gowan étaient tous plus ou moins ânes ou plus ou moins fripons ; ce qui ne les empêchait pas d'être les plus aimables, les plus charmants, les plus naïfs, les plus obligeants, les plus chers garçons qu'il fût possible de rencontrer sur la terre.

Comme la pluie se mit à tomber vers la fin de la journée, il fallut bien garder la maison, admirer les collections de M. Meagles et causer pour tuer le temps. Ce Gowan avait toujours quelque chose à dire sur son propre compte, et il le disait d'une manière leste et amusante. Il avait l'air d'un artiste de profession, qui aurait passé quelque temps à Rome, et pourtant il avait le ton insouciant et léger d'un amateur. Il y avait quelque chose de louche dans sa vocation artistique et dans ses connaissances spéciales, qui faisait que Clennam ne savait trop qu'en penser.

Il appela Daniel Doyce à son secours, tandis qu'ils se tenaient ensemble auprès de la croisée. Daniel lui apprit que Gowan était une ramification très éloignée des Mollusques. Le père de Gowan, d'abord attaché à une légation britannique, avait reçu une pension de retraite en qualité de commissaire de pas grand'chose dans une ville quelconque ; il y était mort à son poste, son dernier trimestre à la main, et défendant vaillamment son traitement jusqu'au dernier soupir. En récompense de cet éclatant service rendu à son pays, le Mollusque alors au pouvoir avait conseillé à la couronne d'accorder une pension de deux ou trois cents livres sterling à la veuve de ce courageux fonctionnaire. Le Mollusque qui avait succédé au premier avait accordé par-dessus le marché à la veuve certain petit appartement retiré dans le palais de Hampton-Court, où la vieille dame demeurait encore, déplorant la lésinerie du siècle, en compagnie de plusieurs autres vieilles dames. Son fils, Henry Gowan, ayant hérité de M. Gowan le commissaire un revenu trop limité pour être d'une grande ressource dans ce monde, avait été difficile à caser. Enfin, il avait déclaré qu'il voulait se faire peintre ; d'abord parce qu'il avait toujours eu un caprice pour la peinture, ensuite parce qu'il désirait par là blesser au cœur l'amour-propre des Mollusques en chef, qui ne lui avaient pas fait de position.

Le public ne prenait pas au sérieux la peinture de M. Henry Gowan, et ses tableaux ne se vendaient pas ; il y avait des obstinés qui voulaient à toute force que, pour réussir dans une profession quelconque (excepté dans celle de fonctionnaire public), il fallût absolument commencer par travailler du matin jusqu'au soir, de tout son cœur, de toute son âme, de toute sa force. Or M. Henry Gowan travaillait en gentleman amateur.

Considérant que Minnie était charmante, et que M. Meagles était très riche, M. Henry Gowan avait daigné jeter son dévolu sur Minnie. Il ne déplaisait pas à Minnie, au contraire ; cependant Minnie avait refusé de prendre aucun engagement avec lui. M. et Mme Meagles ne voyaient pas de très bon œil le peintre-amateur, cependant M. Meagles l'avait autorisé à se présenter à Twickenham une fois par semaine. Les choses en étaient là.

En retard d'une heure, Mollusque arriva avec son lorgnon. Il fut surpris et déconcerté en apercevant Arthur, et déclara confidentiellement à son ami Gowan que cet homme était un démocrate enragé qui se faisait un malin plaisir de troubler la paix profonde du ministère des Circonlocutions.

M. Meagles, qui avait demandé avec beaucoup de sollicitude des nouvelles de lord Decimus et de lady des Echasses, sa parente, pria Mollusque jeune d'offrir son bras à Mme Meagles. Et lorsque Mollusque jeune s'assit à la droite de Mme Meagles, M. Meagles (ô faiblesse humaine !) eut l'air aussi satisfait que si la famille Mollusque tout entière se fût trouvée là, concentrée dans sa personne.

Tout le charme de la journée précédente fut détruit. Les gens qui mangeaient le dîner étaient aussi tièdes, aussi insipides que le dîner lui-même, et tout cela par la faute de ce pauvre imbécile de Mollusque jeune. Seul M. Meagles était rayonnant.

Enfin l'humide journée du dimanche fit place à une nuit non moins humide. Mollusque jeune s'en retourna chez lui en cabriolet, fumant faiblement un petit cigare. Quant à cet équivoque Gowan, il partit à pied, accompagné de son chien, qui ne valait guère mieux. Toute la journée Chérie avait pris les peines les plus aimables pour être gracieuse avec M. Clennam, mais M. Clennam s'était tenu sur la réserve, c'est-à-dire *se serait* tenu sur la réserve, s'il avait eu des vues sur Chérie.

CHAPITRE XVIII

LA MALADIE DE M. MERDLE

M. Merdle était immensément riche, d'une hardiesse commerciale prodigieuse : un Midas, moins les oreilles, qui transformait en or tout ce qu'il touchait. Il était de toutes les bonnes entreprises, depuis une affaire de banque jusqu'à une bâtisse. Il siégeait dans le Parlement, cela va sans dire. Il avait ses bureaux dans la Cité, bien entendu. Il était président de cette compagnie-ci, administrateur de celle-là, directeur de cette autre.

Tout ce que M. Merdle faisait, il le faisait en vue de satisfaire la Société (quel que soit le sens de cette vague expression) et de faire honneur à toutes les traites de politesse qu'elle pouvait tirer sur lui. Il ne brillait pas dans le monde; il n'avait pas grand'chose à dire; c'était un homme réservé qui avait une grosse tête, penchée, observatrice, les joues animées de ce teint rouge qui est plutôt de l'échauffement que de la fraîcheur, un peu d'agitation inquiète au bout des manches de son habit, comme si elles étaient dans sa confidence et qu'elles eussent, à raison du voisinage, plus de raisons que personne de vouloir cacher ses mains. Le peu qu'il disait le faisait passer pour un homme agréable, simple, mais ne plaisantant pas sur l'article de la confiance publique ou privée, et très chatouilleux à l'endroit de la déférence que chacun était tenu d'avoir envers la Société. Dans cette même Société pourtant (si c'est elle qui venait à ses dîners, aux réceptions et aux concerts de Mme Merdle), il ne paraissait guère s'amuser, et la plupart du temps il se tenait contre les murs et derrière les portes; puis quand il se rendait chez les autres membres de la Société, au lieu d'y être à son aise, il paraissait un peu fatigué et plutôt disposé à aller se coucher, mais il n'en cultivait pas moins assidûment la Société et la fréquentait sans cesse, dépensant son argent pour elle avec une libéralité extrême.

M. Merdle avait épousé une veuve. M. Merdle avait besoin d'une femme pour la couvrir de bijoux. Storr et Mortimer, les joailliers à la mode, auraient eu à choisir une femme qu'ils se seraient sans doute mariés en vertu du même principe de spéculation.

Comme toutes les autres spéculations de M. Merdle, celle-là tourna bien, les bijoux produisirent autant d'effet que possible; Mme Merdle étant reçue dans la Société et s'y montrant ornée de ses bijoux excita une admiration générale.

Le premier mari de Mme Merdle avait été un colonel; ce colonel lui avait laissé un fils. C'était une tête stupide, montée sur des épaules ramassées : il ressemblait moins à un jeune homme qu'à un gros poupard. Il donnait si peu de signes de raison que ses camarades faisaient courir le bruit que son cerveau avait été gelé par un froid de trente degrés, à Saint-John, New Brunswick, le jour de sa naissance, et qu'il n'avait jamais dégelé depuis. Une autre plaisanterie le représentait comme étant tombé, aux jours de son enfance, du haut d'une maison sur le pavé de la rue, où des témoins dignes de foi avaient entendu son crâne se fêler. Il est possible que ces deux anecdotes n'aient été inventées qu'après coup, le jeune Sparkler ayant la monomanie d'offrir le mariage à toutes les demoiselles qu'il rencontrait. Il l'avait même, par parenthèse, offert à Fanny, la sœur d'Amy. Fanny avait refusé son offre, premièrement parce que le prétendant était idiot ou à peu près; secondement parce que, de son chef, il n'avait pas le sou. Mme Merdle, pour récompenser la jeune danseuse de son désintéressement, lui avait fait différents cadeaux, dont Fanny était très fière, tandis qu'Amy s'en montrait très mortifiée. Chacun entend la dignité à sa manière.

Un beau-fils doué d'une intelligence aussi restreinte eût pu être une gêne pour un autre homme, mais M. Merdle n'avait pas besoin d'un beau-fils pour lui-même; s'il en avait pris un, c'était pour faire plaisir à la Société. Le colonel Sparkler étant habitué à se montrer à toutes les courses, dans toutes les promenades et dans tous les bals, par conséquent étant très connu, la Société fut satisfaite du beau beau-fils que lui offrait M. Merdle.

M. et Mme Merdle donnaient ce jour-là un grand dîner dans leur maison de Harley-street. Il y avait les grands seigneurs de la Cour et les grands seigneurs de la Bourse, les puissances de la Chambre des communes et celles de la Chambre des lords, les notabilités de la magistrature et du barreau, la fleur de l'épiscopat et du ministère des finances, la crème de l'armée et de la marine, enfin des échantillons de tous les grands seigneurs et potentats qui nous font marcher dans ce bas monde, quand ils ne nous font pas trébucher.

Cette fine fleur de toutes les aristocraties n'avait pas d'autres sujets de conversation qu'un des derniers succès de M. Merdle : un coup de bourse énorme.

M. Merdle lui-même n'apparaissait que fort tard, d'habitude, lors de ces réunions, comme il convient à un homme retenu dans l'étreinte d'entreprises gigantesques lorsque les autres ont abandonné jusqu'au lendemain leurs mesquines occupations; ce soir-là il arriva le dernier.

M. Merdle donna le bras à une comtesse, cachée quelque part dans les plis d'une robe immense. La Société eut à ce dîner tout ce qu'il lui fallait, et plus encore. Elle eut tout ce qu'il peut y avoir à admirer, tout ce qu'il peut y avoir à manger, tout ce qu'il peut y avoir à boire. Nous aimons donc à croire qu'elle s'en donna à cœur joie; quant à M. Merdle, son écot personnel de consommation ne valait pas plus d'un shilling. Mme Merdle était resplendissante. Le maître d'hôtel de M. Merdle était, après la dame de la maison, ce qu'il y avait de plus beau à voir ce jour-là. C'était le personnage le plus majestueux de la Société. Il ne faisait rien, mais il regardait faire les autres avec une dignité dont peu d'hommes eussent été capables. Ce fonctionnaire était le dernier cadeau offert par M. Merdle à la Société. M. Merdle n'avait pas besoin de ce maître d'hôtel, il se sentait même gêné en face de cet être pompeux, quand l'autre le regardait; mais il fallait absolument à la Société inexorable un maître d'hôtel pour M. Merdle, et Mme Merdle lui avait donné satisfaction.

Au moment voulu par les us et coutumes de la Société, c'est-à-dire au dessert, la comtesse ouvrit la marche et transporta sa vaste robe jusqu'au premier étage. Le défilé de la beauté fut fermé par Mme Merdle.

Les messieurs, une fois seuls, se mirent à causer. M. Merdle demeurait silencieux et regardait la nappe. Lorsqu'on se leva, il se trouva tant de notabilités qui avaient quelque chose à dire à M. Merdle individuellement, qu'il fut obligé de tenir de petits levers près du buffet, effaçant le nom de chacune d'elles de sa liste imaginaire d'audiences impromptu, à mesure qu'un solliciteur disparaissait.

Il monta au salon après les autres, et perdit toute importance en se mêlant au flot qui gravissait le grand escalier.

Parmi les notabilités de la soirée se trouvait un célèbre médecin qui connaissait tout le monde et que tout le monde connaissait. En entrant dans le salon, il aperçut M. Merdle qui prenait son thé dans un coin et lui toucha le bras. M. Merdle tressaillit.

« Oh! c'est vous, docteur!

— Cela va-t-il mieux aujourd'hui?

— Non, répliqua M. Merdle, je ne vais pas mieux.

— C'est dommage que je ne vous aie pas trouvé ce matin. Venez donc me voir demain, ou laissez-moi passer chez vous.

— Eh bien, je me ferai descendre à votre porte demain, en allant à mes bureaux. »

Quelques personnes qui avaient assisté au dialogue interrogèrent le médecin et proposèrent des remèdes qui leur avaient réussi, contre l'affaiblissement produit par l'excès de travail.

« Oui, dit le médecin, vous avez raison, mais je vous dirai que je ne crois pas du tout que M. Merdle soit malade. Il est fort comme un rhinocéros et digère comme une autruche. Quant aux nerfs, M. Merdle est d'un tempérament paisible et ne s'émeut pas facilement. Vous vous étonnerez sans doute qu'un homme ainsi fait puisse se croire indisposé. Mais toujours est-il que je ne vois pas ce qu'il a. Peut-être a-t-il quelque maladie inconnue et impénétrable. Je n'en sais rien. J'affirme seulement que jusqu'à présent je n'ai point réussi à la découvrir. »

La maladie de M. Merdle! La Société et M. Merdle étaient liés par tant d'intérêts communs qu'on avait peine à se figurer que le banquier gardât sa maladie pour lui tout seul, s'il en avait une. Avait-il réellement cette maladie inconnue et impénétrable? Et quelque médecin parvint-il à la découvrir? Patience! En attendant, les murs de la Maréchaussée projetaient une ombre véritable, qui exerçait une sombre influence sur la famille Dorrit.

CHAPITRE XIX

ÉNIGME

M. Clennam ne grandissait pas dans l'estime du Père de la Maréchaussée en proportion du nombre de ses visites. La lenteur qu'il mettait à comprendre la grande question des *témoignages* n'était pas faite pour exciter une vive admiration dans l'esprit du Doyen; elle était plutôt faite pour offusquer un vieillard si chatouilleux sur l'article de sa dignité, et lui faire croire qu'il manquait quelque chose à ce monsieur pour être un vrai gentleman. Un certain désappointement commença à assombrir l'esprit paternel, car M. Clennam avait tout d'abord montré de la délicatesse; pourquoi, ayant si bien commencé, ne continuerait-il pas? Le Doyen alla jusqu'à dire, dans le sein de sa famille, qu'il craignait que M. Clennam ne fût pas un homme d'un instinct élevé. En sa qualité officielle, comme chef et représentant des détenus, il serait toujours heureux, faisait-il observer, de recevoir M. Clennam lorsqu'il viendrait lui présenter ses respects, mais personnellement il trouvait que M. Clennam et lui ne semblaient guère faits pour s'entendre.

M. Clennam sortait justement de chez lui sans avoir laissé aucun témoignage. Bousculé par la foule, il évita le pont de Londres et se dirigea vers le pont suspendu, plus tranquille et moins encombré. Il y avait à peine mis le pied, lorsqu'il aperçut la petite Dorrit marchant devant lui. Le temps était beau, il y avait une brise légère, et sans doute elle était sortie pour prendre l'air. Il hâta le pas, mais avant qu'il l'eût rejointe, elle tourna la tête.

« Est-ce que je vous ai fait peur? demanda-t-il.

— J'ai cru reconnaître le pas, répondit-elle en hésitant.

— Et l'avez-vous reconnu, petite Dorrit? Vous ne deviez pourtant guère vous attendre à me rencontrer?

— Je ne m'attendais à rencontrer personne. Mais quand j'ai entendu marcher derrière moi, il m'a semblé que le pas résonnait... comme le vôtre.

— Allez-vous plus loin?

— Non, monsieur, je suis seulement venue ici pour prendre l'air. »

Ils se promenèrent ensemble assez longtemps, et la jeune fille retrouva ses manières confiantes et le regarda en face, tandis qu'elle disait, après avoir jeté autour d'elle un coup d'œil :

« C'est bien étrange. Peut-être aurez-vous de la peine à comprendre cela. Quelquefois il me semble que c'est presque de l'égoïsme de cœur que de venir me promener ici.

— De l'égoïsme! comment cela?

— Voir la rivière et une si vaste étendue de ciel, et tant d'objets, tant de variété et tant de mouvement, puis retourner là-bas et le retrouver, lui, dans cette étroite enceinte....

— Oui! mais vous oubliez qu'en rentrant vous apportez l'influence et le reflet de ces objets pour l'égayer.

— Croyez-vous? Je l'espère, mais je crains qu'il n'y ait là dedans plus d'imagination que de réalité, monsieur, et que vous ne me croyiez plus de pouvoir que je n'en ai. Si vous étiez en prison comme lui, croyez-vous que je vous apporterais, revenant de ma promenade, le genre de consolation dont vous parlez?

— Oui, petite Dorrit, j'en suis sûr. »

Ils se retournèrent, et Clennam lui dit : « Voici venir Maggy! » La petite Dorrit leva les yeux d'un air étonné et les deux promeneurs se trouvèrent en face de Maggy, qui s'arrêta tout court en les apercevant. Elle était arrivée au trot, si préoccupée et si affairée, qu'elle ne les avait reconnus qu'au moment où ils lui avaient barré le chemin. Mais alors elle fut si saisie de les voir, que son panier en ressentit le contre-coup.

« Maggy, tu m'avais promis de rester avec mon père.

— Et j'y serais restée, petite mère; mais c'est lui qui n'a pas voulu. S'il m'envoie faire une commission, il faut bien que j'y aille; s'il vient me dire : « Maggy, porte la lettre et reviens vite, et si tu rap- « portes une bonne réponse, tu auras six pence », il faut bien que je la porte. Bon Dieu! petite mère, que voulez-vous donc que fasse une pauvre fille de dix ans? Et si M. Tip, rentrant juste au moment où je sors, me dit : « Où vas-tu, Maggy? » et que je lui dise : « Je vais à « tel ou tel endroit », et qu'il me dise : « Tiens, si je profitais de « l'occasion! » et qu'il passe au café pour écrire une lettre et me la donne en me disant : « Porte-la au même endroit, et s'il y a une « bonne réponse, tu auras dix pence », ce n'est pas ma faute, mère! »

Arthur, en voyant la petite Dorrit baisser les yeux, devina à qui les lettres étaient adressées.

« Je vais quelque part, là! Voilà où je vais, continua Maggy. Je vais quelque part; ce n'est pas vous, petite mère, que cela regarde,... mais c'est vous, vous savez, ajouta-t-elle en s'adressant à Arthur; vous ferez bien d'aller aussi quelque part, pour que je vous y donne ce que j'ai à vous remettre.

— Nous ne ferons pas tant de cérémonies, Maggy ; donnez-moi cela ici, dit Clennam à voix basse.

— Alors venez de l'autre côté, répondit Maggy, parlant très haut, mais d'un air de mystère. Petite mère ne devait rien savoir de tout ça, et elle n'en aurait rien su si vous étiez seulement venu quelque part; ce n'est pas ma faute ; il faut que je fasse ce qu'on me dit. C'est leur faute à eux : pourquoi me l'ont-ils dit? »

Clennam répondit sur-le-champ à ces lettres avec l'aide de son crayon et de son portefeuille. Au Père de la Maréchaussée il envoya ce qu'il lui demandait. Il s'excusa poliment auprès de M. Tip. Il chargea alors Maggy de remettre les réponses et lui donna le shilling dont le mauvais succès de sa commission supplémentaire l'aurait privée sans cela.

Lorsqu'il eut rejoint la petite Dorrit, et qu'ils eurent repris leur promenade, elle lui dit tout d'un coup :

« Je crois que je ferais mieux de m'en aller, je ferais mieux de rentrer chez moi. J'ai peur de le laisser seul; j'ai peur de les quitter l'un ou l'autre; je ne suis pas plutôt partie, qu'ils corrompent... sans le vouloir... jusqu'à Maggy.

— C'est une bien innocente commission que celle dont elle s'est chargée, la pauvre femme. Et elle ne vous la cachait que parce qu'elle croyait, sans doute, vous épargner par là quelque sujet d'inquiétude.

— Oui, je l'espère, je l'espère; mais je ferais mieux de rentrer chez moi ! Il n'y a pas deux jours, ma sœur me disait que je m'étais tellement habituée à la prison que j'en avais pris le ton et le caractère. Il faut bien que cela soit ; je suis sûre que cela est quand je vois de pareilles choses; c'est là qu'est ma place, il faut bien que j'y reste ; c'est de l'égoïsme de ma part de rester ici lorsque je puis faire le moindre bien là-bas. Adieu, j'aurais mieux fait de rester chez moi. »

L'angoisse avec laquelle elle prononça ces paroles, comme si elles s'échappaient violemment de son cœur comprimé, fit presque verser des larmes à Clennam pendant qu'il la regardait et l'écoutait.

« Ne dites pas *chez vous* en parlant de la prison, mon enfant. Il est toujours pénible de vous entendre lui donner ce nom.

— Mais c'est mon *chez-moi !* En ai-je un autre ? Pourquoi l'oublierais-je un seul instant ?

— Vous ne l'oubliez jamais, chère petite Dorrit, lorsqu'il s'agit de rendre service.

— Je l'espère, oh ! je l'espère ! Mais il vaut mieux que je ne reste pas ici, j'en serai meilleure, plus soumise, plus heureuse. Ne m'accompagnez pas, je vous en prie, laissez-moi aller seule. Adieu ! que Dieu vous bénisse. Merci, merci. »

Il sentit qu'il valait mieux respecter la prière de la petite Dorrit, et il ne bougea pas lorsque la frêle et délicate enfant s'éloigna rapidement : quand elle eut disparu, il se tourna vers la rivière et demeura tout rêveur.

CHAPITRE XX

LA MACHINE EN MOUVEMENT

Grâce à l'intervention de M. Meagles, voilà Clennam devenu l'associé de Doyce; aussi lit-on sur les montants de la porte des ateliers : DOYCE ET CLENNAM.

Le petit bureau réservé à Arthur était un vitrage situé au bout d'un long atelier peu élevé, rempli de bancs, d'étaux, d'outils, de courroies et de roues mues par la vapeur. Aux yeux de Clennam, toute la fabrique avait à la fois un air fantastique et pratique qui fut pour lui un changement agréable. Chaque fois qu'il levait les yeux de la première tâche qu'il s'était imposée, celle de mettre en ordre une foule de documents commerciaux, il regardait cet ensemble d'activité avec un sentiment de plaisir tout nouveau pour lui.

C'est dans ce petit bureau qu'il reçut un jour la visite de Flora et du Patriarche. Flora, avec toutes sortes de mines, lui reprocha de négliger ses amis, de ne leur avoir pas même appris par une carte qu'il entrait dans la « ferraille »; malgré son ingratitude, ses amis n'avaient d'autre préoccupation que de lui faire plaisir; la preuve, c'est qu'elle, Flora, allait donner du travail à la petite Dorrit, puisqu'il s'intéressait à elle.

Quant au Patriarche, il se contenta de dire, mais avec quelle onction : « Et vous voilà de nouveau dans les affaires, monsieur Clennam? Je vous souhaite bien du succès, monsieur, bien du succès! » On aurait dit qu'il venait de faire des prodiges de bienveillance.

Quelque temps après le départ du père et de la fille, une ombre se projeta sur les papiers d'Arthur, et Arthur leva les yeux. C'était M. Pancks qui projetait ainsi son ombre à travers les vitres.

M. Pancks demanda avec un petit mouvement de sa tête noire s'il pouvait entrer. Clennam répondit par un signe de tête affirmatif. M. Pancks arriva en soufflant, fit voile vers le pupitre de Clennam, y amarra ses coudes et commença la conversation par un reniflement et un ronflement.

« Monsieur Clennam, dit-il, j'ai besoin de renseignements.
— Au sujet de la fonderie ?
— Non.
— Alors sur quoi, monsieur Pancks?
— Dorrit, répondit M. Pancks après avoir feuilleté son calepin.
— Je ne vous comprends pas, monsieur Pancks.
— C'est à propos de ce nom que je voudrais des renseignements.
— Et quels renseignements demandez-vous?
— Tous ceux que vous pourrez me donner. Il s'agit d'une affaire. Je suis un homme d'affaires. Qu'ai-je à faire dans ce monde si ce n'est de m'occuper d'affaires? Rien. D'abord, reprit Pancks, pour qu'il n'y ait point de méprise sur cette affaire, je vous dirai que M. Casby n'y est pour rien. Je n'empêche pas les suppositions; vous pouvez supposer, si vous le voulez, que chez mon propriétaire j'ai entendu prononcer un nom... le nom d'une jeune personne à laquelle M. Clennam désire rendre service. Supposez que ce nom ait été donné à mon propriétaire par Plornish. Supposez que je sois allé chez Plornish. Supposez que j'aie demandé des renseignements à Plornish, en lui disant qu'il s'agit d'une affaire. Supposez que Plornish, bien qu'il doive à mon propriétaire un arriéré de six semaines de loyer, me refuse des renseignements. Supposez que Mme Plornish refuse également. Supposez que tous les deux me renvoient à M. Clennam. Supposez que je vienne trouver M. Clennam. Supposez que je sois devant lui.

— Monsieur Pancks, dit Clennam, sans vouloir pénétrer le fond du mystère, je serai aussi franc que possible. Permettez-moi de vous adresser deux questions. Premièrement, quel est votre motif?

— Mon motif est bon, ne concerne en rien mon propriétaire, implique le désir de rendre service à la jeune personne du nom de Dorrit.

— En second et dernier lieu, que désirez-vous savoir?

— Je veux tous les renseignements supplémentaires qu'il est possible d'obtenir.. »

Clennam lui dit franchement qu'il ne savait rien de la généalogie des Dorrit ni des endroits qu'ils avaient pu habiter autrefois, et que tout ce qu'il pouvait lui apprendre c'est que la famille ne se composait plus que de cinq membres, c'est-à-dire deux frères, dont l'un était célibataire, et l'autre veuf avec trois enfants. Il indiqua aussi correctement qu'il put à M. Pancks l'âge de chaque membre de la famille, et enfin il lui expliqua la position du Père de la Maréchaussée ainsi que l'époque de son incarcération et les circonstances qui l'avaient causée. « Maintenant, monsieur Pancks, ajouta Arthur, promettez-moi de me donner à votre tour tous les renseignements que vous pourrez vous procurer sur la famille Dorrit.

— Marché conclu, monsieur, répondit Pancks, et vous verrez que je n'y manquerai pas. Et maintenant je vais vous dire bonjour, car c'est aujourd'hui que je touche mes loyers dans la cour du Cœur-Saignant. Ah, mais à propos... et l'étranger boiteux avec son bâton... Il désire louer une mansarde dans notre cour. A-t-il de quoi payer?

— Moi, j'ai de quoi payer, dit Clennam, et je réponds pour lui.

— Cela suffit. L'étranger boiteux avec son bâton m'a déclaré que c'était vous qui l'aviez envoyé; mais il aurait tout aussi bien pu se dire envoyé par le Grand Mogol. Me voilà rassuré. »

Pendant le reste de la journée la cour du Cœur-Saignant fut en proie à la consternation tandis que le sombre Pancks la parcourait dans tous les sens; on maudissait M. Pancks et l'on regrettait que M. Casby ne touchât pas ses loyers lui-même.

A la même heure et à la même minute où les pauvres gens de la cour du Cœur-Saignant maudissaient M. Pancks après qu'il avait disparu, le Patriarche, qui, dans le courant de la matinée, avait traversé la cour comme une ombre bénévole, avec l'intention bien arrêtée d'entretenir la confiance qu'inspiraient les bosses luisantes de son crâne et sa chevelure soyeuse, disait à M. Pancks en tournant ses pouces :

« Une mauvaise journée, Pancks, une très mauvaise journée! Il me semble, monsieur, et je me dois à moi-même d'appuyer fortement sur cette observation, que vous auriez pu faire une meilleure besogne et rapporter beaucoup plus d'argent, beaucoup plus d'argent! »

CHAPITRE XXI

LA BONNE AVENTURE

Le soir même Plornish alla prévenir la petite Dorrit que Mme Finching, la grande amie de M. Clennam, désirait lui donner du travail, et qu'elle l'attendait dès le lendemain matin, si elle était libre. Après quoi il lui remit la carte de Mme Finching.

Le lendemain matin, Mme Finching, pour faire honneur à la recommandation de son ancien fiancé, reçut la petite Dorrit comme une amie, lui permit à peine de travailler, et passa tout son temps à lui conter dans le plus menu détail toute l'histoire de sa jeunesse, comme quoi Arthur et elle avaient failli mourir de chagrin de se voir séparés; comme quoi elle avait épousé M. Finching; comme quoi M. Finching était mort; comme quoi Arthur était revenu... elle allait dire : « toujours le même pour elle », mais sa franchise naturelle empêcha son imagination d'aller si loin; car, en réalité, elle était bien loin d'en être sûre; peut-être même était-elle sûre du contraire.

A l'heure du dîner, Flora passa le bras de sa protégée sous le sien, la conduisit en bas et la présenta au Patriarche et à M. Pancks. Le Patriarche parut lui rendre un immense service en lui disant qu'il était heureux de la voir,... heureux de la voir; M. Pancks la salua de son reniflement le plus amical.

En tout état de cause la petite Dorrit ne pouvait manquer d'être très timide au milieu d'étrangers, mais son embarras fut considérablement augmenté par les façons d'agir de M. Pancks. La conduite de ce gentleman lui donna d'abord à penser que c'était un peintre de portraits, tant il la regardait attentivement, tout en consultant fréquemment le carnet placé à côté de lui. Comme elle remarqua cependant qu'il n'y dessinait rien, et qu'il parlait exclusivement d'affaires, elle commença à soupçonner qu'il représentait quelque créancier de son père, dont la dette était inscrite sur son carnet. Envisagés à ce point de vue, les reniflements de M. Pancks trahissaient sa colère et son impatience, et ses ronflements plus bruyants étaient une sommation de paiement.

Mais ici encore M. Pancks lui-même se chargea de la détromper par sa conduite anormale et extraordinaire. Il y avait une demi-heure qu'elle s'était levée de table et qu'elle travaillait toute seule. Flora était allée se reposer un instant dans la chambre voisine; le Patriarche, sa bouche philanthropique toute grande ouverte, la tête couverte d'un foulard jaune, dormait d'un profond sommeil dans la salle à manger; ce fut ce moment de calme que Pancks choisit pour se présenter doucement devant la petite Dorrit, qu'il salua poliment.

« Vous trouvez le temps un peu long, mademoiselle Dorrit? demanda-t-il à voix basse.

— Mais non, monsieur, je vous remercie.

— Vous êtes bien occupée, à ce que je vois, continua-t-il en se glissant dans la chambre et en avançant d'un pouce à la fois. Qu'est-ce que vous avez donc là, mademoiselle Dorrit?

— Des mouchoirs.

— Comment, ce sont des mouchoirs? Je ne m'en serais jamais douté, dit-il sans les regarder le moins du monde et fixant au contraire ses yeux sur le visage de la petite Dorrit. Vous vous demandez peut-être qui je suis. Voulez-vous le savoir? Je suis un diseur de bonne aventure. »

La petite Dorrit commença à croire qu'il était fou.

« Je ne serais pas fâché de voir la paume de votre main, ajouta Pancks. Je voudrais y jeter un coup d'œil; cependant, que je ne vous dérange pas. »

Elle posa son ouvrage sur ses genoux et tendit sa main droite sans retirer son dé.

« De longues années de travail, hein? dit Pancks doucement, touchant la main avec son index un peu rude. Tiens, tiens! (regardant les lignes de la main) qu'est-ce que c'est que ces barres-là? C'est une prison! Et qui est-ce que je vois là en robe de chambre grise et en calotte de velours noir? C'est un père! Et qui est cet autre avec un cornet à pistons sous le bras? C'est un oncle! Et qui donc est celle-là en souliers de satin blanc? C'est une sœur! Et qui vois-je là flânant de côté et d'autre d'un air indolent? C'est un frère! Et qui aperçois-je là se mettant en quatre pour tout ce monde? Eh mais! c'est vous-même, mademoiselle Dorrit. »

Les yeux étonnés que la jeune fille venait de lever rencontrèrent

MADAME FINCHING PASSA TOUT SON TEMPS A LUI CONTER...

ceux de son interlocuteur. Elle trouva que Pancks, malgré son regard perçant, avait l'air moins sombre et plus doux qu'il ne lui avait semblé à table. Mais elle n'eut pas le temps de confirmer ou de rectifier cette impression nouvelle, car il s'était déjà remis à étudier sa main.

« Eh, ma foi! murmura Pancks, indiquant avec son gros doigt une ligne prophétique, je veux être pendu si ce n'est pas moi qui suis là, dans ce coin! Qu'est-ce que je viens faire là? Qu'y a-t-il donc derrière moi? »

Il promena lentement son doigt jusqu'au poignet, puis autour du poignet, et fit semblant de chercher sur le revers de la main ce qu'il pouvait y avoir derrière lui.

« Est-ce quelque chose de mauvais? demanda la petite Dorrit en souriant.

— Du tout, du tout! répondit Pancks. Rappelez-vous ce que je vous dis, mademoiselle Dorrit : *Qui vivra verra.* »

Elle ne put s'empêcher de montrer combien elle était surprise de le voir si bien informé de ce qui la concernait.

« Ah ! justement ! s'écria Pancks, désignant la jeune fille avec le doigt. Pas de cela, mademoiselle Dorrit,... jamais ! »

Elle le regarda pour lui demander l'explication de ses paroles.

« Pas de ça ! répéta Pancks, prenant, malgré lui, avec le plus grand sérieux, des airs d'étonnement passablement grotesques. Ne faites jamais comme ça en me voyant, n'importe où, n'importe comment. Ni vu ni connu : ne me parlez pas. N'ayez pas l'air de me connaître. Est-ce convenu, mademoiselle Dorrit?

— Je sais à peine que répondre, répliqua la petite Dorrit, surprise au dernier point. Pourquoi me demandez-vous cela ?

— Parce que je suis un diseur de bonne aventure, Pancks le bohémien. Je ne vous ai pas encore appris, mademoiselle Dorrit, ce que je vois derrière cette petite main. Je vous ai dit : *Qui vivra verra.* Est-ce convenu, mademoiselle Dorrit?

— Convenu que je... ne...?

— Que vous n'aurez pas l'air de me connaître en dehors de cette maison, à moins que je ne commence ; et que vous ne remarquerez pas mes allées et venues. C'est bien facile. Vous vous contenterez de penser en vous-même : « Ah! voilà Pancks le bohémien qui va dire « la bonne aventure,... il me dira à la fin la mienne un jour... ». *Qui vivra verra.* Est-ce convenu, mademoiselle Dorrit?

— Oui, balbutia la petite Dorrit, qu'il avait fort troublée. Je le veux bien, tant que vous ne ferez pas de mal.

— Bon ! » M. Pancks dirigea un coup d'œil vers le mur de la chambre voisine, et se pencha vers la jeune fille pour lui dire :

« C'est une excellente femme, et qui ne manque pas de qualités, mais irréfléchie et bavarde. »

Si la petite Dorrit avait été intriguée de voir la conduite de son nouvel ami et de se trouver engagée dans un pareil traité, les circonstances qui suivirent ne furent guère de nature à diminuer sa perplexité. Non seulement M. Pancks, lorsqu'elle venait chez M. Casby, ne manquait pas de lui adresser des regards et des reniflements significatifs, mais il commença à planer, pour ainsi dire, sur sa vie quotidienne. Elle le rencontrait constamment dans la rue. Lorsqu'elle se rendait chez Mme Clennam, il trouvait toujours un prétexte pour y aller aussi : il ne la perdait point de vue. Une semaine s'était à peine écoulée qu'à son grand étonnement elle l'aperçut un soir dans la loge, causant avec le guichetier de service, et déjà sur un certain pied d'intimité. Sa surprise fut plus grande encore, le jour suivant, de le trouver tout aussi à l'aise à l'intérieur de la prison, d'apprendre qu'il avait fait partie des visiteurs qui s'étaient présentés le dimanche précédent à la réception du Doyen, de le voir se promenant bras dessus bras dessous avec un détenu.

M. Pancks mit le comble à la surprise que causait sa mystérieuse conduite en faisant la connaissance de Tip, au moyen de quelque ruse inconnue, et en arrivant, un dimanche matin, dans la cour de la prison au bras de ce jeune homme. Jamais il ne paraissait faire attention à la petite Dorrit, si ce n'est que deux ou trois fois, en passant près d'elle, quand il n'y avait là personne pour l'entendre, il lui avait murmuré, avec un regard amical et un ronflement encourageant : « Pancks le bohémien disant la bonne aventure ! »

CHAPITRE XXII

CONSPIRATEURS ET AUTRES

Le domicile privé de M. Pancks se trouvait dans le faubourg de Pentonville, où il occupait au premier une chambre que lui sous-louait un homme de loi d'un très petit calibre : M. Rugg, agent d'affaires et teneur de livres.

Le logis de M. Pancks se bornait à une chambre à coucher très bien ventilée. Ledit Pancks avait en outre stipulé avec ledit Rugg, principal locataire, qu'il aurait le dimanche, en vertu d'un tarif réglé à l'amiable et à la condition de prévenir ledit Rugg un jour à l'avance, le droit de partager ou de ne point partager le déjeuner, le dîner, le thé et le souper dudit Rugg et de Mlle Rugg, sa fille, et d'assister, selon sa convenance, à un, ou à plusieurs, ou à la totalité des repas.

Jusqu'à présent M. Pancks s'était fort peu occupé d'affaires dans son logis de Pentonville, où il ne faisait guère que dormir ; mais maintenant qu'il jouait le rôle d'un diseur de bonne aventure, il restait souvent enfermé jusqu'à minuit dans le petit bureau officiel de M. Rugg, complotant avec son propriétaire ; et même après cette heure indue il brûlait encore de la chandelle dans sa propre chambre.

M. Pancks avait lié connaissance avec un des guichetiers de la prison, nommé Chivery, et par suite avec le jeune John, fils dudit Chivery, qui était véhémentement soupçonné d'entretenir une passion malheureuse pour la petite Dorrit. M. Pancks engagea le jeune John dans sa bande de conspirateurs et le chargea de diverses missions mystérieuses.

Que M. Pancks fût tenté d'inviter quelqu'un à dîner à Pentonville, c'était là un fait sans précédent. Néanmoins il invita un jour le jeune John à dîner. Le banquet eut lieu un dimanche et Mlle Rugg apprêta de ses propres mains un gigot farci d'huîtres qu'elle envoya cuire chez le boulanger. On fit aussi provision d'oranges, de pommes et de noix. M. Pancks rapporta, le samedi soir, une bouteille de rhum destinée à réjouir le cœur de son hôte.

Au dessert, avant qu'on entamât la bouteille de rhum, apparut le carnet de M. Pancks; alors on procéda aux affaires d'une façon rapide, mais assez bizarre, qui avait tant soit peu l'air d'une conspiration. M. Pancks parcourut son carnet, qui commençait à être plein, faisant de petits extraits qu'il écrivait sur des bouts de papier séparés, sans quitter la table du festin. Lorsqu'il eut complété ses extraits, il les collationna, les corrigea, serra son carnet, tenant ses notes comme un joueur tient ses cartes.

« Pour commencer, dit M. Pancks, nous avons un cimetière dans le Bedfordshire; qui est-ce qui en veut?

— Je le prends, monsieur, si personne ne dit mot, répliqua M. Rugg.

— Maintenant, voici un renseignement à prendre à York, continua Pancks. Qui est-ce qui en veut?

— York ne me va pas, dit M. Rugg.

— Dans ce cas, peut-être serez-vous assez bon pour vous en charger, John Chivery? » poursuivit Pancks.

John ayant consenti, Pancks lui donna la carte et consulta encore une fois son jeu.

« Et puis nous avons une église à Londres... autant vaut la garder pour moi... et une Bible de famille : je la prends aussi, cela fait deux pour moi; deux pour moi, répéta Pancks, ronflant sur ses cartes. Voici un registre à Durham pour vous, John, et un vieux marin de Dunstable pour vous, monsieur Rugg. Deux pour moi, n'est-ce pas? Oui, deux pour moi. Voici encore une pierre tombale, ce qui fait trois pour moi. Et un enfant mort-né, ce qui fait quatre pour moi. Et maintenant, toutes mes cartes sont distribuées pour le moment. »

Lorsqu'il eut disposé de ses cartes, fort tranquillement et sans élever la voix, M. Pancks mit la main dans sa poche de côté et y prit un sac de toile, dont il tira d'une main économe deux petites sommes destinées aux frais de voyage.

Tel fut le mémorable dîner donné par Pancks dans son domicile de Pentonville; telle était son existence active et mystérieuse. Les seuls moments de distraction où il parût oublier ses soucis et se récréer en allant quelque part ou en disant quelque chose, sans avoir un but précis, étaient ceux où il semblait s'intéresser à l'étranger

M. BAPTISTE RÉPONDAIT PAR UNE FOULE DE SIGNES DE TÊTE.

boiteux qui était venu s'installer dans la cour du Cœur-Saignant.

L'étranger, nommé Jean-Baptiste Cavalletto (on l'appelait Baptiste dans la cour), était un petit homme si gazouillant, si facile à vivre, si heureux, que l'attrait qu'il avait pour Pancks provenait, sans doute, de la force du contraste. On le voyait toujours heureux comme un coq en pâte lorsqu'il se promenait dans la cour en boitant, appuyé sur sa canne et excitant une sympathie générale par son rire franc et ouvert.

Il gagnait sa vie à découper des fleurs en bois, et il payait fort exactement son loyer. Il grimpait quelquefois les marches de l'autre côté de la cour, et il était très drôle à voir, regardant tout autour de lui. Les uns croyaient qu'il regardait du côté où était son pays, les autres se figuraient qu'il s'attendait à voir arriver quelqu'un qu'il ne tenait pas à voir, et les autres ne savaient que penser.

Pancks le bohémien prit l'habitude, quand il retournait chez lui, fatigué du travail de la journée, de monter tranquillement l'escalier de M. Baptiste, d'entr'ouvrir la porte et de lui dire : « Holà, mon vieux *Altro !* » A quoi M. Baptiste répondait par une foule de signes de tête et de sourires. *Altro, Signor, altro, altro, altro !* A la suite de cette conversation fort laconique, M. Pancks descendait et continuait son chemin, d'un air satisfait, comme un homme qui vient de se délasser et de se rafraîchir.

CHAPITRE XXIII

MADAME JÉRÉMIE CONTINUE A RÊVER

La maison de Mme Clennam n'avait rien perdu de son aspect lugubre, et la malade continuait à y mener la même existence uniforme.

On faisait assez d'affaires, à ce que Mme Jérémie pouvait croire, car son mari ne manquait pas de besogne dans son petit cabinet. En outre il visitait d'autres maisons de commerce, et les entrepôts, et les docks, et la douane, et le café Garraway, et le café de Jérusalem, et la Bourse, de sorte qu'il sortait et rentrait constamment. Il se mit aussi, certains soirs, à fréquenter une taverne du voisinage pour consulter la liste des arrivages de navires ou le bulletin de la Bourse dans un journal du soir, et même pour échanger quelques petites politesses avec les capitaines de navires marchands qui fréquentaient cet endroit.

La petite Dorrit venait de terminer une longue journée de travail dans la chambre de Mme Clennam et elle ramassait les bouts de fil et de chiffons avant de s'en retourner chez elle. Quand elle eut fini, elle passa de l'autre côté du fauteuil à roulettes et se pencha pour dire : « Bonsoir, madame ».

La mère d'Arthur avança la main et la posa sur le bras de la jeune fille. La petite Dorrit, troublée par ce geste inattendu, se tint immobile, tremblant un peu.

« Dites-moi, petite Dorrit, avez-vous beaucoup d'amis? demanda Mme Clennam.

— Non, madame, j'en ai fort peu. Après vous, je n'ai pas d'autres amis que Mme Finching et une autre personne.

— Allons, répondit Mme Clennam presque souriante, cela ne me regarde pas. Je vous adresse cette question parce que je m'intéresse à vous, et aussi parce que je crois que j'ai été votre amie avant que vous en eussiez une autre au monde. N'est-il pas vrai?

— Oui, madame, oui vraiment; je suis venue chez vous bien des jours où sans vous et sans l'ouvrage que vous me donnez, nous aurions manqué de tout.

— *Nous?* répéta Mme Clennam, regardant la montre qui avait appartenu à son mari et qui était toujours posée sur sa table, combien donc êtes-vous?

— Il ne reste plus que mon père et moi maintenant. Je veux dire qu'il n'y a plus que père et moi à entretenir régulièrement avec ce que je gagne.

— Est-ce que vous avez eu à endurer beaucoup de privations, vous et votre père, et les autres membres de votre famille, quels qu'ils soient? demanda Mme Clennam, parlant avec beaucoup de précision, tout en tournant et retournant sa montre d'un air rêveur.

— Quelquefois nous avons eu beaucoup de peine à vivre, répondit la petite Dorrit de sa voix douce et patiente; mais pour ce qui est de cela, il ne manque sans doute pas de gens qui sont encore plus à plaindre que nous.

— Voilà qui est bien dit! répliqua vivement Mme Clennam. Vous avez bien raison. Vous êtes une bonne fille, pleine de bon sens et de reconnaissance aussi, ou je me trompe fort.

— Il n'y a rien là que de très naturel. Je n'ai aucun mérite à être reconnaissante », répondit la petite Dorrit.

Mme Clennam (avec une douceur dont Mme Jérémie la somnambule n'aurait jamais, même dans ses rêves les plus fantastiques, cru sa maîtresse capable) attira à elle le visage de la jeune couturière et lui donna un baiser sur le front.

« Allons, petite Dorrit, partez vite, dit-elle, ou vous serez en retard, ma pauvre enfant. »

Mme Jérémie reconduisit la petite Dorrit pour lui ouvrir la porte d'en bas. Le cerveau troublé par ce qu'elle venait de voir et d'entendre, elle resta debout sur le seuil, par une soirée de pluie, de vent et de tonnerre. Une soudaine rafale de vent referma brusquement la porte derrière elle.

« Que faire maintenant? que faire? s'écria Mme Jérémie en se tordant les mains dans ce dernier rêve, le plus troublé de ceux qu'elle eût jamais faits. La voilà renfermée toute seule, quand elle n'est pas plus capable que les morts eux-mêmes de descendre pour ouvrir la porte. »

Tout à coup elle poussa un cri étouffé, sentant quelque chose se poser sur son épaule. Ce quelque chose, c'était une main : une main d'homme.

L'homme portait un costume de voyage, une casquette garnie de fourrure, avec un large et lourd manteau. Il avait l'air d'un étranger. Sa chevelure et ses moustaches épaisses étaient d'un noir de jais, excepté aux extrémités, où elles prenaient une teinte rougeâtre. Son nez était grand et recourbé. L'homme se mit à rire en voyant l'épouvante de Mme Jérémie; et lorsqu'il rit, sa moustache se releva sous son nez, et son nez s'abaissa sur sa moustache.

« Qu'avez-vous donc? demanda-t-il en très bon anglais. Qu'est-ce qui vous fait peur?

— Vous, répondit Mme Jérémie d'une voix haletante.

— Moi, madame?

— Oui, vous, et l'orage et…, et tout, répondit-elle. Et tenez, voilà le vent qui vient de fermer ma porte, et je ne puis pas rentrer.

— Bah ! dit l'inconnu, qui prit la chose très tranquillement. En vérité? Connaissez-vous par ici quelqu'un du nom de Clennam?

— Parbleu ! si je la connais ! je crois bien ! s'écria Mme Jérémie qui, à cette question, se tordit les mains dans un nouvel accès de désespoir.

— Où cela?

— Où? répéta Mme Jérémie, regardant par le trou de la serrure. Où voulez-vous qu'elle demeure, si ce n'est dans cette maison? Et elle y est toute seule, dans sa chambre, et elle est paralysée des jambes et ne peut seulement pas bouger pour me tirer d'embarras. Et l'autre finaud qui est sorti…. Dieu me pardonne! s'écria Mme Jérémie à qui ces réflexions accumulées faisaient exécuter une danse effrénée, je crois que j'en deviendrai folle!

— Et peut-on vous demander où se tient la dame qui a perdu l'usage de ses jambes? demanda l'étranger avec ce sourire particulier qui exerçait une sorte de fascination sur l'impressionnable Mme Jérémie.

— Là-haut! répondit-elle, à ces deux croisées.

— Bon. Je suis d'une taille raisonnable, mais je ne pourrais jamais avoir l'honneur de me présenter dans cette chambre-là sans l'aide d'une échelle. Or, madame, à franchement parler... la franchise est une de mes vertus... voulez-vous que je vous ouvre la porte?

ELLE POUSSA UN CRI ÉTOUFFÉ.

— Oui! et que le Seigneur vous bénisse, bonne âme que vous êtes! Ouvrez-la tout de suite, je vous en prie! s'écria Mme Jérémie. En ce moment elle a peut-être mis le feu à sa robe. On ne sait pas ce qui peut lui arriver, pendant que je suis là, la tête perdue!

— Un instant, ma bonne dame. L'heure des affaires est passée, je crois, pour aujourd'hui?

— Oui, oui, oui, s'écria Mme Jérémie; depuis longtemps!

— Dans ce cas, laissez-moi vous faire une proposition loyale. La loyauté est une de mes vertus. Je descends du bateau à vapeur, madame, et j'ai été retenu par le temps,... maudit temps. Par conséquent, madame, une affaire urgente (très urgente puisqu'il s'agit de toucher de l'argent), que j'aurais terminée aux heures habituelles, me reste encore à régler. Or si vous voulez bien me promettre d'aller chercher dans le voisinage quelqu'un qui ait qualité pour me régler cette affaire, je m'engage, de mon côté, à vous ouvrir la porte. »

Mme Jérémie, enchantée de pouvoir s'en tirer à si bon marché, s'empressa d'accepter. L'inconnu la pria, sans plus de façon, d'avoir l'obligeance de lui tenir son manteau, s'éloigna de quelques pas, prit son élan, bondit vers une croisée, s'accrocha des deux mains à l'allège, et l'instant d'après souleva le châssis inférieur de la fenêtre à guillotine. Son regard avait quelque chose de tellement sinistre, tandis qu'il sautait dans la chambre et se retournait pour saluer Mme Jérémie, qu'elle songea (cette pensée la fit frissonner) que, s'il s'avisait de monter tout droit au premier étage, pour assassiner son impotente maîtresse, elle ne pourrait rien faire pour l'en empêcher.

Par bonheur l'inconnu n'avait aucune intention de ce genre, car il ne tarda pas à se montrer à la porte d'entrée.

« Maintenant, chère madame, dit-il en remettant son manteau, vous m'avez, je crois, parlé tout à l'heure d'un personnage habile pour mon affaire. Voulez-vous être assez bonne pour me mettre face à face avec ce génie ?

— Vous ne direz pas que j'ai laissé la porte se refermer sur moi? dit Mme Jérémie.

— Pas un mot.

— Et vous ne bougerez pas d'ici (si elle appelle, ne répondez pas), le temps que je vais courir au coin de la rue.

— Madame, je ne bougerai pas plus qu'une pierre. »

Mme Jérémie courut jusqu'à la rue voisine, et expédia un message à M. Jérémie Flintwinch, qui sortit immédiatement de la taverne. Étant revenus au galop (la femme formant l'avant-garde, le mari la suivant de près, animé sans doute par l'espoir de la secouer d'importance avant qu'elle pût se réfugier dans la maison), les deux époux virent l'inconnu toujours debout à son poste, et entendirent la voix dure de Mme Clennam qui demandait d'en haut :

« Qui donc est là? Qui est-ce qui est là? Pourquoi ne répond-on pas? Qui donc est là, en bas? »

CHAPITRE XXIV

LA PAROLE D'HONNEUR D'UN GENTILHOMME

Lorsque les deux époux Flintwinch s'arrêtèrent tout essoufflés devant la porte de la vieille maison, l'inconnu tressaillit et fit un pas en arrière.

« Mort de ma vie ! s'écria-t-il, comment diable vous trouvez-vous ici, vous ? »

M. Flintwinch, fort surpris, se tourna vers sa femme pour lui demander l'explication de cette énigme ; mais, n'en recevant aucune, il bondit sur elle et la secoua avec tant d'énergie qu'il fit sauter son bonnet.

L'inconnu, ramassant avec beaucoup de galanterie le bonnet de la dame, intervint dans l'affaire.

« Permettez, dit-il en posant la main sur l'épaule de Jérémie, qui s'arrêta et abandonna sa victime. Écoutez, oserai-je vous rappeler qu'il y a quelqu'un là-haut qui s'impatiente dans l'obscurité, et exprime assez énergiquement le désir curieux de savoir ce qui se passe ici ? »

M. Jérémie entra dans le vestibule et cria du bas de l'escalier : « Soyez tranquille, je suis là. Affery va vous monter votre lumière ».

Puis il ajouta, en s'adressant à son épouse qui remettait son bonnet : « Allons ! dépêchez-vous de monter ! » Et en dernier lieu il se tourna vers l'étranger pour lui dire : « Maintenant, monsieur, qu'est-ce qu'il y a pour votre service ?

— Je me nomme Blandois, répondit l'étranger.

— Blandois? Je ne connais pas ce nom.

— J'ai cru que vous aviez déjà pu recevoir une lettre d'avis de vos correspondants de Paris.

— Nous n'avons reçu de Paris aucune lettre d'avis concernant une personne du nom de Blandois. »

Ils entrèrent dans le bureau de Jérémie. M. Blandois, toujours souriant, entr'ouvrit son manteau pour mettre la main dans une poche de côté, puis s'arrêta un instant pour dire :

« C'est étonnant comme vous ressemblez à un de mes amis! Cependant la ressemblance est moins frappante que je ne le croyais tout à l'heure, lorsque, dans le demi-jour de la rue, je vous ai pris pour lui.... Mais c'est égal, vous lui ressemblez étonnamment.

— Vraiment? dit M. Flintwinch d'un ton de mauvaise humeur ; en attendant, je n'ai reçu de Paris aucune lettre d'avis concernant une personne du nom de Blandois. »

M. Blandois, sans se déconcerter, prit son portefeuille dans une poche de côté, et y chercha une lettre, qu'il présenta à M. Flintwinch.

M. Flintwinch reconnut l'écriture et lut la lettre avec la plus grande attention. La lettre ouvrait un crédit de quinze cents francs à M. Blandois.

« Très bien, monsieur, dit M. Flintwinch. Prenez un siège. Tout ce que nous pourrons faire pour vous obliger, nous serons heureux de le faire. Je vois, d'après la date de cette lettre, que l'avis n'a pas eu le temps de nous parvenir. Peut-être êtes-vous arrivé par la malle qui nous apporte la lettre d'avis.

— J'arrive en effet à l'instant, dit M. Blandois, encore en costume de voyage. »

M. Flintwinch se contenta de se gratter le menton, en disant :

« Que puis-je faire pour M. Blandois, maintenant que l'heure des affaires est passée?

— Ma foi, répondit ce gentilhomme, il faut que je change de toilette, que je mange et que je trouve à me loger. Plus l'hôtel sera voisin, mieux cela vaudra. A deux pas, si c'est possible. Je ne serai pas difficile.

— Dans ce cas, dit M. Flintwinch, il y a ici près une taverne que je puis vous recommander.

— Faites-moi l'honneur de me conduire à cet hôtel et de m'y

présenter (si ce n'est pas trop vous importuner); je vous serai infiniment obligé. »

Sur ce, M. Flintwinch alla chercher son chapeau et éclaira le voyageur à travers le vestibule. Avant de sortir il eut l'idée de monter dire à la malade qu'il serait de retour dans cinq minutes.

« Faites-moi le plaisir, dit alors le visiteur, de remettre en même temps ma carte à Mme Clennam, et soyez assez bon pour ajouter que je serais heureux de me présenter chez elle, pour lui offrir mes compliments personnels et mes excuses du dérangement que j'ai causé dans cette tranquille demeure, si elle veut bien endurer pendant quelques minutes la présence d'un étranger, dès que cet étranger mouillé aura eu le temps de se changer d'habits et de se restaurer. »

Mme Clennam dit qu'elle recevrait volontiers l'étranger, et M. Flintwinch le conduisit à la taverne.

On lui céda le salon de famille à cause de ses grands airs de gentilhomme. Là, en toilette de rechange et en linge parfumé, les cheveux pommadés et lisses, une grosse bague à chaque petit doigt et une massive chaîne de montre d'or fort en vue, M. Blandois, attendant son dîner, étendu sur son siège, les genoux relevés sur la banquette de la croisée, était tout le portrait, à part la richesse présente du cadre, le portrait étonnant et sinistre de ressemblance d'un certain M. Rigaud qui, jadis, avait attendu son déjeuner dans une ignoble prison de Marseille, accroupi sur le rebord de la fenêtre, et se cramponnant aux barreaux.

Quand M. Blandois se fut gloutonnement repu, et qu'il eut achevé sa bouteille et son cigare, il se mit sur son séant. Puis il se leva et s'en retourna vers le domicile de Clennam et Cie.

M. Flintwinch présenta le gentleman recommandé aux soins obligeants de Clennam et Cie. Mme Clennam, qui avait la lettre devant elle, inclina la tête et invita M. Blandois à s'asseoir. L'hôtesse et le visiteur s'examinèrent l'un l'autre avec une grande attention : curiosité fort naturelle.

M. Blandois, avec son air le plus distingué, exprima la crainte d'avoir dérangé Mme Clennam en se présentant à une heure aussi indue. Il avait déjà présenté ses excuses les plus empressées à M.... « Pardon! continua-t-il, je n'ai pas l'honneur de connaître le nom de....

9

— M. Jérémie Flintwinch, attaché à la maison depuis bien des années. Mon mari étant mort, et mon fils ayant préféré une autre carrière, notre vieille maison n'a plus d'autre représentant que M. Flintwinch. Mais je parle là de choses qui ne vous intéressent nullement. Vous êtes Anglais, monsieur?

— Ma foi non, madame; je ne suis pas né en Angleterre, et je n'y ai pas été élevé. Au fond, je n'appartiens à aucun pays, répondit M. Blandois allongeant la jambe et se frappant la cuisse, sans façon; je descends d'une demi-douzaine de nations.

— Vous avez beaucoup connu le monde?

— Beaucoup. Par le ciel, madame, je suis allé un peu partout.

— Vous n'avez sans doute rien qui vous retienne chez vous. Vous n'êtes pas marié?

— Madame, répliqua M. Blandois avec un sinistre froncement de sourcils, je ne suis pas marié,... je ne l'ai jamais été. »

Mme Jérémie, debout près de la table, non loin du visiteur, était en train de verser le thé. Ayant, par hasard, tourné la tête du côté de M. Blandois au moment où il faisait cette réponse, elle se figura, grâce à son perpétuel état de somnambulisme, qu'il y avait dans le regard de ce personnage je ne sais quoi de fascinateur qui l'obligeait à tenir les yeux fixés sur lui.

« Eh bien, dit enfin Mme Clennam qui fut la première à rompre le silence, qu'est-ce que vous avez à regarder ainsi monsieur?

— Je n'en sais rien, répondit Mme Flintwinch, étendant vers le visiteur la main qu'elle avait de libre. Ce n'est pas moi, c'est lui!

— Que veut dire cette bonne femme? s'écria M. Blandois qui pâlit, rougit et se leva lentement d'un air de fureur qui formait un étrange contraste avec ses paroles modérées. Il n'y a pas moyen de comprendre la conduite de cette bonne dame. »

M. Flintwinch prit la théière des mains de sa femme, qu'il renvoya à la cuisine.

« Vous voudrez bien l'excuser, monsieur Blandois, dit M. Flintwinch, versant lui-même le thé; elle perd la tête et retombe en enfance.... Voilà où elle en est.... Voulez-vous vous sucrer, monsieur?

— Merci, je ne prends pas de thé.... Pardonnez-moi mon indiscrétion, mais voilà une montre assez curieuse. »

M. BLANDOIS AVAIT TOUT LE TEMPS LES YEUX FIXÉS SUR LUI AVEC UNE EXPRESSION SINGULIÈRE.

La table où l'on avait servi le thé avait été rapprochée du canapé, de façon à laisser un espace vide entre ce meuble et le petit guéridon de Mme Clennam. Le galant M. Blandois s'était levé pour donner du thé à cette dame, qui avait déjà son assiette de rôties devant elle, et ce fut lorsqu'il posa la tasse à portée de la malade que la montre qui restait toujours posée sur le guéridon avait attiré son attention.

Mme Clennam leva tout à coup les yeux sur lui.

« Voulez-vous me permettre? Merci. Une très belle montre, déjà ancienne, dit-il en la prenant dans sa main. Un peu lourde à porter, mais c'est solide et franc. Une montre d'homme à double boîtier, à la vieille mode. Puis-je l'ouvrir? Merci. Tiens! un rond de soie brodé de perles! J'ai vu beaucoup de ces doublures de montres chez de vieux Hollandais et en Belgique. Drôle d'usage!

— C'est surtout un usage ancien.

— Très ancien. Mais cette doublure-ci n'est pas aussi vieille que la montre?

— Je ne crois pas.

— C'est étonnant comme nos pères s'amusaient à compliquer et à entrelacer les chiffres de ce genre! fit observer M. Blandois, levant les yeux pour regarder Mme Clennam avec ce sourire qui lui était propre. Est-ce bien N. O. P. qu'il y a là. Sont-ce les initiales d'un nom? d'une devise?

— Celles d'une phrase, répondit Mme Clennam. Cela veut dire, si je ne me trompe : *N'oubliez pas!*

— Et naturellement, reprit M. Blandois, replaçant la montre sur la table et retournant à sa place, vous n'oubliez pas.

— Non, monsieur, je n'oublie pas. Ce n'est pas le moyen d'oublier que de mener une vie aussi monotone que la mienne l'a été depuis bien des années. Ce n'est pas le moyen d'oublier que de mener une vie de punition volontaire. »

Elle avait posé la main sur la montre et l'avait remise sur le guéridon à la place précise qu'elle y occupait toujours. Puis, sans retirer sa main, elle demeura quelques instants immobile à regarder la montre avec une expression de défi.

Tandis que le visiteur se levait pour prendre congé de Mme Clennam et s'avançait vers elle d'un air cavalier (car cet homme, comme tous ceux que la nature a marqués du même sceau, tombait toujours dans l'exagération, bien qu'il n'outrât parfois les choses que de l'épaisseur d'un cheveu), Jérémie soupçonna vaguement que M. Blandois pourrait bien ne pas valoir grand'chose.

Il fut confirmé dans cette opinion par la conduite de M. Blandois à son égard, quand ils furent sortis de la chambre de Mme Clennam. Sous prétexte que la maison était un spécimen curieux dans son

M. BLANDOIS ESSAYA DE GRISER M. JÉRÉMIE AVEC DU PORTO.

genre, M. Blandois voulut la visiter en entier. Mais Jérémie remarqua qu'au lieu de regarder la chambre, M. Blandois avait, tout le temps, les yeux fixés sur lui avec une expression singulière. Sans compter qu'il le traitait avec la dernière familiarité, l'appelant mon fils ! mon bonhomme ! et lui frappant sur les épaules.

A la fin de la visite, il passa le bras de M. Flintwinch sous le sien et l'invita à venir boire une bouteille de vin avec lui comme un cher vieux finaud qu'il était.

M. Flintwinch accepta sans se faire prier. Ils s'installèrent dans la chambre de M. Blandois, et M. Blandois essaya de griser M. Jérémie avec du porto. Mais il s'aperçut bientôt que M. Flintwinch était plus fort que lui, et que c'était lui Blandois qui perdait la tête et se livrait à des fanfaronnades trop féroces. Il leva donc la séance lorsque la troisième bouteille du capiteux porto se trouva vide.

« Vous comptez sans doute tirer sur nous demain? demanda M. Flintwinch en prenant congé de lui avec son visage d'homme d'affaires.

— Mon chou, répondit l'autre, les deux mains sur les épaules de M. Flintwinch, soyez tranquille, je tirerai sur vous. Adieu, mon Flintwinch (donnant à Jérémie une accolade méridionale, c'est-à-dire l'embrassant sur les deux joues); je vous en donne ma parole de gentilhomme! oui, mille tonnerres! vous me reverrez! »

Mais le lendemain Blandois ne se présenta pas, bien que la lettre d'avis annoncée eût été reçue par la maison Clennam et Cie. Flintwinch, étant allé le soir demander des nouvelles du voyageur, fut très surpris d'apprendre qu'il avait réglé son compte le matin même et qu'il était parti pour Calais. Néanmoins Jérémie, à force de se caresser la mâchoire, sortit de ses réflexions pour laisser voir sur sa figure la conviction intime que Blandois, cette fois-là, tiendrait sa parole et qu'on ne manquerait pas de le revoir.

CHAPITRE XXV

ENCORE LA BONNE AVENTURE

Arthur Clennam était venu faire une visite au Doyen, dans l'espoir de rencontrer la petite Dorrit qu'il n'avait pas vue depuis longtemps. La petite Dorrit travaillait en compagnie de Maggy dans la chambre de son père. Le Doyen, ayant été requis par une députation de venir présider une séance musicale, s'excusa auprès de son visiteur sur les exigences de sa situation, et descendit au café. Maggy travaillait auprès de la croisée, coiffée de cet énorme bonnet blanc dont les nombreuses ruches opaques cachaient son profil (si peu qu'elle en eût), et l'œil unique dont elle pouvait disposer fixé sur son ouvrage. La petite Dorrit, sans cesser de travailler activement, causait avec Clennam.

Clennam lui reprochait de ne plus être la même avec lui, et elle s'en défendait non sans embarras, lorsque l'escalier délabré, qui s'empressait toujours de crier dès que quelqu'un montait ou descendait, se mit à craquer sous un pas rapide. Puis on entendit bientôt un autre bruit, semblable à celui d'une petite machine à vapeur trop chauffée se dirigeant vers la chambre. A mesure qu'elle s'approchait (et elle avançait à grande vitesse), elle semblait se presser davantage : on frappa à la porte. Alors on eût dit que la machine se baissait et lâchait sa vapeur par le trou de la serrure.

Avant que Maggy eût eu le temps d'ouvrir, M. Pancks, poussant lui-même la porte, parut sur le seuil, la tête nue et dans un ébouriffement incroyable, regardant Clennam et la petite Dorrit. Il avait à la main un cigare allumé, et apportait avec lui un parfum d'ale et de tabac.

« Pancks le bohémien, murmura-t-il tout essoufflé, Pancks le bohémien, disant la bonne aventure. »

Il se tint immobile, leur adressant un noir sourire, ronflant plus fort encore que d'habitude, et les dévisageant d'un air étrange. On eût dit qu'au lieu d'être tout simplement le factotum de son vénérable propriétaire, le remorqueur était devenu lui-même le propriétaire de la prison de la Maréchaussée, de tous les détenus et de tous les guichetiers. Dans son contentement il porta son cigare à ses lèvres (on voyait tout de suite que Pancks n'était pas fumeur) et en tira une telle bouffée, après avoir fermé son œil droit bien hermétiquement afin de se donner plus de force, qu'il se mit à frissonner et parut sur le point de s'étrangler. Mais, même au milieu de ce paroxysme, il essaya de répéter sa phrase d'introduction favorite : « Pa...ancks le bo...o...hémien, disant la bonne a...aventure ».

« Je suis en train de passer la soirée avec les autres, continua-t-il dès qu'il se fut un peu remis. Je viens de chanter. J'ai fait la partie de contralto dans je ne sais quel morceau. La musique, ça n'est pas mon affaire à moi. C'est égal ! je ferai ma partie dans tout ce qu'on voudra. Pas besoin de savoir la musique, il suffit de crier assez fort. »

Au premier abord, Clennam avait cru que Pancks le bohémien avait trop bu. Mais il ne tarda pas à reconnaître que si l'ale entrait pour quelque chose dans l'émotion du remorqueur, le fond même de cette émotion ne provenait d'aucune brasserie ni d'aucune distillerie.

« Comment vous portez-vous, mademoiselle Dorrit? demanda Pancks. J'ai pensé que vous ne m'en voudriez pas si je montais un instant pour m'informer de vos nouvelles. J'ai su par M. Dorrit que M. Clennam était ici. Comment allez-vous, monsieur?

— Très bien, je vous remercie, répondit Clennam ; je suis heureux de vous voir si gai, monsieur Pancks.

— Gai?... Plus gai qu'un pinson, monsieur!... Je n'ai qu'une minute à vous donner, autrement les autres s'apercevraient de mon absence, et il ne faut pas qu'ils s'en aperçoivent,... n'est-ce pas, mademoiselle Dorrit? »

Il semblait prendre un plaisir extrême à l'appeler en témoignage et à la contempler, tout en redressant sur sa tête ses cheveux hérissés, ce qui lui donnait l'air d'un cacatoès en deuil.

« Il n'y a pas une demi-heure que je suis ici. J'ai su que M. Dorrit occupait le fauteuil de la présidence, et je me suis dit : « Il faut « que j'aille l'aider ». Dans ce moment-ci je devrais être à ramasser mes loyers dans la cour du Cœur-Saignant,... mais bah! je les tracasserai tout aussi bien demain,... n'est-ce pas, mademoiselle Dorrit? »

Ses petits yeux noirs paraissaient briller d'une lueur électrique.

ELLE S'EN DÉFENDAIT NON SANS EMBARRAS. (Voir p. 135.)

Ses cheveux de plus en plus ébouriffés semblaient aussi dégager des étincelles. Il était tellement chargé d'électricité qu'on aurait pu faire étinceler et pétiller toute partie de sa peau à laquelle on aurait présenté un corps conducteur.

« On trouve ici une société fort distinguée, reprit Pancks, n'est-ce pas, mademoiselle Dorrit? »

Elle avait presque peur de lui et ne savait que répondre. Il se mit à rire en faisant un signe de tête à Clennam.

« Ne faites pas attention à lui, mademoiselle Dorrit. Il en est. Nous sommes convenus que vous n'auriez pas l'air de me reconnaître devant le monde; mais la défense ne regarde pas du tout M. Clennam. Il en est. Pas vrai, monsieur Clennam?... n'est-ce pas, mademoiselle Dorrit? »

L'agitation de cet étrange personnage gagnait rapidement Arthur. La petite Dorrit s'en aperçut, non sans surprise, et remarqua qu'ils échangeaient de rapides coups d'œil.

« J'avais commencé à vous dire quelque chose, ajouta Pancks; mais je ne me rappelle vraiment plus ce que c'était.... Oh! je sais!... On trouve une fameuse société ici. C'est moi qui régale tout le monde,... n'est-ce pas, mademoiselle Dorrit?

— C'est très généreux de votre part, répondit-elle, remarquant qu'ils échangeaient encore un regard d'intelligence.

— Pas du tout, ça n'est pas la peine d'en parler. Le fait est que je vais rentrer dans mes biens. Je puis me permettre d'être généreux. J'ai envie de donner un festin de Balthazar à tous les détenus. On dressera les tables dans la cour. Des montagnes de pain. Des buissons de pipes. Des charretées de tabac. Du rosbif et du plum-pudding à discrétion. Une bouteille de porto, première qualité, par tête. Une pinte de vin par-dessus le marché pour ceux qui en voudront, si toutefois les autorités compétentes veulent bien le permettre,... n'est-ce pas, mademoiselle Dorrit? »

Elle était tellement troublée par les démonstrations de Pancks, ou plutôt si étonnée de voir qu'à chaque instant Clennam semblait mieux comprendre les paroles du petit remorqueur, qu'elle put seulement remuer les lèvres en réponse, mais sans parvenir à articuler une syllabe.

« A propos! s'écria Pancks, vous vous rappelez que j'ai promis de vous apprendre ce qu'il y a derrière votre petite main.... Et vous l'apprendrez, ma mignonne,... n'est-ce pas, mademoiselle Dorrit? Mais on finirait par s'apercevoir de mon absence, et je ne voudrais pas que l'on s'en aperçût. Monsieur Clennam, vous et moi, nous avons conclu un marché. Je vous ai dit que je ne manquerais pas à mes engagements. Vous verrez que je sais tenir une promesse, si vous voulez bien sortir un instant avec moi. Mademoiselle Dorrit, je vous souhaite le bonsoir; mademoiselle Dorrit, je vous souhaite bien du bonheur. »

Après avoir donné rapidement deux poignées de main à la jeune fille, il descendit l'escalier en ronflant plus fort que jamais. Arthur mit tant de hâte à le suivre qu'il faillit le renverser sur le dernier palier et le faire dégringoler dans la boue.

« Qu'est-ce qu'il y a, au nom du ciel? demanda Clennam lorsqu'ils se furent tous deux élancés dehors.

— Attendez un instant.... Mon ami M. Rugg.... Permettez-moi de vous le présenter. »

Ce fut ainsi qu'il présenta à Clennam un autre personnage sans chapeau, également armé d'un cigare, également entouré d'une atmosphère d'ale et de tabac, lequel, bien que son agitation fût loin d'approcher de celle de M. Panks, eût paru digne de Bedlam sans le voisinage du petit fou furieux de remorqueur qui, par contraste, en faisait un homme grave et sensé.

« M. Clennam, monsieur Rugg, dit Pancks. Attendez un instant. Venez à la pompe. »

Ils se dirigèrent vers la pompe. M. Pancks, mettant immédiatement sa tête sous le goulot, pria M. Rugg de pomper vigoureusement. M. Rugg ayant obéi sans hésiter, M. Pancks se releva, reniflant et pouffant (non sans raison cette fois) et s'essuya avec son mouchoir.

« Ça m'a fait du bien, ça m'a éclairci les idées, s'écria-t-il tout haletant, en s'adressant à Clennam qui le contemplait d'un air étonné. Mais, ma parole d'honneur, quand on sait ce que nous savons, et qu'on entend le père de Mlle Dorrit faire les discours que nous venons d'écouter; quand on sait ce que nous savons, et qu'on voit Mlle Dorrit logée dans une pareille chambre et vêtue d'une pareille robe, il y a de quoi.... Donnez-moi votre dos, monsieur Rugg.... Un peu plus haut, s'il vous plaît.... Là, nous y sommes! »

A ce moment, dans la cour de la prison, à l'ombre de la nuit naissante, M. Pancks (qui se serait jamais attendu à pareille chose de sa part?) bondit par-dessus la tête de M. Rugg, de Pentonville, agent d'affaires, teneur de livres, etc., et, retombant sur ses pieds, il prit Clennam par la boutonnière, le conduisit derrière la pompe et tira de sa poche un paquet de papiers. M. Rugg tira également de sa poche un paquet de papiers.

« Attendez ! dit Clennam à voix basse. Vous avez découvert quelque chose?

— Un peu! répondit M. Pancks avec une onction que nous renonçons à rendre.

— Cette découverte compromet-elle quelqu'un?

— Comment cela, monsieur?

— Par quelque fraude ou quelque injustice?

— Pas le moins du monde!

— Dieu soit loué! » se dit Clennam, qui ajouta tout haut : « Maintenant, parlez.

— Vous saurez, monsieur,... dit Pancks, déroulant des papiers d'une main fébrile.... Où est le document numéro quatre, monsieur Rugg? Oh! très bien...., Nous pouvons marcher. Vous saurez qu'aujourd'hui nous sommes *virtuellement* en règle. Nous ne le serons *légalement* que dans un jour ou deux. Mettons au plus une semaine. Nous y avons travaillé nuit et jour depuis je ne sais plus combien de temps. Vous communiquerez la nouvelle à Mlle Dorrit, monsieur Clennam, mais pas avant que nous vous y ayons autorisé... Où est le total approximatif, monsieur Rugg? Bon. Lisez, monsieur! Voilà ce que vous aurez à communiquer tout doucement à Mlle Dorrit.... Voilà la somme qui revient au Père de la Maréchaussée. »

CHAPITRE XXVI

SUJET DE PLAINTE DE MADAME MERDLE

Madame Gowan, après avoir résisté longtemps (soi-disant) aux décrets d'un destin inexorable, se résigna à faire contre fortune bon cœur, en acceptant ces *Miggles*. Il est probable que, pour arriver et s'arrêter à cette heureuse résolution, elle avait dû se laisser influencer, en dehors de son amour maternel, par trois considérations politiques.

La première, c'est que son fils n'avait jamais témoigné la plus légère intention de lui demander son consentement ou la moindre inquiétude de ne pouvoir s'en passer[1]. La seconde, c'est que Henry, dès qu'il aurait épousé la fille unique et bien-aimée d'un homme fort à son aise, cesserait naturellement de prélever des impôts indirects sur la pension de sa maman. La troisième, c'est qu'il était entendu que les dettes de Henry seraient payées par le beau-père, au pied de l'autel. A ces trois raisons dictées par la prudence, si l'on ajoute le fait que Mme Gowan s'empressa de donner son consentement dès qu'elle apprit que M. Meagles avait accordé le sien, et que le refus de M. Meagles avait toujours été le seul obstacle à ce mariage, il devient plus que probable que la veuve du commissaire de Pas Grand'Chose ne manqua pas de faire en elle-même tous ces sages raisonnements.

Néanmoins, parmi ses parents et ses connaissances, elle sut maintenir sa dignité individuelle et le rang du sang des Mollusques, en répétant sans cesse et partout que c'était une affaire bien malheureuse ; qu'elle en était peinée au delà de toute expression, et que ces Meagles avaient attiré et accaparé Henry.

---

1. La loi anglaise permet aux enfants de se marier sans le consentement de leurs parents.

Naturellement Mme Gowan avait conté ses peines à Mme Merdle; naturellement Mme Merdle avait affecté de les prendre au sérieux, et, au nom de la Société, avait prodigué à Mme Gowan des consolations qu'elle savait elle-même parfaitement inutiles.

La conférence de ces deux dames se tenait entre quatre et cinq heures de l'après-midi, tandis que les roues des voitures et les coups de marteau des visiteurs se faisaient entendre dans toute la région de Harley-street, Cavendish-square. A ce moment de l'entrevue, M. Merdle revint de ses occupations journalières.

Pour un si grand homme, M. Merdle avait l'air d'un homme comme un autre, ou plutôt on eût dit que, dans le cours de ses vastes transactions commerciales, il avait par hasard troqué sa tête contre celle de quelque esprit inférieur. Il se présenta un moment devant les deux dames, au cours d'une lugubre promenade qu'il faisait à travers son palais, et qui ne paraissait avoir d'autre but que d'échapper à la présence de son maître d'hôtel.

« Pardon, dit-il s'arrêtant tout confus, je croyais qu'il n'y avait ici personne. »

Cependant Mme Merdle ayant dit : « Vous pouvez entrer », et Mme Gowan, qui venait de se lever, ayant déclaré qu'elle allait prendre congé de sa très chère amie, M. Merdle entra et se mit à regarder par une fenêtre éloignée, ses mains croisées sous ses parements, se tenant par le poignet, comme s'il eût voulu opérer son arrestation lui-même. Sans changer d'attitude, il tomba dans une rêverie dont il fut tiré par la voix de madame, qui l'appela de l'autre bout du salon.

« Hein ! oui ! dit alors M. Merdle en se tournant vers elle. Qu'est-ce qu'il y a ?

— Ce qu'il y a ? répéta Mme Merdle. Il y a que vous ne paraissez pas avoir entendu un mot de ce que je viens de vous dire. De quoi me suis-je plainte ?

— Vous vous êtes plainte de quelque chose ?

— Oui, et c'est sans doute pour me prouver combien j'ai raison de me plaindre que vous m'obligez à répéter mes paroles. Si vous voulez savoir ce dont je me plains, je vous le dirai en deux mots : vous ne devriez vraiment pas aller dans la Société, si vous ne savez pas vous plier aux exigences de la Société.

— Mais, au nom de toutes les puissances infernales, s'écria M. Merdle, dites-moi un peu, madame Merdle, si vous connaissez quelqu'un qui fasse plus que moi pour la Société. Voyez-vous cet hôtel, madame? Voyez-vous ces meubles, madame? Tournez-vous vers cette glace et regardez-vous, madame! Savez-vous ce que tout cela coûte? Savez-vous qui profite de tout cela? Et puis vous venez encore me dire que je ne devrais pas aller dans la Société! moi qui répands ainsi sur elle l'or à pleines mains! moi qui ai presque l'air de..., de m'atteler à une voiture d'arrosage remplie d'or pour aller partout et toujours en saturer la Société!

— Vous recevez la meilleure Société du pays; vous êtes reçu dans la meilleure Société de toute l'Angleterre. Je crois que je sais quelle est la personne qui vous aide en cela, monsieur Merdle.

— Madame Merdle, répliqua le millionnaire, essuyant son insipide visage rouge et jaune, je sais cela aussi bien que vous. Si vous n'étiez pas un des ornements de la Société, et moi-même si je n'avais pas été un bienfaiteur de la Société, vous et moi nous ne serions pas unis. Mais me dire que je ne suis pas digne de la Société, après tout ce que j'ai fait pour elle, ajouta M. Merdle avec une énergie étrange qui surprit Mme Merdle au point de lui faire élever un peu les sourcils;... après tout ce que j'ai fait!... tout! venir me dire que je ne suis pas digne de m'y montrer, c'est une jolie récompense, ma foi!

— Je prétends, répondit Mme Merdle avec beaucoup de calme, que vous devriez vous en rendre digne en vous montrant plus *dégagé* et moins soucieux. Il y a quelque chose qui sent son plébéien d'une lieue, à traîner partout avec vous vos préoccupations d'affaires, comme vous le faites.

— Comment est-ce que je les traîne avec moi, madame Merdle?

— Comment? regardez-vous dans la glace. »

M. Merdle tourna involontairement ses yeux vers le miroir le plus voisin, et demanda, tandis que son sang épais montait lentement à ses tempes, si un homme est responsable de sa digestion.

« C'est une mauvaise plaisanterie, riposta Mme Merdle, de me parler de votre digestion. Il ne s'agit pas de votre digestion, mais de vos manières.

— Madame Merdle, répliqua le mari, les manières ne sont pas mon affaire, c'est vous que cela regarde. Vous fournissez les manières, moi, je fournis l'argent.

— Je ne vous demande pas de captiver les gens, de les fasciner, dit Mme Merdle; je vous prie seulement de faire comme tout le monde et de ne vous soucier de rien... ou du moins d'en avoir l'air. Vous laissez voir....

— Qu'est-ce que je laisse voir? Qu'est-ce que l'on voit? demanda M. Merdle avec une vivacité inaccoutumée.

— Je vous l'ai déjà dit. On voit que vous portez avec vous vos soucis d'homme d'affaires; ce n'est pas là le ton de la Société, et vous devriez vous corriger, monsieur Merdle. Si vous ne me croyez pas, demandez à Edmond Sparkler. (La porte du salon venait de s'entr'ouvrir et Mme Merdle contemplait à travers son lorgnon la tête de son fils.) Edmond, nous avons besoin de vous. »

M. Sparkler, qui s'était contenté de passer la tête par la porte entre-bâillée, mais sans entrer, s'avança alors et s'approcha de Mme Merdle, qui, dans quelques phrases à la portée de son intelligence, lui expliqua le point en litige.

Le jeune gentleman, après avoir palpé avec inquiétude son faux-col, comme un hypocondre se tâte le pouls, répondit:

« Des individus faisant allusion à mon gouverneur — l'expression n'est pas de moi — disent parfois des choses assez flatteuses de mon gouverneur,... qu'il est immensément riche et habile comme tout,... un vrai phénomène de banquier, de boursicotier, et le reste,... mais ils ajoutent qu'il ne sait pas s'affranchir des affaires de la boutique,... qu'elles pèsent toujours sur lui,... qu'il les porte sur son dos, comme un marchand d'*habits galons*, courbé sous le poids de son commerce.

— Et voilà justement, dit Mme Merdle, qui se leva et laissa flotter sa draperie autour d'elle, voilà justement ce dont je me plains. Edmond, je monte chez moi, donnez-moi le bras. »

M. Merdle, qu'on laissa seul afin qu'il pût songer tout à son aise à se rendre plus digne de la Société, regarda successivement par neuf croisées différentes et parut contempler neuf déserts plus sombres les uns que les autres, après quoi il monta s'habiller pour aller dîner en ville.

CHAPITRE XXVII

UN BANC DE MOLLUSQUES

M. Henry Gowan et le chien fréquentaient très assidûment la villa Meagles, car le jour du mariage était fixé. On avait décidé qu'il y aurait une convocation de Mollusques en l'honneur de cet événement, afin que cette très nombreuse et très puissante famille répandît sur cette union autant de lustre qu'une chose aussi insignifiante était capable d'en recevoir.

A mesure que le jour du mariage approchait, Clennam cherchait, avec beaucoup de simplicité et de sincérité, à faire entendre à M. Henry Gowan qu'il était disposé à lui offrir franchement et loyalement son amitié. M. Gowan, de son côté, ne se départit pas de son aisance habituelle et lui accorda autant de confiance que par le passé,... c'est-à-dire pas de confiance du tout.

« Voyez-vous, Clennam, fit-il observer un jour, en passant, au cours d'une conversation, pendant qu'ils se promenaient près de la villa des Meagles, une semaine avant le mariage : je suis un homme désappointé ; vous le saviez déjà ?

— D'honneur, répliqua Clennam un peu embarrassé, je ne vois pas trop que vous ayez le droit de dire cela.

— Vous oubliez que j'appartiens à un clan, ou à une clique, ou à une famille, ou à une coterie (donnez-lui le nom que vous voudrez), qui aurait pu me faire faire mon chemin de cinquante manières différentes, et qui s'est mis en tête de ne rien faire du tout pour moi. Me voilà donc, comme vous voyez, devenu un pauvre diable d'artiste.

— Mais, d'un autre côté,... commença Clennam.

— Oui, oui, je sais bien, une fiancée charmante, un bon enfant de beau-père qui fait très généreusement les choses. Néanmoins on m'avait mis de bien autres idées en tête. Toutes ces idées-là, il faut que j'y renonce aujourd'hui,... voilà ce qui fait que je suis un homme désappointé.

— La pilule n'est pourtant pas bien amère, il me semble! dit Clennam en riant.

— Non, sapristi, non, répliqua Gowan, riant aussi. Mes nobles parents ne méritent pas qu'on regrette amèrement de n'avoir pas été patronné par eux,... quoique ce soient de charmantes gens et que j'aie pour eux la plus grande affection. D'ailleurs, c'est un plaisir de pouvoir leur prouver que je sais me passer d'eux et les envoyer à tous les diables. Et puis, tous les hommes sont plus ou moins désappointés ici-bas, d'une façon ou d'une autre, et ne peuvent pas s'empêcher de le sentir... Mais, malgré tout, c'est un cher, un adorable monde; et je l'aime de toute mon âme.

— C'est qu'aussi vous êtes en bon chemin.

— En bon chemin, en effet! s'écria l'autre avec enthousiasme. Par Jupiter! je me sens une admiration et une ardeur toutes nouvelles! Quel bon vieux monde cela fait! Et ma profession! la meilleure des professions, n'est-ce pas?

— Une carrière pleine d'intérêt et d'ambition, telle que je la conçois, répondit Clennam.

— Et pleine d'imposture aussi, reprit Gowan en riant. N'oublions pas l'imposture. J'espère que je ne pécherai point par là, mais je crains, en ma qualité d'homme désabusé, de trop le laisser voir. J'ai peur de ne pas pouvoir jouer mon rôle avec toute la gravité qu'il exige. Je crois, entre nous, que je suis trop aigri pour le faire.

— Pour faire quoi? demanda Clennam.

— Pour imiter mes chers confrères. Pour soutenir la vieille gageure que chacun de nous soutient à son tour. Pour parler de travaux assidus, d'étude, de patience, de dévouement à son art, pour faire semblant d'y consacrer bien des journées solitaires, de renoncer à une foule de plaisirs à cause de son art, de ne vivre que pour son art, et ainsi de suite,... en un mot de repasser à mon voisin de la crème fouettée comme le font tous mes excellents camarades en peinture. »

En écoutant ces propos, Clennam se demandait si la pauvre Minnie avait de grandes chances d'être heureuse en ménage. S'il n'osait pas répondre à sa propre question, M. et Mme Meagles, pénétrés des mêmes craintes, cachaient soigneusement leurs angoisses, devant Chérie, du moins.

Le jour fixé pour le mariage arriva, et avec lui tous les Mollusques invités au repas de noces. L'énumération de ces créatures supérieures tiendrait autant de place que celle des vaisseaux dans Homère.

« JE SUIS UN HOMME DÉSAPPOINTÉ. » (Voir p. 145.)

Le repas ne fut ni aussi animé ni aussi agréable qu'il aurait pu l'être. M. Meagles, écrasé par ses hôtes illustres (dont la présence, néanmoins, le flattait énormément), n'était pas dans son assiette; Mme Gowan, au contraire, était dans la sienne, ce qui ne contribuait pas à améliorer la position de M. Meagles. Il y avait dans l'air comme une fiction acceptée que ce n'était pas du tout M. Meagles qui avait mis des bâtons dans les roues, que c'était, au contraire, la noble famille Mollusque qui s'était seule opposée au mariage, qu'elle seule, en cela, faisait une concession, mais qu'il existait maintenant une généreuse unanimité; et cette fiction semblait planer sur toute l'affaire, bien que personne n'exprimât ouvertement une pareille opinion. Et puis les Mollusques sentaient que, pour leur part, ils n'auraient plus rien de commun avec les Meagles dès que ce repas qu'ils daignaient honorer de leur patronage serait terminé ; les Meagles, de leur part, savaient aussi à quoi s'en tenir à ce sujet. Et puis Gowan, usant de ses droits d'homme désappointé, qui avait une vieille rancune contre la famille Mollusque et qui, peut-être, avait permis à sa mère de les inviter avec la bienveillante intention de leur causer du dépit et de la honte, étala devant eux sa palette et sa pauvreté, leur disant qu'il espérait un jour assurer un morceau de pain et de fromage à sa femme ; il priait ceux d'entre eux qui (plus heureux que lui) parviendraient à se bien caser et se trouveraient à même d'acheter un tableau, de ne pas oublier le pauvre artiste.

La partie la moins ennuyeuse de l'affaire fut celle qui causa le plus de peine à Clennam. Lorsque, enfin, M. et Mme Meagles se jetèrent au cou de Chérie dans le petit salon, d'où les invités étaient exclus, avant de l'accompagner jusqu'à ce seuil qu'elle ne devait plus repasser pour être la Chérie et la joie d'autrefois, rien de plus naturel et de plus simple que la mariée et ses parents. Gowan lui-même fut ému, et lorsque M. Meagles s'écria : « O Gowan, ayez bien soin d'elle, ayez bien soin d'elle ! » il répondit avec chaleur : « Ne vous affligez pas ainsi, monsieur. Par le ciel ! vous pouvez y compter. »

Après les derniers sanglots et les dernières paroles de tendresse, la voiture emporta le jeune couple dans la direction de Douvres.

Il y eut alors un vide déplorable dans la maison. M. Meagles n'invoqua qu'un seul souvenir consolateur, et ce souvenir lui fit vraiment du bien.

« Eh bien, Clennam, dit-il, j'ai du plaisir à y songer, après tout.

— Au passé ? demanda Clennam.

— Sans doute,... mais ce n'est pas de cela que je voulais parler ; c'était de la compagnie qui nous quitte. »

Cette société l'avait attristé et rendu malheureux pendant toute la matinée, mais maintenant il était vraiment enchanté.

« C'est très flatteur ! répéta-t-il à plusieurs reprises pendant la soirée.... Une société si distinguée ! »

CHAPITRE XXVIII

CE QU'IL Y AVAIT DERRIÈRE M. PANCKS SUR LA MAIN DE LA PETITE DORRIT

Ce fut à cette époque que M. Pancks, tenant parole à Clennam, lui révéla jusque dans le moindre détail toutes les péripéties de son rôle de bohémien et lui raconta la bonne aventure de la petite Dorrit. Le Doyen était héritier d'une vaste propriété longtemps ignorée, que personne n'avait réclamée et dont les revenus s'étaient accumulés. Son titre était clair comme le jour, tous les obstacles étaient renversés, la porte de la geôle allait s'ouvrir toute grande pour lui, il n'avait plus qu'à donner quelques signatures pour se trouver tout d'un coup à la tête d'une très grande fortune.

Dans les recherches qu'il avait fallu faire pour établir les droits de M. William Dorrit, Pancks avait déployé une sagacité merveilleuse, une patience et une discrétion infatigables.

« Comme ça, monsieur, dit Pancks en terminant ses explications, si toute l'affaire avait croulé au dernier moment, la veille même du soir où je vous ai montré nos documents dans la cour de la prison, voire le jour même, personne que nous n'aurait été cruellement déçu, personne que nous n'aurait perdu un sou. Les déboursés payés, le temps employé pris en considération, et la note de M. Rugg soldée, mille livres sterling seraient une fortune pour moi. Je laisse cela entre vos mains. Je vous autorise maintenant à annoncer cette nouvelle à la famille comme vous le jugerez à propos. Mlle Amy Dorrit doit se trouver chez Mme Finching ce matin. Plus tôt ils le sauront, mieux cela vaudra. On ne saurait le leur apprendre trop tôt. »

Cette conversation avait lieu dans la chambre à coucher de Clennam qui n'était pas encore levé. Car M. Pancks avait réveillé toute la maison en y pénétrant de grand matin. Sans jamais s'asseoir, sans jamais se tenir en place deux secondes de suite, il avait raconté tous ces détails (appuyés de documents), au chevet d'Arthur. Il dit alors qu'il allait relancer M. Rugg, et dans son agitation le remorqueur semblait avoir besoin de faire encore quelques petites courses après. Enfin, rassemblant ses papiers, il descendit l'escalier et s'éloigna à grande vitesse, après avoir échangé avec Clennam une dernière poignée de main.

Arthur, cela va sans dire, résolut de se rendre à l'instant même chez M. Casby. Il mit tant d'empressement à sortir qu'il se trouva au coin de la rue Patriarcale près d'une heure avant l'arrivée de la petite Dorrit, mais il ne fut pas fâché d'avoir le temps de faire un tour de promenade paisible pour se calmer.

Lorsqu'il revint dans la rue et souleva le brillant marteau de cuivre, la bonne lui dit que la petite couturière y était. On le conduisit en haut, au salon de Flora. La jeune fille était dans une autre pièce, il n'y avait que Flora, qui témoigna la plus vive surprise de le voir.

Alors Arthur lui dit, aussi brièvement que possible, que c'était Mlle Dorrit qu'il venait voir, puis il confia à Flora ce qu'il avait à dire à leur petite amie. A cette nouvelle extraordinaire, Flora joignit les deux mains et se mit à trembler, versant des larmes de sympathie et de joie, comme une bonne fille qu'elle était.

En ce moment l'on entendit dans l'escalier le pas de la petite Dorrit; elle venait pour essayer quelque chose à Flora. Flora avait à peine eu le temps de s'esquiver par une porte que la petite Dorrit entrait par l'autre. Arthur eut beau chercher à composer sa physionomie, il ne put donner à ses traits une expression assez ordinaire pour que la jeune fille ne laissât pas tomber son ouvrage, en s'écriant :

« Monsieur Clennam ! qu'est-ce qu'il y a donc ?

— Rien, rien. C'est-à-dire rien de mal. Je suis venu vous apporter une nouvelle, mais c'est une bonne nouvelle.

— Une bonne nouvelle ?

— On ne peut plus heureuse ! Chère petite Dorrit, votre père peut être libre avant la fin de la semaine. Il n'en sait rien encore; il nous faudra partir tantôt d'ici pour le lui apprendre. Votre père sera libre dans quelques jours,... dans quelques heures. Rappelez-vous qu'il faut que nous partions d'ici pour le lui apprendre. Ce n'est pas tout, ce n'est pas tout, ma chère petite Dorrit.... Faut-il vous dire le reste? »

Les lèvres de la jeune fille formèrent un oui que l'on entendit à peine.

« Votre père ne sera pas pauvre en devenant libre. Il ne manquera de rien.... Faut-il vous en dire davantage? »

Elle sembla demander un peu de temps pour respirer.

« Votre père sera riche. Il *est* riche déjà. Il va hériter d'une grosse somme. Vous êtes tous très riches.... Je rends grâce au ciel qui récompense ainsi la plus courageuse, la meilleure des filles. »

La petite Dorrit allait se trouver mal, lorsque Flora vint lui prodiguer ses soins, voltigeant autour du canapé, entremêlant les bons offices et les phrases incohérentes dans une confusion vertigineuse.

Mais le désir qu'éprouvait la petite Dorrit de rejoindre son père afin de lui communiquer la joyeuse nouvelle et de ne pas le laisser un instant de plus dans l'ignorance du bonheur qui lui arrivait, la ranima plus vite que n'auraient pu le faire tous les soins et tous les médecins du monde.

« Menez-moi auprès de mon cher père! Je vous en prie, venez lui apprendre la bonne nouvelle! » Telles furent les premières paroles qu'elle prononça.

Son père! son père! Elle ne parlait que de lui, elle ne songeait qu'à lui. Lorsqu'elle s'agenouilla et leva les mains pour rendre grâce au ciel, c'est par amour pour son père qu'elle le remercia.

Le bon cœur de Flora ne put résister à ce spectacle, et elle versa au milieu des tasses et des soucoupes un torrent de larmes et de paroles.

La petite Dorrit la remercia et l'embrassa à plusieurs reprises, puis elle sortit de la maison avec Clennam pour monter en voiture et se rendre à la prison de la Maréchaussée.

La petite Dorrit ouvrit la porte sans frapper et entra avec Arthur. M. Dorrit, vêtu de sa vieille robe de chambre grise et coiffé de sa vieille calotte de velours noir, lisait son journal près de la fenêtre. Il avait son binocle à la main et venait de tourner la tête du côté de la porte, surpris sans doute d'entendre dans l'escalier le pas de sa fille qui ne devait rentrer que dans la soirée, surpris aussi de la voir revenir en compagnie de Clennam. Comme ils entraient, le vieillard fut frappé de quelque chose d'étrange qui avait déjà attiré l'attention du guichetier Chivery et de quelques-uns des détenus. Sans se lever ni parler, il posa son journal et ses lunettes sur la table, puis regarda sa fille, la bouche entr'ouverte : on voyait trembler ses lèvres. Lorsque Arthur lui tendit la main, il la toucha, mais d'un air moins cérémonieux que d'habitude ; puis il se tourna vers Amy, qui venait de s'asseoir à côté de lui, les deux mains croisées sur son épaule, et il la regarda avec attention.

« Père, on m'a rendue si heureuse ce matin.

— On t'a rendue heureuse, ma chère !

— Oui, père... M. Clennam m'a apporté une si bonne, une si surprenante nouvelle en ce qui vous concerne ! S'il ne m'avait pas, avec sa bonté et sa douceur habituelles, préparée à l'entendre, cher père,... je crois que je me serais trouvée mal. »

Elle était très agitée, les larmes coulaient le long de ses joues. Le vieillard porta tout à coup la main à son cœur et regarda Clennam.

« Calmez-vous, monsieur, lui dit Clennam, et donnez-vous le temps de réfléchir. Songez aux plus brillants et aux plus heureux accidents de cette vie. Nous avons tous entendu parler de joyeuses surprises. Il peut en arriver encore, monsieur. Elles sont rares, mais il en arrive encore.

— Monsieur Clennam, que voulez-vous dire ?... Il en arrive encore !... Il pourrait y en avoir pour... ? (Il se frappa la poitrine au lieu d'ajouter : *moi ?*)

— Oui, répondit Clennam.

— Quelle surprise... continua le vieillard, la main gauche sur le cœur, et s'arrêtant au milieu de sa phrase pour mettre ses lunettes exactement d'aplomb sur la table ; quelle surprise le sort peut-il me réserver à moi ?

— Permettez-moi de répondre à votre question en vous en adressant une autre. Dites-moi, monsieur Dorrit, quelle est la surprise la plus inattendue et la plus agréable que vous puissiez espérer ? Ne craignez pas de former un vœu. »

Le Doyen regarda Clennam en face et, en le regardant, il avait l'air d'un vieillard bien cassé. Le soleil brillait sur le mur au delà de la croisée et sur les pointes de fer qui en garnissaient le sommet. Il leva lentement la main qui venait de comprimer les battements de son cœur, et désigna le mur.

« Il n'existe plus, dit Clennam. Il est tombé ! »

Le vieillard conserva quelque temps la même attitude, les yeux toujours fixés sur le visage d'Arthur.

« Et à la place de ces murs, continua Clennam d'une voix lente et distincte, voyez renaître les moyens de jouir sans restriction de la liberté dont vous avez été si longtemps privé. Monsieur Dorrit, d'ici à quelques jours vous serez libre et riche. Je vous félicite de tout mon cœur de ce changement de fortune et de l'heureux avenir dans lequel vous pourrez bientôt transporter le trésor que vous avez possédé durant votre séjour ici,... ce trésor que vous avez là, en ce moment, tout près de vous. »

A ces mots, il serra la main du vieillard ; et la petite Dorrit, le visage appuyé contre celui de son père, le serrant dans ses bras à l'heure de la prospérité, comme durant de longues années d'adversité elle l'avait entouré de son amour tendre et sincère, laissa éclater sa reconnaissance, son espoir, sa joie, son extase désintéressée.

« Je le verrai comme je ne l'avais pas encore vu. Je le verrai sans le nuage qui s'élève devant lui. Je le verrai tel que ma pauvre mère l'a vu si longtemps. O mon cher père ! Dieu soit loué ! Dieu soit loué ! »

Il s'abandonna aux baisers et aux caresses de sa fille, mais il ne les lui rendit pas, se contentant de lui passer un bras autour de la taille. Il ne prononça pas un mot. Son regard fixe allait de l'un à l'autre, et il commença à trembler comme s'il grelottait. Arthur dit à la petite Dorrit qu'il allait au café chercher une bouteille de vin, et s'y rendit en toute hâte. Tandis que le garçon descendait à la cave, un rassemblement de détenus très animés lui demanda ce qu'il y avait ; il leur annonça que Monsieur Dorrit avait hérité d'une grande fortune.

Ayant rapporté le vin lui-même, il vit que la petite Dorrit avait fait asseoir le Doyen dans son fauteuil, lui avait ôté sa cravate et dégagé le col. Ils remplirent un grand verre de vin et l'approchèrent des lèvres du vieillard. Lorsqu'il en eut bu une ou deux gorgées, il prit le verre dans sa main et le vida. Puis il se rejeta au fond de son fauteuil et se mit à pleurer, le visage caché dans son mouchoir.

Au bout de quelque temps, Clennam pensa qu'il ferait bien de distraire le Doyen du premier saisissement de cette surprise, en lui racontant les détails de l'affaire. Il les lui expliqua donc le mieux qu'il put, sans se presser et d'un ton calme, appuyant sur la nature des services rendus par Pancks.

« Il sera... ah!... il sera noblement récompensé, monsieur, s'écria le père des détenus, se levant brusquement et se promenant d'un pas agité. Soyez convaincu, monsieur Clennam, que tous ceux qui se sont mêlés de cette affaire seront noblement récompensés. Je ne veux laisser à personne, monsieur, le droit de dire que j'ai méconnu ce que je dois. J'aurais un plaisir tout particulier à rembourser les... hem!... les avances que vous avez bien voulu me faire, monsieur. Je désire savoir, à votre convenance, ce que vous doit mon fils. »

Il n'avait aucun motif pour se promener dans la chambre, et cependant il ne pouvait tenir en place.

« Personne, continua-t-il, ne sera oublié. Je ne laisserai pas ici un sou de dettes. Tous ceux qui ont... hem!... qui se sont bien conduits envers moi et envers ma famille seront récompensés. Chivery sera récompensé, le jeune John sera récompensé. J'ai le désir et l'intention, monsieur Clennam, d'agir avec la plus grande munificence.

— Voulez-vous bien me permettre, monsieur Dorrit, dit Arthur, de pourvoir aux éventualités les plus pressées? J'ai cru devoir apporter une certaine somme à cet effet.

— Merci, monsieur, merci. J'accepte bien volontiers en ce moment un service que ma conscience m'aurait empêché de vous demander il y a une heure. Je vous suis obligé de ce prêt provisoire, opportun, bien opportun. (Sa main se referma sur l'argent, qu'il continua à tenir tout en se promenant.) Vous serez assez bon, monsieur, pour ajouter cette somme aux avances précédentes dont je parlais tout à l'heure, en ayant soin, s'il vous plaît, de ne pas oublier non plus les avances faites à mon fils.... Une simple déclaration verbale du montant me... hem!... me suffira, monsieur. »

Alors son regard tomba sur sa fille, et il s'arrêta pour l'embrasser et lui caressa les cheveux.

« Il faudra vous procurer une modiste, ma chère, afin d'opérer un changement rapide et complet dans votre toilette, qui est extrêmement... simple. Il faudrait aussi s'occuper de Maggy, dont la mise en ce moment est tout au plus... hem...! tout au plus respectable. Et votre sœur, Amy, et votre frère; et votre oncle.... Pauvre ami, j'espère que cette nouvelle le tirera de sa torpeur.... Il faut les envoyer chercher. Il sera nécessaire d'user de ménagements en leur apprenant notre nouvelle position, mais il n'y a pas une minute à perdre. Nous leur devons et nous nous devons à nous-mêmes, à partir de ce moment, de ne plus souffrir qu'ils... hem!... qu'ils fassent quoi que ce soit! »

Pour la première fois il laissait entrevoir qu'il savait que sa famille était obligée de travailler pour vivre.

La petite Dorrit était très désireuse de le voir se reposer pour calmer son agitation. Elle arrangea le lit du vieillard et l'engagea à prendre un peu de repos. Pendant une demi-heure au moins il ne voulut rien faire que poursuivre sa promenade. Mais peu à peu il commença à se lasser et il s'étendit sur son lit.

La fidèle petite Dorrit s'assit au chevet de son père, l'éventant avec un journal et lui rafraîchissant le front.

Il paraissait déjà assoupi, serrant toujours son argent dans sa main, lorsqu'il se redressa tout à coup.

« Monsieur Clennam, dit-il, je vous demande pardon, ne m'avez-vous pas donné à entendre, mon cher monsieur, que je pourrais... hem!... traverser à l'instant même le greffe pour... hem!... aller me promener?

— Je ne crois pas, monsieur Dorrit, répondit Clennam à contre-cœur. Il reste certaines formalités à remplir, et, quoique votre séjour ici ne soit plus qu'une simple formalité, je crains qu'il ne faille s'y soumettre quelque temps encore. »

En entendant cette réponse, le vieillard se mit à pleurer.

« Mais ce n'est plus qu'une affaire de quelques heures, lui fit observer Clennam d'un ton de gaieté consolante.

— Quelques heures, monsieur! répliqua le vieillard avec une soudaine colère. Vous en parlez bien à votre aise, monsieur! Savez-vous combien dure une heure pour un homme qui étouffe, faute d'air? »

Ce fut sa dernière démonstration pour le moment; car, après avoir versé encore quelques larmes et s'être plaint de ne pouvoir respirer dans la prison, il s'endormit peu à peu. Clennam trouva amplement de quoi occuper sa pensée dans cette paisible chambre;

il observait le vieillard endormi et la jeune fille veillant à son chevet.

Épuisée par ses propres émotions, cédant aussi au pouvoir assoupissant du silence qui régnait dans la chambre, elle cessa peu à peu d'éventer le vieillard et laissa tomber sa tête sur l'oreiller, à côté de celle de son père. Clennam se leva doucement, ouvrit la porte, la referma sans bruit, et quitta la prison, emportant la calme influence de cette scène au milieu des rues turbulentes.

Voici enfin le jour où M. Dorrit et sa famille doivent quitter la prison et dire un éternel adieu à ces cours dont leurs pieds ont usé les pavés. Préalablement M. Dorrit a payé toutes ses dettes, non seulement les petites, mais encore la grosse qui l'a privé de sa liberté pendant vingt-trois ans.

Quoique l'intervalle eût été fort court, il avait semblé bien long à l'ex-Doyen, qui s'était vivement plaint à M. Rugg de ce délai. Pauvre M. Rugg! Ayant humblement prié M. Dorrit de remarquer qu'il allait aussi vite que possible, il fut relevé d'importance par Fanny : elle lui demanda s'il pouvait faire moins lorsqu'on lui avait répété vingt fois qu'on ne regardait pas à la dépense ; elle déclara en outre qu'elle le soupçonnait d'oublier fort à qui il parlait.

Frédéric semblait si peu s'intéresser à ce changement de fortune que l'on aurait pu croire qu'il ne le comprenait pas. Cela n'empêcha pas M. Dorrit de faire mesurer son frère par les lingers, tailleurs, chapeliers et autres fournisseurs qu'il avait convoqués pour son propre compte. Quant à Mlle Fanny et à M. Tip, il n'était besoin d'aucune violence pour les engager à devenir des personnages fashionables et élégants. L'oncle, son neveu et sa nièce habitaient provisoirement le meilleur hôtel du voisinage,... et le meilleur, disait Mlle Fanny, ne valait pas grand'chose. En outre, M. Tip loua un cheval, un groom et un cabriolet, équipage d'assez bon goût, qui stationnait pendant deux ou trois heures consécutives dans la grande rue, aux abords de la prison. On y voyait presque aussi fréquemment un petit remise à deux chevaux, dont Fanny ne descendait jamais et ne remontait jamais sans agacer les filles du directeur de la prison, par le spectacle de ses chapeaux d'un prix inabordable pour elles.

Les détenus présentèrent au Doyen une adresse générale de félicitations. Le Doyen saisit cette occasion pour inviter la communauté à un festin d'adieu qui eut lieu dans la cour. Il ne prit point part en personne à ce repas public, parce que le banquet avait lieu à deux heures de l'après-midi, tandis qu'il se faisait maintenant apporter son dîner de l'hôtel à six heures. Mais il circula autour des tables, il répondit aux toasts. Il poussa même la condescendance jusqu'à faire, pour la forme, une partie de quilles avec le détenu le plus

ELLE LAISSA TOMBER SA TÊTE SUR L'OREILLER.

ancien après lui; puis il laissa les détenus désormais orphelins se divertir à leur guise.

Mais cela n'était encore que l'aurore du départ. Voici venir le grand jour où M. Dorrit et sa famille vont quitter la prison.

Midi était l'heure fixée pour le grand événement. A mesure que l'heure approchait, tous les détenus, tous les guichetiers accouraient; pas un ne manqua au rendez-vous. Les guichetiers avaient revêtu leurs habits des dimanches, et la plupart des prisonniers s'étaient faits aussi pimpants que leurs ressources le leur permettaient. On alla même jusqu'à arborer un ou deux drapeaux, et les enfants portaient à la boutonnière de petits bouts de rubans. Quant à M. Dorrit, il conserva, à ce moment critique, une dignité sérieuse, mais affable. Son attention était surtout absorbée par son frère, dont le maintien lui causait un peu d'inquiétude.

Sur le coup de midi on annonça que la voiture de M. Dorrit stationnait dans la première cour, et les deux frères descendirent bras dessus, bras dessous. Edouard Dorrit, esquire (naguère Tip), et sa sœur suivirent, se donnant aussi le bras. M. Plornish et Maggy, auxquels on avait confié le soin de déménager les effets qui valaient la peine d'être emportés, fermaient le cortège, chargés de divers paquets que l'on devait emballer dans une carriole.

Dans la cour se trouvaient les détenus et les guichetiers. On y voyait aussi M. Pancks et M. Rugg, qui venaient assister au dénouement de la pièce à laquelle ils avaient mis la main. On y voyait encore le patriarcal M. Casby; il avait l'air si extrêmement bienveillant que, dans leur enthousiasme, un grand nombre de détenus lui donnaient de chaleureuses poignées de main, et que leurs femmes et leurs enfants lui baisaient les mains, convaincus que c'était le vénérable Patriarche qui avait tout fait.

La petite procession, les deux frères en tête, s'avança lentement vers la grille. M. Dorrit, accablé par la grave question de savoir ce que ces pauvres diables allaient devenir sans lui, fut majestueux et triste, sans toutefois se laisser absorber dans sa tristesse.

Enfin, trois hourras bien francs annoncèrent que le Doyen avait franchi le seuil et que la prison était orpheline. Les échos de la cour n'avaient pas encore fini de répéter ces chaleureuses acclamations, que la famille s'était installée dans son équipage provisoire, dont le domestique allait relever le marchepied.

Alors... alors seulement, Mlle Fanny s'écria tout à coup :

« Bonté divine !... mais où donc est Amy ? »

Le père avait pensé qu'elle était avec sa sœur. La sœur avait pensé qu'elle était « quelque part ». Tous avaient compté la voir se glisser tout doucement, ainsi que cela lui arrivait toujours. Ce départ était peut-être la seule action que la famille eût jamais accomplie sans l'aide de la petite Dorrit.

On avait perdu environ une minute à se communiquer cette découverte, lorsque Mlle Fanny, qui, de son siège dans la voiture, pouvait plonger son regard dans l'étroit et long couloir qui conduisait à la loge, rougit d'indignation.

« Vraiment, papa, s'écria-t-elle, c'est honteux ! c'est déshonorant !
— Qu'est-ce qui est déshonorant, Fanny ?
— Je le répète, continua l'ex-danseuse, c'est vraiment infâme ! Ne voilà-t-il pas cette petite Amy dans sa vieille robe fripée et

LES DEUX FRÈRES DESCENDIRENT BRAS DESSUS, BRAS DESSOUS.

fanée qu'elle a mis tant d'obstination à garder ; papa, je l'ai priée et suppliée de la changer aujourd'hui, parce qu'elle désirait la porter tant qu'elle resterait avec vous, papa,... ce qui est une stupidité romanesque du dernier trivial.... Voilà cette petite Amy qui nous déshonore, au dernier moment, en se faisant porter jusqu'ici vêtue de sa vieille robe... et par ce Clennam, encore ! »

Il n'y avait pas moyen de nier le crime. Au moment où Fanny formulait l'acte d'accusation, M. Clennam parut à la portière de la voiture, tenant dans ses bras la petite Dorrit, qui avait perdu connaissance.

« Elle a été oubliée, dit Arthur d'un ton de compassion qui n'excluait pas le reproche. J'ai couru à sa chambre, que M. Chivery m'a indiquée, et j'ai trouvé la porte ouverte. Elle s'était évanouie, la pauvre enfant. Apparemment elle aura perdu connaissance en allant changer de robe. Peut-être a-t-elle été effrayée par les acclamations de ces bonnes gens, peut-être était-ce auparavant. Réchauffez cette pauvre petite main, mademoiselle Dorrit, elle est bien froide. Ne la laissez pas tomber comme cela.

— Merci, monsieur, répondit Mlle Fanny, fondant en larmes, je crois que je sais ce que j'ai à faire, si vous voulez bien me le permettre.... Ma chère, ouvre les yeux, je t'en prie!... Amy, Amy, si tu savais comme je suis vexée et honteuse! Reviens à toi, ma chérie!... Mais pourquoi ne partons-nous pas?... Papa, je vous en supplie, dites-leur donc de partir! »

Le domestique, passant entre Clennam et la portière, avec un *permettez, monsieur*, aigre-doux, releva le marchepied, et les voilà partis.

FIN DU PREMIER LIVRE

LIVRE II

RICHESSE

CHAPITRE I

LES COMPAGNONS DE VOYAGE

Par une soirée d'automne, un certain nombre de voyageurs étaient assemblés au couvent du Grand Saint-Bernard dans la salle de réception. Préalablement deux jeunes moines leur avaient indiqué leurs chambres.

Il y avait trois sociétés distinctes : la première, la plus nombreuse et la plus importante des trois, se composait d'une dame d'un certain âge, de deux gentlemen à cheveux gris, de deux demoiselles et de leur frère. Ces voyageurs de distinction étaient suivis (sans parler des quatre guides) d'un courrier, de deux valets de pied et de deux femmes de chambre, nouveau surcroît d'embarras, qui s'étaient casés dans quelque autre partie du couvent. La seconde société, venant de France comme la première, l'avait rejointe et avait fait route avec elle; elle ne se composait que de trois personnes : une dame et deux messieurs. La troisième, qui était montée de la vallée par le côté opposé, c'est-à-dire par le côté italien du passage du mont Saint-Bernard, et dont l'arrivée avait précédé celle des autres touristes, se composait de quatre membres : un professeur allemand à lunettes, pléthorique, affamé, silencieux, faisant un voyage d'agrément avec trois jeunes gens, ses élèves, tous trois pléthoriques, affamés, silencieux et à lunettes.

Ces trois groupes étaient assis près du feu et se regardaient d'un air assez froid en attendant le souper. Parmi les voyageurs, un seul (il appartenait à la moins nombreuse des trois sociétés) parut disposé à entamer la conversation. Lançant une amorce à l'adresse du chef de la tribu la plus importante, tout en ayant l'air de ne parler qu'à ses deux compagnons, il fit remarquer, d'un ton qui permettait aux autres de lui répondre si bon leur semblait, que la journée avait été rude, et qu'il plaignait les dames. Il craignait que l'une des demoiselles ne fût pas une voyageuse rompue aux difficultés de la marche, et qu'elle ne fût accablée de fatigue depuis au moins deux ou trois heures.

Il avait ainsi attiré l'attention du père ; profitant de son avantage, il ajouta : « J'espère que mademoiselle est maintenant reposée et n'en est pas à regretter d'avoir entrepris son voyage. »

— Je vous suis bien obligé, monsieur, répondit le père ; ma fille est complètement remise et elle a pris un vif intérêt aux beautés de la nature.

— Elle n'est peut-être pas encore habituée aux montagnes ? demanda le voyageur insinuant.

— Non, elle n'est pas... hem !... habituée aux montagnes, répondit le père.

— Mais pour vous, monsieur, ces scènes n'ont rien de nouveau ? reprit le voyageur insinuant.

— Rien de... hem ! de bien nouveau, quoique je n'aie pas beaucoup voyagé ces dernières années », répliqua le père avec un geste majestueux de la main droite.

Le touriste insinuant, répondant à ce geste par un salut, passa à l'aînée des jeunes demoiselles, à laquelle il n'avait pas encore fait allusion, et lui parla naturellement des difficultés du chemin et des incommodités du campement.

« Il a naturellement fallu laisser les voitures et le fourgon à Martigny, dit la demoiselle, qui était un peu hautaine et réservée. L'impossibilité où l'on est de transporter jusqu'à cet endroit inaccessible une foule d'objets dont on a besoin, et l'obligation de laisser derrière soi une foule de choses auxquelles on est habitué est fort désagréable.

— En effet, c'est un endroit bien sauvage. »

La dame d'un certain âge, d'une mise irréprochable, et dont les manières, envisagées au point de vue mécanique, étaient la perfection même, intervint alors dans la conversation pour y placer son mot d'une voix douce.

« Mais c'est comme tant d'autres endroits qu'on est bien obligé de voir. Celui-ci est assez fameux pour qu'on ne puisse pas s'en dispenser.

— Oh! je ne m'y oppose pas le moins du monde, madame Général, je vous assure », répondit la demoiselle d'un ton d'insouciance.

Le frère des deux demoiselles avait quitté son siège pour aller ouvrir un piano qui se trouvait là, et il avait sifflé dedans avant de le refermer; il se rapprocha du feu d'un air indolent, le lorgnon à l'œil. Il portait un costume de voyage des plus complets.

« Ces individus-là sont diablement longs à donner le souper, dit-il en traînant ses paroles. Je voudrais bien savoir ce qu'ils vont nous servir. Quelqu'un en a-t-il la moindre idée?

— Ce ne sera toujours pas un homme rôti, je suppose, fit observer le compagnon du touriste insinuant.

— C'est assez probable. Que voulez-vous dire par là? demanda l'autre.

— Je veux dire que, comme vous n'êtes pas destiné à figurer dans le menu du souper qu'on va servir à la société, vous nous ferez peut-être bien le plaisir de ne pas vous rôtir devant le feu de la société », répliqua son interlocuteur.

Cette réponse fit perdre contenance au jeune homme ainsi interpellé, qui venait de s'installer au beau milieu de l'âtre, dans une pose pleine d'aisance, le lorgnon à l'œil, le dos au feu et les pans de sa redingote relevés sur ses bras, comme une volaille qu'on retrousse pour la mettre à la broche. Il semblait sur le point de demander encore une explication, lorsqu'on s'aperçut (car tous les yeux s'étaient tournés vers l'agresseur) que la jeune et jolie dame assise à ses côtés n'avait pas entendu cette conversation, attendu qu'elle était évanouie, la tête sur l'épaule de son mari.

« Je crois, dit celui-ci d'un ton radouci, que ce que j'ai de mieux à faire, c'est de la porter tout droit à sa chambre. Voulez-vous demander une lumière, continua-t-il en s'adressant au touriste insinuant, son ami, et appeler quelqu'un pour me montrer le chemin? »

Quand il fut parti, portant sa jeune femme dans ses bras, son ami, resté seul avec les autres visiteurs, se mit à se promener de long en large sans se rapprocher du feu, caressant d'un air rêveur sa moustache noire, comme pour prendre à son compte le sarcasme récent décoché contre le jeune homme bien mis. Tandis que celui-ci boudait dans un coin, le père dit d'un air hautain au compagnon du coupable :

« Votre ami, monsieur, est un peu vif; et sa vivacité lui a peut-être fait oublier ce qu'il doit à... hem !... Mais passons là-dessus. Votre ami est un peu vif, monsieur.

— C'est possible, monsieur, répliqua l'autre. Mais comme j'ai eu l'honneur de rencontrer ce gentleman à Genève, dans un hôtel où nous sommes descendus tous deux en compagnie d'une société d'élite, et comme j'ai eu l'honneur de lier connaissance avec ce gentleman dans le cours de plusieurs excursions subséquentes, je ne saurais rien entendre... même de la bouche d'une personne de votre tournure et de votre rang, monsieur... qui soit de nature à porter atteinte à la considération de ce gentleman.

— Je n'ai pas la moindre envie, monsieur, de porter atteinte à sa considération. En disant que votre ami s'est montré un peu vif, je n'y ai seulement pas songé. J'ai tout simplement fait cette remarque parce qu'il est clair que mon fils, auquel sa naissance et, hem !... son éducation donnent droit.... hem ! au titre de gentleman, aurait volontiers consenti (si on lui eût exprimé ce désir d'une façon convenable) à ce que le feu demeurât également accessible à tous les membres de la société ici présente; désir qui, en principe... hem !... me semble assez raisonnable.

— Bon, répliqua l'ami. Cela suffit, monsieur. Je suis le très humble serviteur de votre fils. Je prie votre fils d'agréer l'assurance de ma considération la plus profonde. Et maintenant, monsieur, je puis avouer franchement que mon ami a quelquefois l'esprit sarcastique.

— Cette dame est la femme de votre ami, monsieur?

— Oui, monsieur.

— Elle est fort jolie.

— Monsieur, elle est d'une beauté sans pareille. Il n'y a pas encore un an qu'ils sont mariés. Ce voyage est à la fois un voyage de lune de miel et un voyage artistique.

— Votre ami est artiste, monsieur?

— Oui, monsieur, ce qui ne l'empêche pas d'être un homme de bonne famille. Ses relations sont des plus distinguées. Ce n'est pas un simple artiste, c'est aussi un homme de haute lignée. Il se peut qu'il ait repoussé ses parents par orgueil, par vivacité, par esprit sarcastique, je veux bien aller jusque-là ; mais ils n'en sont pas moins ses parents. C'est ce que j'ai entrevu clairement à la lueur de quelques étincelles qui ont jailli naturellement de notre intimité. »

Le voyageur à la suite nombreuse, dont l'affabilité ne dégénérait pas en familiarité, pensa qu'il avait montré assez de condescendance comme cela. Il ne parla plus et le silence régna jusqu'au moment où le souper fut servi.

Avec le souper arriva un des jeunes moines (il ne paraissait pas y avoir de vieux moines dans le couvent) qui présida au repas. Le souper ressemblait à celui de la plupart des hôtels suisses. L'artiste vint tout tranquillement prendre sa place à table au moment où les autres convives s'asseyaient, sans avoir l'air de se rappeler le moins du monde sa récente escarmouche avec le voyageur si admirablement équipé.

Le souper terminé, la plus jeune des demoiselles sortit sans bruit du réfectoire. Lorsqu'elle eut refermé la porte tout doucement, elle ne sut pas trop de quel côté diriger ses pas ; mais, après avoir erré un moment à travers les nombreuses et sonores galeries, elle arriva à une salle où les domestiques étaient en train de souper. Elle demanda une lampe et se fit indiquer la chambre de la jeune dame.

Cette chambre se trouvait à l'étage supérieur, il fallut monter le grand escalier. La porte en ogive de la cellule de la dame était entre-bâillée. Après y avoir frappé deux ou trois fois sans recevoir de réponse, la jeune fille la poussa doucement et jeta un coup d'œil dans la chambre.

La dame reposait sur le lit, les yeux fermés et toute habillée, protégée contre le froid par la couverture et le châle qu'on avait jetés sur elle lorsqu'elle était revenue de son évanouissement. Une veilleuse placée dans la profonde embrasure de la croisée éclairait à peine cette salle voûtée. La visiteuse s'approcha timidement du lit et demanda tout bas :

« Allez-vous un peu mieux? »

La dame sommeillait et la douce voix qui lui adressait cette question ne suffit pas pour la réveiller. La visiteuse se tint immobile à son chevet, la regardant avec attention.

« Elle est bien jolie, se dit-elle. Je n'ai jamais vu un plus charmant visage ! »

D'une main douce et tranquille elle écarta du front de la dormeuse une boucle de cheveux égarée, puis elle toucha la main étendue en dehors des couvertures. La dormeuse ouvrit les yeux et tressaillit.

« N'ayez pas peur, madame, je ne suis qu'une des voyageuses d'en bas. J'étais venue vous demander si vous allez mieux.

— Beaucoup mieux, je vous remercie.

— Voulez-vous que je reste ici jusqu'à ce qu'il vienne quelqu'un ? Cela vous ferait-il plaisir ?

— Vous me ferez grand plaisir, car c'est bien isolé ici ; mais je crains que vous ne souffriez du froid.

— Le froid ne m'a jamais effrayée. Je suis plus forte que je ne le parais. »

Elle se dépêcha d'approcher du lit l'une des deux chaises grossières qui meublaient la cellule, et s'assit. L'autre, de son côté, s'empressa de tirer à elle la moitié d'un manteau de voyage et d'en couvrir sa compagne, de façon que son bras, en le retenant autour d'elle, reposait sur l'épaule de sa visiteuse.

« Vous avez si bien l'air d'une bonne petite garde-malade, dit la dame en souriant à la jeune fille, qu'il me semble qu'on vous a envoyée de chez moi pour me soigner.

— J'en suis bien aise.

— C'est moi plutôt ! J'étais justement en train d'en rêver avant de me réveiller tout à l'heure. Je veux parler du *chez-moi* de mon enfance, de ma jeunesse… d'avant mon mariage.

— C'est un étrange hasard qui nous rassemble enfin toutes les deux sous ce manteau dont vous m'avez enveloppée, dit la jeune fille ; car, savez-vous, je crois qu'il y a déjà quelque temps que je vous cherche.

— Que vous me cherchez, moi ?

— J'ai idée que j'ai là un petit billet que je devais vous remettre dès que je vous rencontrerais. Le voici. A moins que je ne me trompe beaucoup, il vous est adressé, n'est-ce pas ? »

La dame prit le billet, répondit *oui* et le lut. La visiteuse tenait ses regards fixés sur elle pendant qu'elle lisait. La lettre était très courte. La malade rougit un peu, approcha ses lèvres de la joue de la jeune fille et lui serra la main.

« Il me dit que la chère petite amie à laquelle il me présente sera une consolation pour moi un jour ou l'autre. Et il a bien raison, car vous me consolez dès notre première rencontre.

— Peut-être, dit la visiteuse avec un peu d'hésitation, peut-être ignorez-vous mon histoire? Peut-être ne vous l'a-t-il jamais racontée?

— Non.

— C'est juste. Pourquoi donc vous l'aurait-il racontée?.. Aujourd'hui je n'ai guère le droit de la raconter moi-même, car on m'a priée de la taire. Elle n'a d'ailleurs rien de bien intéressant, mais elle vous expliquerait pourquoi il faut que je vous prie de ne pas parler ici de cette lettre. Vous avez vu ma famille, je crois? Quelques-uns d'entre eux — je ne dirais pas cela à tout le monde — sont un peu fiers et ont quelques préjugés.

— Je vais vous rendre la lettre, répondit l'autre : comme cela mon mari ne la verra pas. Autrement il pourrait la trouver par hasard et en parler. Voulez-vous la remettre dans votre corsage, afin d'être bien sûre qu'elle ne s'égarera pas? »

La visiteuse la serra avec beaucoup de soin. Sa main mignonne tenait encore la lettre lorsqu'elles entendirent quelqu'un marcher dans la galerie.

« Je lui ai promis, dit la visiteuse en se levant, de lui écrire dès que je vous aurais vue (je ne pouvais pas manquer de vous rencontrer tôt ou tard) et de lui dire si vous étiez heureuse et bien portante. Ne dois-je pas lui dire qu'en effet vous êtes heureuse et bien portante?

— Oui, oui, oui! Dites que vous m'avez trouvée très heureuse et très bien portante. Dites aussi que je le remercie bien affectueusement et que je ne l'oublierai jamais.

— Je vous verrai demain matin, et plus tard, car nous ne saurions manquer de nous rencontrer. Bonsoir.

— Bonsoir. Merci, merci. Bonsoir, ma chère! »

Tout le monde s'étant retiré, le touriste insinuant se trouva seul dans la salle. En furetant, il découvrit le registre des voyageurs resté ouvert sur le piano. Il lut ces noms :

William Dorrit, esquire; Frédéric Dorrit, esquire; Édouard Dorrit, esquire; miss Dorrit; miss Amy Dorrit; Mme Général, et leur suite, se rendant de France en Italie.
M. et Mme Henri Gowan, se rendant de France en Italie.

Il ajouta à ces noms, en une petite écriture compliquée qui se terminait par un long et maigre paraphe, assez semblable à un lasso jeté autour des autres noms :

Blandois, de Paris, se rendant de France en Italie.

Puis, avec son nez qui s'abaissait sur sa moustache et sa moustache qui se relevait sur son nez, il gagna la cellule qui lui était destinée.

CHAPITRE II

MADAME GÉNÉRAL

Il devient indispensable de présenter au lecteur la dame accomplie qui occupait, dans la suite de la famille Dorrit, une position assez importante pour qu'on insérât son nom dans le livre des voyageurs.

Mme Général était la fille d'un dignitaire clérical d'une ville de cathédrale, où elle avait donné le ton jusqu'à l'époque où elle fut aussi près de sa quarante-cinquième année qu'il est possible à une demoiselle de l'être. Un intendant militaire de soixante ans, et d'une sévérité proverbiale dans l'armée, frappé de la gravité avec laquelle cette demoiselle conduisait, à grandes guides, l'équipage des convenances, à travers le dédale de la société provinciale, avait brigué, sur le tard, l'honneur de prendre place à côté d'elle sur le siège du froid équipage de cérémonie dont elle menait si bien l'attelage compliqué. Il avait été trouvé digne de cet honneur.

M. Général étant mort, et ayant été enseveli avec tous les honneurs dus à son rang, Mme Général eut la curiosité de demander combien de métal le défunt avait laissé entre les mains de son banquier. On découvrit alors que feu l'intendant militaire avait abusé de l'innocence de sa future en lui cachant qu'il avait placé ses fonds en viager quelques années avant de se marier, se contentant d'accuser un revenu qui, disait-il vaguement, représentait l'intérêt de son argent.

Dans cet état de choses l'idée vint à Mme Général qu'elle pourrait occuper ses loisirs à former l'esprit et les manières de quelque jeune fille de qualité; ou bien, qu'il ne serait pas au-dessous d'elle d'atteler les convenances au char de quelque riche héritière ou de quelque veuve, pour devenir à la fois le cocher et le conducteur de ce véhicule dans sa pérégrination à travers le dédale de la société.

Ce phénix était donc à louer, lorsque M. Dorrit, qui venait de toucher son héritage, informa ses banquiers qu'il désirait trouver une dame de bonne famille, bien élevée, accomplie, habituée à la bonne société, qui pût à la fois terminer l'éducation de ses filles et leur servir de chaperon. Les banquiers de M. Dorrit, en leur qualité de banquiers de la veuve, s'écrièrent tout de suite : « Mme Général ».

Moyennant la somme rondelette de 400 livres par an, M. Dorrit assura à ses filles la société et le chaperonnage de Mme Général.

Extérieurement, Mme Général, y compris ses jupes, qui entraient pour beaucoup dans la configuration de sa personne, était d'un aspect digne et imposant; ample et gravement volumineuse, elle était toujours à cheval sur les convenances. On aurait pu la mener (et on avait même fait cette expérience) au sommet des Alpes ou au fond des ruines d'Herculanum sans déranger un seul des plis de sa robe, ni déplacer une des épingles de sa toilette. Son visage et ses cheveux avaient bien une apparence un peu farineuse, comme si elle sortait de quelque moulin, mais c'était plutôt parce qu'il entrait beaucoup de craie dans l'argile terrestre de sa construction que parce qu'elle corrigeait son teint avec de la poudre d'iris, ou parce que ses cheveux grisonnaient. Ses yeux n'avaient aucune expression, mais cela tenait sans doute à ce qu'ils n'avaient rien à exprimer. Si elle avait peu de rides, cela tenait à ce que son esprit n'avait jamais tracé son nom ni aucune inscription sur cette physionomie distinguée.

Mme Général n'avait pas d'opinions. Sa méthode pour former l'esprit d'une élève consistait à empêcher cette élève de se former des opinions. Malgré son sentiment excessif des convenances, Mme Général elle-même ne pouvait nier qu'il n'existe en ce bas monde des choses et des idées inconvenantes; mais Mme Général trouvait moyen de s'en débarrasser en les mettant de côté et en ayant l'air de n'y pas croire. Un autre des procédés de Mme Général pour former l'esprit consistait à serrer toutes les difficultés au fond d'une armoire, afin de pouvoir mieux se faire l'illusion qu'elles n'existaient pas. C'était certainement la manière la plus commode de se tirer d'affaire, et, dans tous les cas, la plus convenable.

CHAPITRE III

RENCONTRE

Le lendemain matin, un soleil resplendissant éblouissait tous les yeux ; il ne neigeait plus, le brouillard s'était dissipé.

M. et Mme Gowan ne devaient partir que le lendemain, Mme Gowan ayant besoin de repos.

Mais la famille Dorrit partait. Après le déjeuner le courrier vint prévenir que le valet de chambre, les valets de pied, les deux femmes de chambre, les quatre guides et les quatorze mulets étaient prêts à partir. Les convives quittèrent donc le réfectoire pour rejoindre la cavalcade à la porte du couvent.

M. Gowan se tenait à l'écart, avec son cigare et son crayon ; mais M. Blandois était debout sur le seuil pour présenter ses respects aux dames. Lorsqu'il ôta galamment son chapeau de feutre mou à larges bords, pour saluer la petite Dorrit, la jeune fille trouva que ce voyageur basané avait une physionomie absolument sinistre. Mais comme son père et sa sœur recevaient avec assez de faveur les hommages du touriste, elle garda prudemment son opinion pour elle.

Voilà toute la caravane en marche. Parfois la route était assez large pour que la petite Dorrit et son père pussent s'avancer côte à côte. Alors elle était heureuse de le voir vêtu de drap fin et de fourrures, riche, libre, suivi et servi par de nombreux domestiques, contemplant les magnificences du paysage lointain, sans être gêné par de misérables obstacles qui pussent, comme autrefois, lui gâter la vue de la nature et jeter sur lui leur ombre funeste.

L'oncle Frédéric lui-même avait échappé à cette ombre néfaste au point de porter comme un autre les vêtements qu'on lui donnait, de faire quelques ablutions en l'honneur de la famille, et d'aller partout où on le conduisait avec un certain air de contentement animal qui semblait indiquer que l'air et le changement lui faisaient du bien. Sous tous les autres rapports, un seul excepté, il ne brillait d'aucun reflet qui ne fût emprunté à son frère. La seule transformation dont il se fût avisé de lui-même était un changement dans ses manières envers la plus jeune de ses nièces. Chaque jour sa politesse envers elle témoignait de plus en plus d'un respect marqué, que la vieillesse accorde rarement aux jeunes gens et qui ne semble guère compatible avec la convenance délicate que l'ex-musicien savait y mettre. C'est surtout lorsque Mlle Fanny venait de faire quelque algarade, qu'il saisissait la première occasion pour découvrir sa tête grise devant la petite Dorrit, pour l'aider à descendre de cheval ou à monter en voiture, ou pour lui montrer toute autre attention de ce genre, toujours avec la plus grande déférence.

Nos voyageurs formaient une noble compagnie, et il s'en fallait de bien peu que les aubergistes ne se missent à genoux devant eux. Partout où ils allaient, leur importance les précédait dans la personne du courrier qui galopait en avant, afin de s'assurer que l'on avait préparé les appartements.

Les équipages de la famille ornaient la cour de l'hôtel de Martigny, lorsque la famille revint de son excursion dans la montagne. Mais il y avait dans ce même hôtel un autre ornement, sur lequel M. Dorrit n'avait nullement compté. Deux voyageurs étrangers embellissaient de leur présence une des chambres qu'il avait retenues.

L'aubergiste, qui se tenait, chapeau bas, dans la cour, s'adressait au courrier et jurait ses grands dieux qu'il était perdu, désolé, profondément affligé, qu'il se regardait comme la bête la plus misérable et la plus infortunée. Il savait bien, disait-il, qu'il n'aurait jamais dû faire une pareille concession; mais la dame avait l'air si distingué, elle l'avait tellement supplié de lui laisser cette chambre rien qu'une petite demi-heure, qu'il n'avait pas eu le courage de résister. La petite demi-heure était écoulée, la dame et le monsieur qui l'accompagnait finissaient leur petit dessert et leur demi-tasse; la note était acquittée, on avait donné ordre d'atteler, ils allaient partir; mais grâce à la malheureuse étoile de l'hôte et par une malédiction du ciel, ils n'étaient pas encore partis.

Il faut renoncer à décrire l'indignation de M. Dorrit, qui s'était retourné au pied du grand escalier pour écouter ces excuses. Ce fut comme si la main d'un assassin venait de porter un coup à l'honneur de la famille. Le sentiment de sa propre dignité était tellement développé chez lui, qu'il apercevait une insulte préméditée là où personne n'aurait jamais songé à en voir seulement l'ombre. Sa

M. BLANDOIS ÉTAIT DEBOUT SUR LE SEUIL. (Voir p. 171.)

vie n'était qu'une longue agonie à la vue de tous les scalpels qu'il découvrait sans cesse occupés à disséquer sa dignité.

Aussi, sans vouloir rien entendre, il donna l'ordre d'aller chercher les chevaux et de recharger les bagages.

Mais comme le coupé de la dame très distinguée était déjà attelé à la porte de l'hôtel, l'aubergiste s'était esquivé pour lui donner connaissance de sa triste position. Les spectateurs rassemblés dans la cour apprirent cette démarche en voyant l'hôtelier descendre l'escalier à la suite du monsieur et de la dame en question, auxquels il indiquait d'un geste très animé la majesté offensée de M. Dorrit.

« Mille pardons ! dit le monsieur, quittant la dame et s'avançant tout seul; je ne sais pas ce que c'est que de parler longuement, et je n'entends pas grand'chose aux explications... mais la dame que j'accompagne tient beaucoup à ce qu'il n'y ait pas de tapage. Cette dame... ma mère pour tout dire... me charge de vous exprimer le désir qu'il n'y ait pas de tapage. »

M. Dorrit, toujours haletant sous le poids de son injure, adressa au monsieur, puis à la dame un salut raide, définitif et peu conciliant.

« Non, mais réellement... tenez, mon vieux, vous! (C'est ainsi que le jeune étranger s'adressait à Édouard Dorrit, esquire, sur lequel il se précipita comme sur un secours providentiel et inespéré.) Tâchons un peu d'arranger l'affaire à nous deux. Cette dame tient énormément à ce qu'il n'y ait pas de tapage. »

Édouard Dorrit, esquire, que l'autre avait tiré à l'écart par un de ses boutons, chercha à se donner un air diplomatique pour répondre :

« Vous avouerez que, lorsqu'on retient un tas de chambres d'avance et qu'elles vous appartiennent, ce n'est pas amusant d'y trouver logées des personnes qu'on ne connaît pas.

— Non, répondit l'autre. Je sais bien ça. Je le reconnais. C'est égal, tâchons un peu, vous et moi, d'arranger l'affaire et d'éviter du tapage. Ce n'est pas du tout la faute de cet individu; c'est celle de ma mère. Comme c'est une belle femme... très bien élevée par-dessus le marché... elle a eu beau jeu avec cet individu. Elle l'a complètement blousé.

— S'il en est ainsi... commença Édouard Dorrit, esquire.

— Rien de plus exact, parole d'honneur. Par conséquent, reprit le jeune gentleman, se retranchant derrière sa proposition principale, à quoi bon faire du tapage ?

— Edmond, dit la dame, du seuil de l'hôtel, j'espère que vous avez expliqué ou que vous êtes en train d'expliquer, à la satisfaction de monsieur et de sa famille, que cet obligeant aubergiste ne mérite aucun blâme ?

— Parole, madame, répliqua Edmond, je me mets en quatre pour y réussir. »

Sur ce il regarda fixement Édouard Dorrit, esquire, pendant l'espace de quelques secondes, puis s'écria dans un élan de subite confiance :

« Eh bien ! mon vieux, est-ce arrangé ?

— Je ne sais, après tout, ajouta la dame, faisant gracieusement deux ou trois pas vers M. Dorrit, si je ne ferais pas mieux de vous dire moi-même que j'ai promis à ce brave homme de prendre sur moi toutes les conséquences de mon imprudence lorsque je me suis permis d'occuper une chambre de l'appartement d'un voyageur absent, seulement le temps de dîner. Je n'avais pas la moindre idée que le propriétaire légitime pût revenir sitôt ; bien moins encore me doutais-je qu'il fût déjà de retour ; autrement je me serais hâtée de rendre mon salon mal acquis, et d'offrir, avec mes excuses, cette explication. J'espère qu'en disant ceci.... »

Un instant, la dame, qui avait son lorgnon à l'œil, demeura muette et immobile à la vue des deux demoiselles Dorrit. Au même instant Mlle Fanny, placée au premier plan d'un superbe tableau formé par la famille Dorrit, ses équipages et ses gens, serra le bras de sa sœur pour l'empêcher de changer de place, tandis que de l'autre main elle s'éventait d'une façon tout à fait distinguée, regardant la dame des pieds à la tête.

La dame, n'ayant pas tardé à se remettre (car c'était Mme Merdle, qui ne perdait pas facilement la tramontane), ajouta qu'elle espérait en avoir dit assez pour faire excuser la liberté qu'elle avait prise et rendre à cet honnête aubergiste une faveur qui lui était si précieuse. M. Dorrit, qui reçut toutes ces phrases comme autant de bouffées d'encens offertes devant l'autel de sa dignité, fit une réponse gracieuse et ajouta que ses gens... hem !... allaient reconduire les chevaux à l'écurie et qu'il... hem !... oublierait une circonstance qu'il avait d'abord considérée comme un affront, mais que maintenant il regardait comme un honneur. Sur ce Mme Merdle s'inclina devant lui ; et comme elle était douée d'un merveilleux empire sur sa physionomie, elle adressa un aimable sourire d'adieu aux deux sœurs, comme à deux demoiselles de qualité qu'elle trouvait charmantes, et qu'elle n'avait jamais eu le plaisir de rencontrer avant ce jour.

Il n'en fut pas de même de M. Sparkler. Ce jeune homme, frappé de mutisme et d'immobilité en même temps que sa mère, n'eut pas la force de secouer cette léthargie : il resta les yeux écarquillés, regardant sans bouger le tableau dont Mlle Fanny occupait le premier plan. Il fallut que sa mère le prît par le bras pour le réveiller et le conduire à la voiture. Il n'eut pas plus tôt pénétré dans le coupé, que le coussinet qui cachait le petit carreau placé derrière la voiture disparut et que l'œil de M. Sparkler vint en occuper la place. Il y resta jusqu'à ce qu'il fût devenu invisible, et probablement plus longtemps encore, ressemblant comme deux gouttes d'eau à l'œil d'un merlan étonné, ou à un œil mal fait encadré dans un grand médaillon.

Cette rencontre fit tant de plaisir à Mlle Fanny et lui fournit des sujets de réflexion si triomphants qu'elle devint beaucoup moins susceptible que d'habitude. Lorsque le cortège se remit en marche le lendemain, elle monta en voiture avec une gaîté et une bonne humeur qui étonnèrent beaucoup Mme Général.

D'étape en étape, en voyageant à petites journées, le cortège finit par arriver à Venise. La famille s'établit ou plutôt se dispersa pour quelque temps dans un immense palais du *Canal Grande*, dans lequel on aurait fait entrer six prisons comme celle de la Maréchaussée.

Dans ce rêve, plus incroyable que tous les autres, où toutes les rues étaient pavées d'eau, où le morne silence des jours et des nuits n'était rompu que par le tintement adouci des cloches, le murmure de l'eau et les cris des gondoliers tournant le coin des rues liquides, la petite Dorrit, désolée de n'avoir plus de tâche à remplir, s'asseyait à l'écart pour songer au passé. La famille Dorrit menait une existence très animée, allant à gauche, à droite, faisant de la nuit le jour; mais la timide petite Dorrit ne prenait point part à ces gaîtés et ne demandait qu'à rester seule.

Quelquefois, lorsqu'elle parvenait à se débarrasser des services tyranniques de sa femme de chambre trop assidue, qui était devenue sa maîtresse et une maîtresse très exigeante, elle montait dans une des gondoles amarrées devant la porte à des poteaux peints, et qui se tenaient toujours à la disposition de la famille, pour visiter tous les coins de cette étrange cité. Des promeneurs sociables, assis dans d'autres gondoles, commencèrent à se demander les uns aux autres quelle était cette jeune fille si mignonne qu'ils venaient de rencontrer, regardant autour d'elle d'un air rêveur et surpris. La petite Dorrit, ne se figurant guère qu'on prenait la peine de la remarquer ou de s'occuper de ses faits et gestes, n'en continuait pas moins à se promener à travers l'humide cité.

Mais sa place favorite était le balcon de sa chambre, qui s'avançait sur le canal, avec d'autres balcons au-dessous.

C'était un balcon de pierres de taille noircies par les années, construit dans un goût bizarre qui était venu de l'Orient avec une foule d'autres goûts non moins bizarres; et la petite Dorrit paraissait vraiment bien petite, penchée sur le balcon garni d'un large coussin, et regardant couler l'eau. Comme le soir elle préférait cet endroit à tout autre, les promeneurs ne tardèrent pas à l'y chercher des yeux, et, lorsqu'une gondole passait, plus d'un regard se levait vers le balcon, plus d'une voix disait : « Voilà cette petite Anglaise si mignonne, qui est toujours seule ».

A quoi pensait-elle? Elle pensait à la grille de la vieille prison; elle s'y voyait assise la nuit, avec la pauvre Maggy au retour de sa « soirée »; elle songeait toujours à d'autres endroits et à d'autres scènes qui appartenaient à une époque bien différente.

Elle écrivit à Clennam pour lui parler de sa nouvelle existence, qu'elle trouvait surtout étrange et qui l'attristait un peu. Elle lui donnait des nouvelles de Mme Gowan, et lui avouait qu'elle aurait souhaité pour elle un mari plus sérieux. Elle lui demandait des nouvelles de Plornish, de Maggy, et des siennes surtout, le priant de penser quelquefois à elle, et de ne pas croire un seul instant que la fortune l'eût changée. Il devait se la figurer telle qu'il l'avait connue, ayant les mêmes habitudes d'esprit et les mêmes sentiments.

CHAPITRE IV

IL Y A QUELQUE CHOSE QUI CLOCHE QUELQUE PART

Il y avait deux mois que la famille Dorrit était à Venise, lorsque William Dorrit, qui fréquentait tant de comtes et de marquis qu'il n'avait presque plus de temps à lui, réserva pourtant une certaine heure d'un certain jour pour tenir conférence avec Mme Général.

Ils parlèrent longuement d'Amy. M. Dorrit était choqué de la voir si différente des autres membres de la famille. Mme Général en était choquée également. Amy fut mandée.

« Amy, dit M. Dorrit, Mme Général et moi nous venons d'avoir une conversation à votre sujet : nous pensons tous deux que vous paraissez gênée ici… hem! Comment cela se fait-il? »

Un moment de silence.

« Je crois, père, qu'il me faut un peu de temps.

— *Papa* est une expression préférable, fait observer Mme Général. *Père* est devenu bien commun, ma chère, le mot de *papa* donne d'ailleurs aux lèvres une assez jolie forme. *Papa, pomme, poule, prunes* et *prismes* sont des mots excellents pour former les lèvres, surtout *prunes* et *prismes*. Vous verrez combien c'est utile quand on veut prendre un certain maintien dans le monde… se présenter dans un salon, par exemple… de dire : *papa, pommes, poule, prunes* et *prismes*.

— Ma fille, dit M. Dorrit, je vous prie de vous conformer… hem!… aux préceptes de Mme Général. »

La pauvre petite Dorrit, tournant un regard éploré vers cette vernisseuse distinguée, promit de faire son possible.

« Vous disiez, poursuivit M. Dorrit, qu'il vous faut du temps. Du temps ? Pour quoi faire ? »

Nouveau silence.

« Pour m'habituer à la nouveauté de ma vie, voilà tout ce que je voulais dire,... papa », finit par répliquer la petite Dorrit, fixant ses regards aimants sur son père.

M. Dorrit fronça les sourcils et fut loin d'avoir l'air satisfait.

« Amy, répondit-il, il me semble, je dois l'avouer, que vous avez eu bien assez de temps pour cela... hem !... Vous m'étonnez. Vous trompez mon attente. Fanny a su vaincre toutes ces difficultés ; pourquoi donc... hem !... ne les vaincriez-vous pas ?

— J'espère mieux réussir dorénavant, répliqua la petite Dorrit.

— J'espère aussi que vous ferez tous vos efforts pour cela, continua le père. Je ne suis pas content de vous. Vous rendez les soins de Mme Général une tâche ingrate. Vous... hem !... m'embarrassez beaucoup. Comme je le disais tout à l'heure à Mme Général, vous avez toujours été ma favorite ; j'ai toujours fait de vous une... hem !... amie et une compagne ; en revanche, je vous prie.. hem !... je vous prie très sérieusement de mieux vous conformer aux circonstances, et de faire scrupuleusement tout ce qui convient à... votre rang. »

Là-dessus Mme Général se leva, fit une révérence à fond, et se retira la bouche en cœur, comme si ses lèvres étaient en train d'adresser une muette invocation aux prunes et aux prismes.

« Père, dit la petite Dorrit, je regrette de vous avoir déplu. J'espère que vous n'êtes plus fâché contre moi.

— Amy, répondit le père, vous... hem !... vous me blessez sans cesse.

— Je vous blesse, père ! moi ?

— Il est... hem !... un sujet, continua M. Dorrit regardant tout autour de la chambre sans jamais diriger ses yeux vers le visage de sa fille ; un sujet pénible, une série d'événements que je désire... hem !... effacer complètement de ma mémoire. C'est là un désir que votre sœur a compris ; votre frère l'a compris également ; il n'est personne, pour peu qu'il ait de délicatesse et de sentiment, qui ne pût le comprendre, vous exceptée. Vous, Amy... hem !... vous seule venez sans cesse réveiller ces pénibles souvenirs, sans m'en parler précisément. »

Elle posa la main sur le bras de son père. Rien de plus.

Elle le toucha doucement. Peut-être cette main tremblante disait-elle avec beaucoup d'expression : « Songez à moi; rappelez-vous comme j'ai travaillé pour vous, pensez à tout le tourment que je me suis donné autrefois ». Mais Amy elle-même ne prononça pas un mot.

Il y avait dans ce geste un reproche qu'elle n'avait pas prévu. Le vieillard commença à se justifier, d'une façon irritée, embarrassée, maladroite.

« J'y suis resté pendant plus de vingt-trois ans. J'y étais... hem!... reconnu par tout le monde pour le chef. Je... hem!... je vous y ai fait respecter, Amy. Je... ha! hem!... j'y ai conquis une position pour ma famille. Je mérite bien quelque retour. Je le réclame, ce retour. Je vous le répète, effacez ce souvenir de la face de la terre et recommencez une vie nouvelle. Est-ce être trop exigeant? Voyons, trouvez-vous que ce soit être trop exigeant? »

Malgré son agitation, il avait soin de ne pas trop élever la voix, de peur que le valet de chambre n'attrapât à la volée quelques mots.

La main de la petite Dorrit était toujours posée sur son bras. Il se tut enfin. Après avoir regardé le plafond pendant quelque temps, il tourna ses yeux du côté de sa fille. Amy avait la tête penchée, et il ne put voir ses traits; mais dans le contact de sa main il y avait une éloquence tendre et tranquille, et sa pose abattue, loin de contenir l'ombre d'un reproche, ne respirait que l'amour. Alors le vieillard se mit à pleurer. Il s'écria qu'il n'était qu'une pauvre ruine, un pauvre misérable avec toute sa fortune. Il finit par la serrer dans ses bras.

« Chut, chut! mon cher père! Embrassez-moi! » Ce fut tout ce que dit la petite Dorrit.

Les larmes du vieillard furent bientôt séchées. Quelques minutes après, on aurait pu l'entendre, pour se réhabiliter à ses yeux de la faiblesse dont il venait de se rendre coupable en versant quelques pleurs, parler avec beaucoup de hauteur à son valet de chambre.

Au déjeuner de famille, vers la fin, l'oncle Frédéric raconta en passant que, la veille, sa nièce et lui avaient aperçu dans un musée la dame et le monsieur qu'ils avaient rencontrés au sommet du mont Saint-Bernard.

« J'oublie leur nom, dit-il. Mais il est probable que tu t'en souviens, William ? et toi aussi, Édouard ?

— Moi, j'ai d'assez bonnes raisons pour ne pas l'oublier, répondit le neveu.

— Je crois bien, ajouta Mlle Fanny, qui hocha la tête et lança un coup d'œil à sa sœur. Mais je soupçonne fort qu'on ne nous aurait pas parlé d'eux si notre oncle n'était pas tombé le nez là-dessus.

— J'aurais toujours parlé de notre rencontre avec M. et Mme Gowan, Fanny, dit la petite Dorrit, quand même notre oncle n'en aurait rien dit. Tu sais bien que c'est à peine si je t'ai vue depuis. Je comptais même en parler ce matin à déjeuner, car je désire rendre visite à Mme Gowan et faire connaissance avec elle, pourvu que papa et Mme Général n'y voient aucun inconvénient. »

Le visage de M. Dorrit se rembrunit. Supposant qu'Amy avait été mise en relation avec Mme Gowan par un individu indiscret du nom de Clennam, dont il conservait un souvenir assez vague, pour l'avoir connu avant de passer de l'état de chrysalide à celui de papillon, il allait défendre en dernier ressort tout rapport avec les Gowan, lorsque Édouard Dorrit daigna prendre part à la conversation. Le lorgnon à l'œil, il commença ainsi :

« Dites donc,... vous autres ! allez-vous-en, hein ! »

C'était une façon polie de faire entendre à deux laquais qui faisaient circuler les plats qu'on se dispenserait volontiers de leurs services pour le moment.

Les laquais ayant obéi à cet ordre, Édouard Dorrit commença en ces termes :

« Peut-être est-il bon pour votre gouverne de vous apprendre que ces Gowan, et l'on ne peut guère me soupçonner d'être bien disposé envers eux, surtout envers le mari, sont liés avec des gens de la plus haute volée, pour peu que cela fasse quelque chose à l'affaire.

— A mon avis, fit observer Mme Général, cela fait énormément. Si ce jeune couple est vraiment en relation avec des personnes d'importance et de distinction....

— Quant à cela, reprit Édouard Dorrit l'interrompant sans scrupule, vous pourrez en juger vous-même. Vous connaissez, au moins de réputation, le fameux Merdle ?

— Le grand Merdle ! s'écria Mme Général.

— Le Merdle, pour tout dire, répliqua Édouard Dorrit. Il est de leurs amis. Mme Gowan, la douairière, la mère de cet individu qui s'est montré si poli envers moi, est une amie intime de Mme Merdle, et je sais que nos ex-compagnons de voyage sont reçus chez elle.

— Dans ce cas, on ne pourrait trouver une meilleure garantie, dit Mme Général à M. Dorrit, levant ses mains gantées et s'inclinant comme pour rendre hommage à quelque veau d'or dont elle aurait eu là l'image devant elle.

— Je demanderai à mon fils... par pure curiosité... dit M. Dorrit avec un brusque changement de manières, comment il s'est procuré ce renseignement... hem!... opportun. »

Édouard expliqua qu'il avait rencontré M. Sparkler, l'individu de Martigny, et que M. Sparkler était fils de Mme Merdle et beau-fils de M. Merdle, et que M. Sparkler lui avait parlé des Gowan. Mme Merdle était pour le moment à Rome.

« Puisqu'il en est ainsi, dit M. Dorrit, je crois exprimer les sentiments... hem... de Mme Général aussi bien que les miens, en disant que je ne vois aucun inconvénient, mais... ha! hem!... tout au contraire... à ce que vous contentiez le désir que vous venez d'exprimer, Amy. J'espère que je puis... hem!... regarder ce désir (continua-t-il d'un ton d'encouragement et de pardon) comme d'un heureux augure. Il n'y a pas de mal à connaître ces gens-là; il est même convenable de les connaître. M. Merdle jouit d'une réputation... hem!... universelle. M. Merdle représente le grand homme des temps modernes. Le nom de Merdle est le nom de notre siècle. Je vous prie de faire force politesses de ma part à M. et à Mme Gowan, car nous... ha!... nous les cultiverons certainement! »

Cette superbe concession mit fin à la discussion. Personne ne remarqua que l'oncle Frédéric avait repoussé son assiette et oublié son déjeuner; mais, sauf la petite Dorrit, personne ne faisait guère attention à lui.

Mme Général se leva de table. La petite Dorrit ne tarda pas à la suivre. Lorsqu'il ne resta plus que Fanny et Édouard, qui causaient à voix basse, et M. William Dorrit, qui mangeait des figues en lisant un journal français, le vieil oncle attira l'attention de ces trois convives. Il se leva brusquement et frappa la table de son poing fermé en s'écriant :

« Frère, je proteste ! »

Le journal tomba des mains de M. Dorrit, qui resta absolument pétrifié, tenant à moitié chemin une figue qu'il allait porter à sa bouche. C'était quelque chose d'extraordinaire de voir ce vieillard décrépit s'exprimer avec tant d'énergie.

« Mon cher Frédéric ! s'écria William Dorrit d'un ton obligeant, qu'est-ce que vous avez? De quoi vous plaignez-vous?

« FRÈRE, JE PROTESTE! »

— Comment oses-tu bien? poursuivit l'autre, se tournant du côté de Fanny, comment oses-tu bien...? As-tu donc perdu la mémoire? N'as-tu pas de cœur?

— Mon oncle, s'écria Fanny effrayée et fondant en larmes, pourquoi m'attaquez-vous ainsi? Qu'ai-je fait?

— Ce que tu as fait, répondit le vieillard, indiquant le siège que la petite Dorrit venait de quitter. Où est ton amie affectueuse, cette amie plus précieuse que toutes les richesses du monde? Où est ta gardienne dévouée? Où est celle qui a été plus qu'une mère pour toi? Comment oses-tu te mettre au-dessus de celle qui a joué auprès

de toi tous ces rôles réunis? Fi donc! sœur dénaturée, fi donc!
— J'aime Amy, s'écria Mlle Fanny, pleurant et sanglotant, je l'aime autant que ma vie,.... mieux que ma vie. Je ne mérite pas de pareils reproches. Je suis aussi reconnaissante envers Amy, aussi aimante qu'il est possible de l'être. Je voudrais être morte. Jamais on ne m'a aussi cruellement méconnue. Et tout cela parce que je tiens à faire respecter la famille.

— Au diable le respect de la famille! s'écria le vieillard avec autant de mépris que d'indignation. Frère, je proteste contre l'orgueil, je proteste parce que, sachant ce que nous savons, après avoir vu ce que nous avons vu, aucun de nous n'a le droit de déprécier notre pauvre petite Amy, ou de lui causer le moindre chagrin. Toute prétention en ce sens, nous devons savoir que c'est une prétention odieuse, capable d'attirer sur nous la vengeance du ciel. Frère, je proteste devant Dieu contre toute prétention de ce genre! »

Lorsque sa main, qu'il avait levée au-dessus de sa tête, retomba sur la table, on aurait pu croire que le meuble tremblait sous le poing robuste d'un forgeron. Après quelques instants de silence, elle était redevenue aussi faible que jamais. Frédéric se dirigea de ce pas traînant qui lui était habituel vers son frère, posa sa main sur son épaule, et lui dit d'une voix adoucie :

« William, mon ami, je me suis cru obligé de parler. Pardonne-moi, mais je me suis cru obligé de parler comme cela. »

Puis il sortit, la taille aussi voûtée qu'à l'ordinaire, de la vaste salle à manger du palais vénitien, comme il sortait autrefois de la prison de la Maréchaussée.

CHAPITRE V

IL Y A QUELQUE CHOSE QUELQUE PART QUI VA BIEN

Être arrêté dans l'impasse où se trouvait acculé M. Henry Gowan; avoir déserté un camp par dépit, puis manquer des qualités nécessaires pour monter en grade dans l'autre, flâner en désœuvré sur un terrain neutre à les maudire tous les deux, c'est là une situation morale fort malsaine, à laquelle le temps n'apporte aucun remède.

D'ailleurs, l'habitude de chercher une sorte de consolation à se plaindre ou à se vanter d'être désappointé, est une habitude démoralisante ; elle ne tarde pas à produire une insouciance oisive, une complète indifférence pour tout ce qui exige un travail constant. Déprécier un chef-d'œuvre pour faire l'éloge d'une œuvre médiocre, devient un des grands bonheurs de ces caractères aigris, et l'on ne peut se jouer ainsi de la vérité sans en souffrir dans l'honnêteté de ses sentiments.

La nature hypocondre de Henry Gowan le poussait aussi à se vanter d'être pauvre ; peut-être donnait-il à entendre par là qu'il aurait dû être riche. De même il louait et décriait publiquement les Mollusques, de peur qu'on n'oubliât qu'il appartenait à cette illustre famille.

Grâce au bavardage évaporé de M. Henry Gowan, on ne tarda pas à savoir, partout où l'artiste conduisait Chérie, qu'il s'était marié sans consulter son illustre famille, à laquelle il avait eu beaucoup de peine à faire accepter sa femme. Dès les premiers jours de sa lune de miel, Minnie Gowan reconnut qu'elle passait pour la femme d'un homme qui avait dérogé en l'épousant, mais dont l'amour chevaleresque avait sauté à pieds joints par-dessus toutes les barrières sociales.

M. Blandois, de Paris, avait accompagné les Gowan jusqu'à Venise, où il fréquentait avec assiduité son ami l'artiste. Lorsqu'il avait rencontré pour la première fois à Genève ce brillant gentleman, Gowan ne savait pas trop s'il devait souffleter M. Blandois ou l'encourager. Mais Minnie ayant témoigné que le séduisant Blandois lui déplaisait et ce personnage étant assez mal vu dans l'hôtel, Gowan naturellement se mit à encourager les avances du touriste.

Pourquoi donc cette méchanceté? car ce n'était pas de la générosité. D'abord, Gowan s'opposait au premier désir exprimé par sa femme, parce que M. Meagles avait payé ses dettes et qu'il tenait à saisir la première occasion de proclamer hautement son indépendance. Ensuite il faisait de l'opposition à l'opinion générale, qui était très défavorable à Blandois, parce qu'il avait un mauvais caractère et qu'il ne voulait pas se donner la peine de le corriger.

La petite Dorrit eût été heureuse de se rendre toute seule chez Mme Gowan; mais comme Fanny, qui n'était pas encore revenue de l'impression causée par la protestation de l'oncle Frédéric (à vingt-quatre heures de date), avait offert de l'accompagner, les deux sœurs montèrent dans une des gondoles amarrées sous les fenêtres de M. Dorrit, et, escortées par le courrier, se rendirent en grande cérémonie chez Mme Gowan.

La porte fut ouverte par un serviteur souriant qui avait l'air d'un assassin repenti (ce n'était qu'un laquais provisoire), qui les fit entrer dans le salon où se tenait Mme Gowan, en annonçant que deux charmantes dames anglaises venaient rendre visite à la *padrona*.

Mme Gowan, qui était occupée à quelque travail d'aiguille, s'empressa de cacher son ouvrage dans un panier couvert et se leva d'un air embarrassé. Mlle Fanny lui témoigna une politesse des plus affables et dit les riens usuels avec une habileté consommée.

« Papa a été désolé, continua Fanny, de ne pouvoir nous accompagner aujourd'hui (il n'a pas un moment à lui, vu la quantité affreuse de gens qu'il connaît à Venise), et il m'a expressément recommandé de laisser sa carte pour M. Gowan. De peur d'oublier une commission que mon père m'a répétée au moins une douzaine de fois, permettez-moi, pour l'acquit de ma conscience, de déposer cette carte sur votre table. »

C'est ce qu'elle fit, toujours avec l'aisance d'un vétéran.

« Nous avons été charmés, reprit Fanny, d'apprendre que vous connaissez les Merdle. Nous espérons que ce sera une nouvelle occasion de rapprochement entre nous.

— Ce sont des amis de la famille de M. Gowan, répondit Minnie. Personnellement, je n'ai pas encore eu le plaisir d'être présentée à Mme Merdle, mais je présume que je ferai sa connaissance à Rome.

— Ah! tant mieux, répliqua Fanny, qui semblait faire d'aimables efforts pour modérer l'éclat éblouissant de sa propre supériorité. Je crois qu'elle vous plaira.

— Vous la connaissez beaucoup?

— A Londres, vous savez, dit Mlle Fanny avec un mouvement libre et ferme de ses jolies épaules, on connaît tout le monde. Nous l'avons rencontrée en route, avant de nous rendre ici, et, à vrai dire, papa a d'abord été irrité contre elle, parce qu'elle avait pris un des salons que nos gens avaient retenus pour nous. Mais, naturellement, cela n'a pas eu de suites, et nous sommes redevenus les meilleurs amis du monde. »

Bien que cette visite n'eût pas encore fourni à la petite Dorrit une occasion de causer elle-même avec Mme Gowan, il existait entre elles une entente muette qui suppléait aux paroles. Elle contemplait Chérie avec un intérêt vif et croissant; le son de sa voix la faisait tressaillir; rien de ce qui était près d'elle ou autour d'elle, rien de ce qui la concernait ne lui échappait.

« Vous vous êtes toujours bien portée, dit-elle enfin, depuis le soir où nous nous sommes rencontrées?

— Très bien, chère, et vous?

— Oh! moi, je me porte toujours bien, répliqua la petite Dorrit avec un peu de timidité. Je..., oui, merci. »

Il n'y avait aucun motif pour que la petite Dorrit hésitât et s'arrêtât, si ce n'est que Mme Gowan lui avait touché la main en lui parlant et que leurs regards s'étaient rencontrés. Quelque chose de craintif et de rêveur dans les grands yeux de Chérie avait soudain coupé la parole à la petite Dorrit.

« Vous ne savez pas que vous avez captivé mon mari et que je devrais presque être jalouse de vous? » reprit Mme Gowan.

La petite Dorrit secoua la tête en rougissant.

« S'il vous répète ce qu'il m'a dit à moi, il vous dira qu'il n'est pas de femme qui soit plus obligeante que vous, et cela sans avoir l'air seulement d'y penser.

— Il me juge trop favorablement, répondit la petite Dorrit.

— J'en doute ; mais ce dont je ne doute pas, c'est qu'il me faudra lui annoncer que vous êtes ici. Il ne me pardonnerait jamais si je vous laissais partir... vous et Mlle Dorrit... sans l'avoir prévenu. Voulez-vous bien permettre ? vous excuserez le désordre d'un atelier ? »

Ces questions étaient adressées à Mlle Fanny, qui répondit gracieusement qu'elle serait au contraire charmée et ravie au delà de toute expression. Mme Gowan s'approcha d'une porte, fit quelques pas dans la salle voisine et revint.

« Voulez-vous faire à Henry la grâce de visiter son atelier ? dit-elle. Je savais qu'il serait heureux de vous recevoir. »

La petite Dorrit entra devant les deux autres dames ; la première chose qu'elle aperçut en face d'elle fut Blandois, de Paris, drapé dans un grand manteau, coiffé d'un chapeau de brigand calabrais, debout sur une estrade au bout de l'atelier. Elle recula en voyant le voyageur qui lui souriait.

« N'ayez pas peur, dit Gowan, quittant son chevalet dressé derrière la porte. Ce n'est que Blandois. Il me sert de modèle aujourd'hui. Je croque une étude d'après lui. C'est toujours une économie en tirant parti de sa tête. Nous autres, pauvres rapins, nous n'avons pas d'argent à jeter par la fenêtre. »

Blandois, de Paris, ôta son chapeau à larges bords et salua les dames, sans quitter son coin.

« Mille pardons, dit-il, mais le *maestro* se montre si inexorable envers moi, que je n'ose pas bouger.... »

La petite Dorrit trouva que M. Blandois avait réellement l'air d'un sinistre brigand ; elle trouva aussi, au cours de la conversation, que le peintre traitait un peu trop sa femme comme une enfant sans conséquence. Elle eut en outre le chagrin de constater qu'il était emporté, violent et même cruel ; car, Blandois ayant agacé un gros chien qui était là, et le gros chien s'étant élancé vers Blandois, l'artiste le battit jusqu'à lui faire rendre du sang par la gueule. Quant à ce matamore de Blandois, il s'était sauvé précipitamment de l'atelier, tout pâle et tout tremblant.

Gowan accompagna les deux sœurs jusqu'au bas de l'escalier, s'excusant, sur un ton de plaisanterie, du modeste logis dont un pauvre diable de son espèce était obligé de se contenter. Au bord de l'eau, les deux dames reçurent les salutations de Blandois, qui était resté fort pâle depuis sa récente aventure, mais qui eut l'air de n'y attacher aucune importance, et se mit à rire lorsqu'on lui parla du chien.

Il y avait à peine une minute que la gondole des deux visiteuses glissait sur l'eau, lorsque la petite Dorrit s'aperçut que Fanny se donnait des airs plus superbes que la circonstance ne paraissait l'exiger ; elle regarda autour d'elle à travers la fenêtre et la porte de la gondole, pour découvrir la cause de ce phénomène, et elle vit qu'une autre gondole les suivait.

Cette gondole trouvait des moyens pleins d'artifice pour varier sa poursuite ; s'élançant parfois en avant, puis s'arrêtant pour les laisser passer ; d'autres fois, lorsque la voie était assez large, marchant de conserve avec elles ; d'autres fois suivant à l'arrière de façon à toucher la barque des deux sœurs.

« Qui est-ce donc? demanda la petite Dorrit.

— Tu sais bien,... cette buse, répondit laconiquement Mlle Fanny.

— Qui?

— Le jeune Sparkler. »

Comme elles arrivaient à la maison, elles virent la gondole du jeune Sparkler qui stationnait à leur porte, et le jeune Sparkler lui-même en train de demander si la famille était visible... par le plus grand des hasards, naturellement.

L'instant d'après, le jeune homme se présenta devant les deux demoiselles dans une pose que l'antiquité n'eût pas regardée comme d'un bon augure pour le succès de sa passion. Car les bateliers des jeunes filles, ayant été fort ennuyés de la poursuite de M. Sparkler, ménagèrent une si douce collision entre leur barque et celle de ce gentleman, qu'il fut renversé par sa base, comme une grande quille, et exhiba les semelles de ses bottes à la dame de ses pensées, tandis que le reste de son individu se débattait au fond du bateau entre les bras d'un de ses gondoliers.

Cependant Mlle Fanny ayant demandé avec beaucoup d'intérêt si le monsieur ne s'était pas fait mal, M. Sparkler se redressa plus

promptement qu'on n'aurait pu s'y attendre et bégaya en rougissant :
« Pas le moins du monde ». Mlle Fanny, ne se rappelant pas avoir
jamais rencontré ce jeune homme, continuait son chemin après avoir
répondu par un salut assez hautain, lorsque M. Sparkler s'avança
et se nomma. Même alors, elle ne put parvenir à se rappeler où elle
avait entendu ce nom, et il fallut que M. Sparkler lui expliquât qu'il
avait eu l'honneur de la rencontrer à Martigny. Alors seulement elle
daigna se souvenir de l'avoir déjà vu et demander si madame sa mère
se portait bien.

« Merci, bégaya M. Sparkler. A merveille,... c'est-à-dire assez
mal.

— A Venise ? demanda Mlle Fanny.

— A Rome, répondit M. Sparkler. Je suis ici tout seul. Je venais
faire une visite à M. Édouard Dorrit, et même à M. Dorrit père également,... en un mot à la famille. »

Se tournant d'un air gracieux vers ses gens, Mlle Fanny demanda
si son papa et son frère étaient à la maison. Sur leur réponse
affirmative, M. Sparkler offrit humblement le bras à Mlle Fanny, qui
l'accepta et monta le grand escalier, ornée de son berger. Si ce jeune
gentleman se figurait, comme c'est vraisemblable, qu'il avait affaire
à une demoiselle pas rouée du tout, il se trompait beaucoup.

M. Dorrit, cela va sans dire, fit grand accueil au beau-fils du
grand Merdle.

CHAPITRE VI

OÙ IL EST SURTOUT QUESTION DE PRUNES ET DE PRISMES

Depuis la protestation de l'oncle Frédéric, Fanny se montrait beaucoup plus affectueuse pour sa sœur, et la gratifiait volontiers de ses confidences. Elle lui déclara donc, un jour, que, pour sûr, Mme Général avait des vues matrimoniales sur leur père, et que, plutôt que d'accepter une belle-mère de ce genre, elle se déciderait à quitter la maison, en épousant M. Sparkler.

« O Fanny, je suis sûre que rien ne pourrait te décider à épouser ce jeune homme, s'écria la petite Dorrit.

— D'honneur, ma chère, répondit l'ex-danseuse avec un air de suprême indifférence, je n'en mettrais pas ma main au feu. On ne sait pas ce qui peut arriver. D'autant plus que cela me fournirait une foule d'occasions de rendre à cette grande dame, Mme Merdle, la monnaie de sa pièce, et je t'assure, Amy, que, dans ce cas, je ne tarderais pas à profiter de l'occasion. »

Là se bornèrent pour le moment les confidences; mais Fanny en avait dit assez pour faire jouer à Mme Général et à M. Sparkler un rôle important dans l'esprit de la petite Dorrit, et, à partir de ce jour, elle pensa beaucoup à ces deux personnages. Elle pensait aussi à Blandois, de Paris, plus souvent qu'elle ne l'eût désiré; mais comment ne pas penser à lui quand elle le rencontrait si souvent? Car M. Dorrit, séduit par les belles manières de M. Blandois et par ses compliments multipliés, avait autorisé le gentilhomme cosmopolite à fréquenter sa maison.

M. Dorrit ayant conçu l'idée de faire faire son portrait par Gowan, ce fut M. Blandois qui se chargea de négocier l'affaire avec son ami l'artiste. M. Gowan, naturellement, reçut ses ouvertures avec beaucoup de dédain, et finalement accepta l'aubaine, sous prétexte que le prix du portrait l'aiderait à acheter « du pain et du fromage ».

Les deux amis, le lendemain, se rendirent chez M. Dorrit pour parler de l'affaire. M. Dorrit les reçut en présence de ses filles et de M. Sparkler qui se trouvait là en visite, par un hasard surprenant.

M. Dorrit parla de sa proposition.

« Monsieur Dorrit, répondit Gowan, je sais que vous devez aller à Rome. Je compte en faire autant, car j'ai des amis dans cette ville. Puisque je me suis chargé de faire votre portrait, laissez-moi accomplir cette injustice à Rome et non pas ici. »

A quelques jours de là, M. Dorrit invita son futur peintre et Mme Gowan à dîner. A ce dîner, l'artiste se plaça sur son terrain habituel et parla de son désappointement.

Mme Gowan, elle aussi, fut placée sur son terrain habituel. Mlle Fanny savait parfaitement que les charmes de Mme Gowan avaient coûté très cher à son mari, que ce mariage avait causé un grand remue-ménage dans la famille Mollusque, et que Mme Gowan la mère, à moitié morte de chagrin, s'y était résolument opposée et ne s'était laissé vaincre que par ses sentiments maternels. Mme Général avait également appris que cette union disproportionnée avait donné lieu à beaucoup de chagrin et à de nombreux dissentiments. Quant au digne M. Meagles, on ne prononçait jamais son nom, si ce n'est pour reconnaître qu'il était assez naturel, de la part d'un individu de sa classe, d'avoir désiré tirer sa fille du bourbier de sa propre obscurité, et pour ajouter que personne ne pouvait le blâmer d'avoir fait tous ses efforts pour atteindre ce but.

La petite Dorrit portait un intérêt trop sincère et trop vigilant à la jolie femme qui était l'objet d'une croyance si facilement acceptée, pour risquer de se tromper dans l'exactitude de ses observations. Elle voyait bien que cette croyance même était pour quelque chose dans l'ombre de tristesse où vivait Mme Gowan, et elle devinait d'instinct la fausseté de ces bruits, mais ils n'en avaient pas moins pour résultat de mettre obstacle à sa liaison avec elle, en rendant les personnes élevées à l'école des *prunes* et des *prismes* de Mme Général, extrêmement polies envers Minnie, sans toutefois descendre jusqu'à l'intimité; et la petite Dorrit, comme élève de ce collège, était obligée d'en suivre humblement les règlements.

Cependant il existait déjà entre elles une entente sympathique qui les aurait aidées à vaincre des difficultés plus grandes que celle-là pour devenir amies, malgré des relations encore plus restreintes. Comme si le hasard eût voulu se montrer favorable à cette amitié, les deux jeunes femmes eurent une nouvelle preuve de conformité d'humeur et de sympathie dans l'aversion qu'elles éprouvaient l'une et l'autre pour Blandois, de Paris, aversion qui tenait de la répugnance, de l'horreur et de l'antipathie naturelle qu'inspire un odieux reptile.

Le séjour des Dorrit à Venise était arrivé à son terme; ils se rendirent à Rome avec toute leur suite. On avait retenu pour eux un très bel hôtel sur le Corso.

Dès leur arrivée à Rome, Amy eut l'occasion d'étudier une nouvelle modification de *prunes* et de *prismes*. Ils furent aussitôt honorés d'une visite de Mme Merdle, qui, cet hiver-là, appliquait en grand dans la Ville éternelle les préceptes professés par Mme Général. L'habileté que Fanny et la mère d'Edmond Sparkler déployèrent dans l'assaut qu'elles eurent ensemble dès cette première rencontre, éblouit la petite Dorrit comme le cliquetis des fleurets.

« Vous me voyez ravie, dit Mme Merdle, de renouer une connaissance commencée sous de si mauvais auspices à Martigny.

— A Martigny, naturellement, répéta Fanny, j'en suis charmée pour ma part.

— J'ai appris de mon fils, Edmond Sparkler, qu'il a déjà mis à profit l'heureux hasard de cette rencontre. Il est revenu enchanté de Venise.

— Vraiment? répliqua Fanny d'un air nonchalant. Y est-il resté longtemps?

— M. Dorrit serait aussi à même que moi de répondre à cette question, riposta Mme Merdle en se tournant vers ce gentleman, car Edmond lui doit une grande partie du plaisir qu'il y a trouvé pendant son séjour.

— Oh! cela ne vaut pas la peine d'en parler, dit Fanny. Je crois que papa a eu le plaisir d'inviter M. Sparkler à dîner deux ou trois fois, c'est bien peu de chose. Comme nous voyions un monde fou et que nous tenions table ouverte, il n'y a aucun mérite à avoir engagé monsieur votre fils.

— Excepté, ma chère, dit M. Dorrit, excepté que... hem!... j'ai eu beaucoup de plaisir à... hem!... témoigner, selon mes faibles moyens, la... ha! hem!... grande estime que m'inspire... hem! ainsi qu'à tout le monde... un caractère aussi distingué et aussi princier que celui de M. Merdle. »

Mme Merdle reçut ce compliment d'une façon très gracieuse.

« Il faut vous dire, madame Merdle, fit observer Fanny, comme pour remettre M. Sparkler au dernier plan, que papa professe une vive admiration pour M. Merdle.

— C'est à regret, madame, reprit M. Dorrit, que j'ai appris de M. Sparkler que... hem!... nous ne verrons probablement pas M. Merdle cet hiver.

— Il est vraiment si occupé, répliqua Mme Merdle, et on a si grand besoin de lui là-bas, que je crains qu'il ne puisse nous rejoindre ici. Il y a un siècle qu'il n'a quitté Londres. Vous, mademoiselle Dorrit, vous voyagez depuis longtemps?

— Oui vraiment... depuis un nombre incroyable d'années, répondit Fanny en grasseyant et avec un aplomb imperturbable.

— C'est ce que je pensais.

— Je n'en doute pas.

— J'espère néanmoins, reprit M. Dorrit, que si je n'ai pas le... hem! l'immense avantage de faire connaissance avec M. Merdle de ce côté-ci des Alpes ou de la Méditerranée, j'aurai cet honneur à mon retour en Angleterre. C'est un honneur que je désire vivement et que je saurais apprécier.

— M. Merdle, j'en suis convaincue, répliqua la femme de ce grand homme, en admirant Fanny à travers son lorgnon, ne l'appréciera pas moins de son côté. »

CHAPITRE VII

PARAIS! DISPARAIS!

M. et Mme Meagles, inquiets de la santé de Chérie et pressés du désir bien naturel de la revoir, se décidèrent à partir pour l'Italie. Avant de partir, ils prièrent Arthur Clennam de venir de temps en temps à leur villa pour voir si tout était en ordre.

Au cours d'une de ses visites, la respectable Mme Ticket lui raconta un incident bizarre. Depuis longtemps Tattycoran, dans un accès de colère, s'était enfuie de chez ses maîtres pour aller se mettre au service de Mlle Wade. M. Meagles, bien entendu, avait fait tout ce qu'il avait pu pour la ramener au logis. Mais Tattycoram, sous l'influence de sa nouvelle maîtresse, avait absolument refusé de suivre le brave M. Meagles. Depuis cette époque elle avait dû accompagner Mlle Wade dans ses pérégrinations, et l'on n'avait plus jamais entendu parler d'elle. Or Mme Ticket affirma à Arthur qu'elle avait aperçu la fugitive rôdant autour de la villa. Mme Ticket s'était élancée vers la grille, Tattycoram avait disparu. Clennam était assez disposé à regarder toute cette vision comme un rêve. Sans blesser la susceptibilité de Mme Ticket en lui confiant cette solution incivile du problème, il se contenta de garder son incrédulité pour lui; et c'est probablement ce qu'il aurait fait jusqu'à la fin de ses jours, sans une circonstance qui vint le faire changer d'avis.

Il descendait le Strand, à la nuit tombante, précédé par l'allumeur de réverbères, lorsqu'une file de voitures chargées de charbon obligea les piétons à s'arrêter sur le trottoir. Il aperçut alors devant lui Tattycoram avec un individu d'un aspect assez remarquable. C'était un homme à l'air fanfaron, au grand nez recourbé, dont la moustache noire était aussi fausse de ton que ses yeux l'étaient d'expression ; à sa façon de draper son long manteau, il était facile de reconnaître un étranger. Sa toilette annonçait un voyageur, et il paraissait n'avoir rejoint la jeune fille que depuis quelques instants.

L'embarras de voitures cessa et la foule, un moment arrêtée, put continuer son chemin. Clennam suivit Tattycoram et l'étranger.

Au moment où il avait pris cette résolution, et elle n'avait pas été longue à prendre, il fut de nouveau obligé de s'arrêter tout court. Ceux qu'il suivait s'engagèrent tout à coup dans le passage de l'Adelphi, Tattycoram servant évidemment de guide à l'étranger, et s'avancèrent tout droit comme pour gagner la terrasse qui domine la Tamise.

Clennam fit halte, suivant des yeux la jeune fille et l'étranger qui descendaient la rue. Lorsque le couple mystérieux eut disparu en tournant le coin obscur qui conduisait à la terrasse, il les suivit, affectant de son mieux l'air d'un promeneur oisif.

Lorsqu'il tourna le coin, Tattycoram et l'étranger s'avancèrent vers une personne qui se dirigeait de leur côté. Il reconnut tout de suite Mlle Wade.

Il fit une seconde halte, regardant du côté de la rue, comme s'il attendait quelqu'un. Lorsque les trois personnages se furent rejoints, l'inconnu ôta son chapeau et salua Mlle Wade. Tattycoram parut le présenter à sa maîtresse, en l'excusant d'être venu trop tôt ou trop tard, ou je ne sais quoi ; puis elle s'éloigna de quelques pas pour les laisser seuls. Mlle Wade et l'étranger se mirent alors à se promener sur la terrasse ; l'étranger avait l'air extrêmement poli et galant ; Mlle Wade, au contraire, semblait extrêmement hautaine et réservée.

Lorsqu'ils arrivèrent près du coin et rebroussèrent chemin, elle lui disait :

« Si je me prive pour cela, monsieur, c'est mon affaire. Ne vous occupez que de ce qui vous regarde. »

Arthur ne put deviner si Tattycoram se tenait à distance parce qu'elle ne devait pas entendre cette conversation, ou parce qu'elle savait d'avance de quoi il s'agissait. Quand ils se retournaient au bout de leur promenade, elle se retournait et faisait comme eux. Elle marchait les mains croisées devant elle en regardant la rivière.

Lorsque Mlle Wade et son compagnon revinrent, Mlle Wade disait :

« Il faut que vous attendiez jusqu'à demain.

— Mademoiselle, pardon, répondit-il, mais c'est vraiment bien désagréable! Cela ne peut donc pas s'arranger ce soir?

— Non. Je vous répète que je dois l'aller chercher moi-même avant de vous le donner. »

CLENNAM FIT HALTE.

Elle s'arrêta au milieu du chemin comme pour mettre fin à la conférence. L'inconnu s'arrêta aussi. Naturellement Tattycoram se rapprocha d'eux.

« Cela me gêne un peu, dit l'étranger, un peu, mais sacrebleu! ce n'est rien en comparaison du service rendu. Je me trouve sans argent ce soir, j'ai bien un excellent banquier dans cette ville, mais je préfère ne pas m'adresser à cette maison-là avant de pouvoir tirer sur elle pour une somme assez ronde.

— Henriette, dit Mlle Wade, entendez-vous avec lui... pour lui envoyer quelque argent demain. »

Tattycoram parla à l'étranger. Clennam remarqua que les yeux noirs et brillants de Tattycoram se fixaient sur l'étranger avec un air scrutateur et qu'elle évitait de le toucher en marchant à côté de lui.

L'étranger s'éloigna d'un pas rapide. Clennam aperçut bientôt les deux femmes près du passage. Elles descendirent tranquillement, bras dessus, bras dessous, d'un côté de l'impasse, puis traversèrent et remontèrent de l'autre côté. Mais lorsqu'elles eurent regagné le coin de la rue, elles reprirent l'allure régulière des personnes qui ont un but en vue et une certaine distance à parcourir. Elles se mirent à marcher assez rapidement, et Clennam hâta le pas afin de ne pas les quitter du regard.

Il fut très surpris de les voir entrer dans la rue du Patriarche, et plus surpris encore quand elles s'arrêtèrent devant la porte patriarcale. Un double coup de marteau assez discret, une clarté sur la chaussée à travers la porte ouverte, un court intervalle pour adresser une question à la bonne et recevoir la réponse, puis les deux visiteuses entrèrent et la porte se referma.

Après un intervalle de quelques minutes, Arthur frappa à son tour. La porte lui fut ouverte par la même bonne, qui mit le même empressement qu'autrefois à le conduire au salon de Flora. Flora était seule.

Arthur avait hâte d'expliquer le but de sa visite; mais il en fut empêché pour le moment par les reproches amicaux de Flora sur la rareté de ses apparitions.

« J'ai le plus vif désir, Flora, dit-il quand elle se décida à le laisser parler, de causer avec une personne qui se trouve en ce moment chez vous... avec M. Casby sans doute, une personne que je viens de voir entrer ici, et qui, sous l'influence de mauvais conseils, s'est enfuie de chez un de mes amis.

— Papa voit tant de monde et de si drôles de gens, répondit Flora en se levant, que je ne me permettrais pas de descendre chez lui pour tout autre que pour vous. Je reviens à l'instant. »

Flora revint et fit signe à Arthur de la suivre. Elle entra avec lui dans la chambre, où le Patriarche se trouvait déjà seul, ses chaussons de lisière sur le garde-cendre, faisant encore tourner ses pouces comme s'ils ne s'étaient pas arrêtés depuis la dernière visite d'Arthur.

« Monsieur Clennam, dit-il, je suis heureux de vous voir. J'espère que vous vous portez bien, monsieur; veuillez vous asseoir.

— J'avais compté, monsieur, répondit Clennam, qui prit un siège et regarda autour de lui avec un air de désappointement, j'avais compté ne pas vous trouver seul.

— Ah vraiment? répliqua le Patriarche d'un ton suave. Ah vraiment?

— C'est ce que je vous ai dit, papa, vous savez bien, s'écria Flora.

— Ah oui! répondit le Patriarche. Ah oui!

— Oserai-je vous prier, monsieur, demanda Clennam avec inquiétude, de me dire si Mlle Wade est partie?

— Mademoiselle...? Oh! vous lui donnez le nom de Wade, répondit M. Casby, c'est très convenable. »

Arthur répliqua vivement :

« Et vous, quel nom lui donnez-vous?

— Wade, répondit M. Casby. Oh! je ne l'appelle pas autrement.

— Je vous demande pardon, monsieur Casby.

— Du tout, du tout, dit le Patriarche, du tout!

— Mais Mlle Wade avait avec elle une bonne,... une jeune personne qui a été élevée par des amis à moi, et sur laquelle sa nouvelle maîtresse ne semble pas exercer une influence des plus salutaires. Je désire vivement être à même de faire savoir à mes amis que cette jeune fille n'a pas perdu tout droit à l'intérêt qu'ils lui portent encore.

— En vérité? en vérité? répliqua M. Casby.

— Seriez-vous donc assez bon pour me donner l'adresse de Mlle Wade?

— Que c'est dommage! comme c'est malheureux! Si vous m'aviez seulement demandé cela quand elles étaient encore ici! En effet, j'ai remarqué la personne en question, monsieur Clennam. Une jeune fille au visage un peu coloré, monsieur Clennam, avec des cheveux et des yeux très noirs, si je ne me trompe.... si je ne me trompe. »

Arthur lui expliqua qu'il ne se trompait pas, et répéta avec une nouvelle expression d'inquiétude :

« Seriez-vous assez bon pour me donner leur adresse?

— Là, là, là! quel dommage! s'écria le Patriarche d'un ton de doux regret. Quel dommage! je n'ai pas leur adresse, monsieur. Mlle Wade habite presque toujours à l'étranger, monsieur Clennam. Il peut s'écouler bien des années avant que je la revoie. Je puis même ne jamais la revoir. Quel dommage! quel dommage! »

Voyant qu'il ne tirerait rien du Patriarche, Arthur le quitta ; mais, considérant que c'était l'heure où M. Pancks avait l'habitude de sortir de son bureau, il l'attendit dans la rue. Au bout d'une minute, M. Pancks apparut, et Arthur lui demanda sans préambule :

« Je présume qu'elles étaient vraiment parties, Pancks ?

— Oui, elles étaient vraiment parties.

— Sait-il l'adresse de cette dame?

— Je l'ignore; mais je pense que oui.

— Savez-vous quelque chose sur le compte de Mlle Wade ?

— Je crois pouvoir me flatter, répliqua le digne remorqueur, d'en savoir sur son compte autant qu'elle en sait elle-même. Elle n'a jamais connu ses parents. Elle est seule au monde. On a confié à M. Casby, il y a longtemps de ça, quelque argent (pas beaucoup, je crois), qu'il doit remettre par petites sommes à cette dame, lorsqu'elle en a absolument besoin. Quelquefois elle est fière et reste des années sans rien demander; d'autres fois elle est si pauvre, qu'elle en demande tout de suite. Elle passe sa vie à se tordre comme une vipère blessée. Il n'y a pas au monde une femme plus colère, plus emportée, plus endurcie, plus vindicative. Elle est venue chercher de l'argent ce soir en disant qu'elle en avait un pressant besoin.

— Je crois, fit observer Clennam d'un ton rêveur, que j'ai appris par hasard pour quoi c'est, ou, du moins, dans quelle poche cet argent doit aller.

— Ce qui m'étonne, dit M. Pancks, c'est qu'elle n'ait pas encore fait l'affaire à mon propriétaire, comme étant le seul individu au fait de son histoire sur qui elle puisse mettre la main. A propos, je vous dirai, entre nous, que moi-même je me sens quelquefois disposé à lui faire son affaire.

— De grâce, Pancks, ne parlez pas ainsi!

— Entendons-nous, dit Pancks : je ne veux pas dire que je lui couperai la gorge. Mais par tout ce qu'il y a de sacré, s'il va trop loin, je lui couperai les cheveux! »

Après s'être montré sous un nouveau jour par cette terrible menace, M. Pancks, avec un visage plein de gravité, renifla plusieurs fois, et s'éloigna à toute vapeur.

CHAPITRE VIII

LES RÊVES DE MADAME JÉRÉMIE SE COMPLIQUENT

Clennam quitta son logis et son associé vers neuf heures, pour aller rendre visite à sa mère. Il venait d'entrer dans une rue étroite et montueuse, celle sur laquelle donnaient la cour et l'enceinte où se trouvait la maison de Mme Clennam, lorsqu'un autre pas se fit entendre au coin de la rue et le suivit de si près, qu'il se vit pousser contre le mur. Comme Arthur était plongé dans une profonde rêverie, il fut tellement surpris par ce choc imprévu, que l'autre lui avait déjà dit d'un ton tapageur : « Pardon ! pas ma faute ! » et avait passé devant lui avant qu'il eût eu seulement le temps de renaître à la réalité des objets qui l'entouraient.

Lorsqu'il reprit, pour ainsi dire, connaissance, il vit que l'homme qui venait de le dépasser était justement celui auquel il avait tant pensé depuis trois ou quatre jours. Ce n'était pas une ressemblance fortuite, rendue plus trompeuse encore par la vive impression que cette rencontre avait faite sur lui. C'était bien le même homme, l'homme qu'il avait vu marcher à côté de Tattycoram, et causer avec Mlle Wade.

Arrivé près de l'entrée de la maison de sa mère, il regarda le long de la rue ; elle était vide. Il n'y avait cependant là aucune ombre dont on eût pu profiter pour se cacher ; Clennam n'avait pas non plus entendu ouvrir ou fermer de porte.

Rêvant à cet étrange hasard, il s'approcha de la maison. Comme, selon son habitude, il levait les yeux vers les fenêtres faiblement éclairées de la chambre de sa mère, il aperçut, debout contre la grille de la petite cour d'entrée, l'homme qu'il cherchait, occupé aussi à regarder les croisées de Mme Clennam, en riant tout bas. Il ne tarda pas à s'avancer et, rejetant l'extrémité du manteau qui lui couvrait l'épaule, monta les marches inégales et frappa un bon coup à la porte.

Clennam traversa également la cour et gravit les marches. L'étranger, après l'avoir regardé d'un air fanfaron, frappa un second coup.

« Vous êtes impatient, monsieur, dit Arthur.

— En effet, monsieur. Mort de ma vie, monsieur! répondit l'étranger, c'est dans mon caractère d'être impatient. »

Au bruit que fit la prudente Mme Jérémie en assujettissant la chaîne avant d'entr'ouvrir la porte, les deux interlocuteurs tournèrent la tête de ce côté. Mme Flintwinch, ayant entre-bâillé la porte, apparut tenant à la main un chandelier et demanda :

« Qui donc frappe ainsi à une pareille heure?... Comment, Arthur! ajouta-t-elle d'un ton surpris en l'apercevant le premier. Mais ce ne peut pas être vous qui vous annonciez comme cela!... Ah! le ciel nous préserve! Non, s'écria-t-elle en apercevant l'inconnu, c'est l'autre qui est revenu!

— Mais oui, c'est encore moi, chère madame Flintwinch, répondit l'étranger. Ouvrez la porte, que je presse sur mon cœur mon ami Flintwinch.

— Il est sorti, répliqua Mme Jérémie.

— Dans ce cas allez le chercher! s'écria l'étranger. Allez le chercher, mon ami Flintwinch! Dites-lui que c'est son vieux Blandois, qui ne fait que d'arriver en Angleterre; dites-lui que son ami Blandois l'attend. Ouvrez la porte, belle madame Flintwinch, et, en attendant, laissez-moi monter pour présenter mes compliments... les hommages de Blandois... à madame! Madame vit toujours? C'est bien. Ouvrez-moi alors. »

A la grande surprise d'Arthur, Mme Jérémie, lui faisant de grands yeux, comme pour le prévenir qu'il ne devait pas se mêler de cette visite, décrocha la chaîne et ouvrit la porte. L'inconnu, sans plus de cérémonie, entra dans l'antichambre, laissant Arthur libre de le suivre ou non.

« Dépêchez! Allons, vivement! Amenez-moi mon Flintwinch! Annoncez-moi à madame, s'écria l'étranger arpentant bruyamment les dalles du vestibule.

— Affery, dit Arthur tout haut et d'un ton sévère (et ses yeux indignés toisaient l'étranger des pieds à la tête), qu'est-ce que c'est donc que ce monsieur-là?

— Affery, répéta l'inconnu à son tour; qu'est-ce... ha! ha! ha! qu'est-ce que c'est donc que ce monsieur-là? »

La voix de Mme Clennam se fit entendre d'en haut d'une façon fort opportune.

« AFFERY, QU'EST-CE QUE C'EST QUE CE MONSIEUR-LÀ? »

« Affery, disait la malade, laissez-les monter tous les deux. Arthur, venez me trouver tout de suite.

— Arthur! s'écria Blandois ôtant son chapeau qu'il tint à bras tendu pendant qu'il rapprochait ses deux jambes écartées en lui faisant un profond salut. Le fils de madame? Je suis le très dévoué serviteur du fils de madame. »

Arthur le regarda de nouveau d'une façon tout aussi peu flatteuse que la première fois, et, tournant sur ses talons sans répondre à son salut, monta l'escalier. L'inconnu le suivit. Mme Jérémie prit le passe-partout accroché derrière la porte, et vite alla chercher son époux.

« Madame, dit Blandois à Mme Clennam, faites-moi l'honneur de me présenter à monsieur votre fils. Il me semble, madame, que monsieur votre fils est disposé à m'en vouloir, il n'est pas poli.

— Monsieur, repartit vivement Arthur, qui que vous soyez, et quelle que soit l'affaire qui vous amène ici, soyez sûr que si j'étais le maître de cette maison, je vous aurais prié de passer le pas de la porte.

— Si vous étiez le maître, mais vous ne l'êtes pas, lui dit sa mère sans le regarder. Si j'avais lieu de me plaindre, je ne me serais pas adressée à d'autres, j'aurais parlé moi-même. »

Blandois, qui s'était assis, se mit à rire aux éclats, et se frappa bruyamment la jambe.

« Monsieur, poursuivit Mme Clennam, lors d'une première visite, nous a remis une lettre de recommandation d'une maison estimable et digne de confiance. Je ne sais pas du tout le but de sa visite actuelle. Je l'ignore complètement, et on ne saurait supposer que j'en aie la moindre idée (ici les sourcils déjà froncés de Mme Clennam se froncèrent davantage, tandis qu'elle appuyait fortement sur chaque mot); mais lorsque le gentleman m'expliquera l'objet de sa visite... ce que je le prierai de faire dès que Flintwinch sera revenu... je suis sûre que l'on verra qu'il s'agit d'une affaire qui rentre plus ou moins dans notre spécialité, et dont ce sera pour nous un devoir comme un plaisir de nous occuper. Il ne peut pas s'agir d'autre chose.

— C'est ce que nous allons voir, madame, répliqua l'autre.

— C'est ce que nous allons voir, répéta Mme Clennam. Monsieur connaît Flintwinch, et lorsqu'il est venu à Londres une première fois, je me rappelle avoir entendu dire qu'ils avaient passé la soirée ensemble, et s'étaient quittés très bons camarades. Vous voyez donc, Arthur, que monsieur est ici une connaissance et non un étranger; aussi est-il à regretter que, grâce à votre caractère déraisonnable, vous lui fassiez mauvais visage. Je le regrette et je le dis à monsieur. »

On entendit tourner la clef dans la serrure de la porte d'entrée. M. Flintwinch ne tarda pas à paraître. Dès qu'il fut dans la chambre, le visiteur se leva en riant tout haut et serra Jérémie dans ses bras.

« Comment ça va-t-il, ami de mon cœur? dit-il. Quelle existence menez-vous, mon Flintwinch? une existence couleur de rose? tant mieux! tant mieux! Ah! mais je vous trouve une mine charmante. Ah! le bon petit homme! le brave enfant! le bon garçon! »

Tout en prodiguant ces compliments à M. Flintwinch, Blandois, qui lui avait posé une main sur chaque épaule, le faisait tourner tant et tant, que les mouvements de l'associé de Mme Clennam finirent par ressembler à ceux d'un toton qui va tomber de guerre lasse.

La surprise, la colère, la honte, le soupçon, avec lesquels Arthur contempla cette scène le rendirent muet. M. Flintwinch, qui avait reculé de deux ou trois pas sous l'impulsion qu'on venait de lui communiquer, se rapprocha avec un visage aussi impassible que jamais, il était seulement un peu essoufflé et tenait ses regards fixés sur Arthur.

Au bout de quelques instants, le visiteur se leva et alla se placer devant la cheminée, tournant le dos au feu sacré qui brûlait là depuis tant d'années. Alors Mme Clennam, remuant une de ses mains pour adresser un geste d'adieu à Arthur, lui dit :

« Veuillez nous laisser à nos affaires, Arthur.

— Mère, j'obéis, mais à contre cœur. Bonsoir, mère.

— Bonsoir. »

Tandis qu'Affery lui ouvrait la porte de l'obscur vestibule, où il s'avançait à tâtons, Arthur lui dit : « Au nom du ciel, Affery, que se passe-t-il donc ici? »

Mme Jérémie, debout dans l'obscurité, la tête cachée dans son tablier, comme un grand fantôme, lui répondit d'une voix étouffée :

« Ne me faites pas de questions, Arthur : voilà je ne sais combien de temps que je ne fais que rêver. Allez-vous-en! »

CHAPITRE IX

OÙ LE LECTEUR ASSISTE A UNE GRANDE CONFÉRENCE PATRIOTIQUE

Le célèbre M. Merdle devenait de jour en jour plus célèbre. En l'absence de Mme Merdle, il continuait à tenir sa maison ouverte, afin que les flots de visiteurs pussent y aller et venir à leur gré. Quelques-uns de ces visiteurs ne se faisaient pas prier pour prendre possession de l'établissement. Trois ou quatre grandes dames pleines de vivacité et de distinction se disaient de temps en temps : « Allons dîner chez ce cher Merdle jeudi prochain. Qui inviterons-nous? » Ce cher Merdle recevait les ordres en conséquence, se mettait lourdement à table et, le repas terminé, se promenait lugubrement dans ses salons, sans qu'on fît autrement attention à sa présence, si ce n'est, peut-être, pour le regarder comme un trouble-fête.

Mme Merdle avait écrit à son magnifique époux lettres sur lettres pour lui rappeler que c'était le moment ou jamais de caser Edmond Sparkler. Mme Merdle y mit tant d'insistance que le sang lourd du banquier et ses longs parements de manche en étaient tout agités.

C'est dans cet état d'agitation que M. Merdle, contemplant à la dérobée les souliers de son maître d'hôtel, sans oser regarder en face ce terrible personnage, lui avait signifié son intention de donner un dîner distingué, pas un dîner très nombreux, mais un dîner très distingué. Le maître d'hôtel avait eu l'obligeance de déclarer qu'il n'avait aucune objection à donner un coup d'œil pour qu'on fît le plus de dépense possible en ce genre; et le jour de ce mémorable dîner était arrivé.

M. Merdle se tenait dans un de ses salons, le dos au feu, attendant l'arrivée de ses hôtes importants. Le journal du soir qu'il avait à la main ne parlait que de M. Merdle. Sa hardiesse merveilleuse, sa merveilleuse fortune, sa merveilleuse banque servaient à alimenter ce soir-là la feuille louangeuse. La merveilleuse banque dont il était à la fois l'inventeur, l'organisateur et le directeur, était le dernier des miracles financiers accompli par l'heureux capitaliste. Malgré tout, M. Merdle se montrait si modeste au milieu de ses brillants exploits qu'il ressemblait bien plus à un homme qui est sous le coup d'une saisie qu'à un colosse commercial, ouvrant, comme celui de Rhodes, ses deux jambes devant sa propre cheminée, pour laisser passer les petits caboteurs qu'il attendait à dîner.

Le repas était bien fait pour donner de l'appétit à qui en aurait manqué. Les plats les plus délicats, somptueusement préparés et somptueusement servis ; les fruits les plus beaux, les vins les plus exquis ; des chefs-d'œuvre d'orfèvrerie ; des porcelaines et des cristaux magnifiques, d'innombrables objets, destinés à flatter le goût, l'odorat et la vue, étaient réunis pour le plus grand plaisir des convives. Quel homme prodigieux que ce Merdle ! Quel grand homme ! Quel maître homme ! Quel ensemble de mérites, combien de qualités gracieuses !... En un mot, quel homme riche !

Selon sa coutume, il mangea ses misérables trente-six sous de nourriture de la façon indigeste qui lui était habituelle, et demeura aussi taciturne que l'a jamais été un homme célèbre. Cette particularité devint surtout remarquable lorsque l'avocat célèbre qui fréquentait la maison de M. Merdle dit en passant qu'il avait appris avec plaisir que nous allions bientôt enrôler dans la bonne cause (c'est-à-dire faire entrer à la Chambre des Communes) la solide et modeste sagacité... pas une de ces sagacités démonstratives ni vaniteuses, mais franchement solides et pratiques... de notre jeune ami M. Sparkler.

Le jeune Ferdinand Mollusque, secrétaire de lord Decimus, se mit à rire et répondit que c'était bien possible. Un vote est un vote, et pour un ministre ce n'est pas à dédaigner.

L'avocat regretta de ne pas avoir aperçu aujourd'hui notre jeune ami Sparkler. Cette observation s'adressait à M. Merdle.

« Il est en voyage avec Mme Merdle, répondit ce gentleman sortant lentement d'une longue rêverie au cours de laquelle il s'était amusé à faire glisser une cuiller dans sa manche. Il n'est pas indispensable qu'il soit sur les lieux.

— Le nom magique de Merdle, ajouta l'avocat, suffit bien sans aucun doute.

— Mais... oui... je le crois, répliqua M. Merdle remettant la cuiller sur la table et se cachant assez gauchement les mains sous les parements de ses manches; je crois que les gens qui sont là-bas dans mes intérêts ne feront aucune difficulté.

— Des électeurs modèles! dit l'avocat.

— Ils savent parfaitement, monsieur, ce qu'ils doivent à la Société. Ils nommeront qui je leur désignerai.

— Je suis charmé, dit l'avocat, tout à fait charmé de cette bonne nouvelle.

— A propos, demanda lord Decimus, jetant les yeux autour de la table, dites-moi donc ce que c'est que cette histoire d'un gentleman qui, après avoir été longtemps enfermé dans une prison pour dettes, s'est trouvé tout à coup d'une riche famille et possesseur d'un gros héritage. Je n'entends parler que de cela. Je ne vois dans les journaux que des allusions à cette aventure. Savez-vous quelque chose là-dessus, Ferdinand?

— Oh! pour ça, c'est une bonne histoire, répondit le jeune homme, je n'en connais pas de meilleure dans son genre. Ce M. Dorrit (il se nomme Dorrit) avait passé un contrat avec nous (des siècles avant que la bonne fée sortît de la banque pour lui livrer son héritage) et il n'avait pas tenu ses engagements. Il était associé dans une maison pour l'exploitation en grand de quelque chose... je ne sais trop quoi... des spiritueux ou des boutons de guêtres, du vin ou du cirage, de la laine ou du gruau, du porc ou des agrafes, du fer ou de la mélasse, des souliers ou toute autre fourniture pour les troupes. Cette maison fit faillite, et, en notre qualité de créanciers, nous avons poursuivi M. Dorrit avec toutes les formalités voulues. Lorsque la bonne fée lui apparut enfin et que son avoué se présenta pour nous payer, ma foi! nous avions par-dessus les yeux des signatures, des renvois, des contre-signatures *et cœtera*, si bien qu'il nous fallut six mois pour savoir comment accepter son argent et lui donner quittance. C'est là, voyez-vous, un des plus beaux triomphes administratifs que je sache, ajouta ce joli garçon de Ferdinand riant de bon cœur. Jamais vous n'avez vu remplir une telle masse d'imprimés: l'avoué de notre débiteur en était lui-même confondu. « Ah çà, me dit-il un jour,

« si, au lieu de vouloir vous payer deux ou trois mille livres sterling,
« je venais vous en demander le remboursement, vous ne feriez pas
« plus de difficultés. — Vous avez raison, mon vieux, lui ai-je répondu,
« et, à l'avenir, vous pourrez prendre notre défense quand on nous
« accusera de n'avoir rien à faire. »

L'aimable secrétaire intime termina en riant encore de tout son cœur. M. Tenace-Mollusque n'envisageait pas la question d'une façon aussi superficielle. Il en voulait à M. Dorrit d'avoir dérangé le ministère en s'obstinant à payer ce qu'il devait, et il regardait la chose comme une infraction aux règles établies, la dette étant si ancienne.

« Oserai-je demander, reprit lord Decimus, si ce M. Darrit... ou Dorrit... a des enfants ? »

Comme personne n'ouvrait la bouche, l'hôte répondit :

« Il a deux filles, milord.

— Oh ! vous le connaissez donc ?

— Mme Merdle le connaît, M. Sparkler aussi. Bref, je crois même que l'aînée de ces demoiselles a fait une vive impression sur Edmond Sparkler. »

M. Merdle se tut et contempla la nappe : c'est ce qu'il faisait presque toujours lorsqu'il savait qu'on l'écoutait ou qu'on le regardait.

Le dîner et le dessert durèrent trois grandes heures. Enfin, lord Decimus, sa demi-tasse à la main, se mit à flâner devant les tableaux, et on commença à se demander quand il cesserait sa promenade, pour permettre au menu fretin de monter au salon, chose impossible tant que leur noble chef ne leur en aurait pas donné l'exemple. Au bout d'une dizaine de minutes, après avoir plusieurs fois fait mine de déployer ses ailes sans réussir à s'envoler, le grand homme prit son essor vers l'étage supérieur.

Il s'éleva alors une difficulté qui se renouvelle chaque fois que l'on donne un dîner afin de réunir deux personnes qui ont à s'entretenir d'une affaire importante. Tout le monde savait parfaitement que ce repas avait été organisé pour fournir à lord Decimus et à M. Merdle l'occasion de causer ensemble pendant cinq minutes. L'occasion élaborée avec tant de peine et de soins était arrivée, et à partir de ce moment il sembla que toutes les ressources de l'esprit humain ne pourraient aboutir à faire seulement entrer dans le même salon les deux parties intéressées. M. Merdle et son noble convive s'obstinaient à errer aux extrémités opposées du paysage, chacun des deux feignant de ne pas songer à l'autre : feinte aussi ridicule et aussi transparente que si l'on avait lu leur véritable pensée écrite à la craie sur le dos de leur habit.

De guerre lasse, le célèbre avocat et l'aimable secrétaire, par une série de manœuvres habiles, arrivèrent à déposer M. Merdle sur une causeuse, à côté de lord Decimus, et la conférence allait s'ouvrir. C'était le moment ou jamais.

Les autres convives, émus et intéressés, formèrent un groupe autour de la cheminée du salon et feignirent de causer d'une foule de choses insignifiantes, tandis que les yeux et la pensée de chacun se tournaient en secret vers les deux plénipotentiaires, isolés sur la causeuse.

Ferdinand était le seul des invités qui voltigeât en éclaireur sur le flanc de la troupe des causeurs. Enfin, au bout d'un quart d'heure, lord Decimus appela « Ferdinand! » et l'aimable secrétaire intime prit place à la conférence, qui dura encore cinq minutes. Alors le chœur parlementaire put enfin respirer, car lord Decimus se leva pour prendre congé.

Le lendemain ou le surlendemain, les journaux annoncèrent à toute la ville qu'Edmond Sparkler, esquire, beau-fils de M. Merdle, ce banquier d'une renommée universelle, devenait un des lords du ministère des Circonlocutions ; et pour l'édification des fidèles on proclama que cette admirable nomination était un hommage rendu par l'aimable et gracieux Decimus à cet intérêt commercial qui doit toujours, dans un grand pays commercial, *et cœtera*, le tout suivi d'une fanfare triomphale de trompettes ministérielles. Alors, fortes de cet hommage respectueux du gouvernement, la merveilleuse banque et les autres merveilleuses entreprises du grand Merdle ne firent que hausser et prospérer à la Bourse. Une foule de badauds en vinrent jusqu'à visiter Harley-street, Cavendish-square, rien que pour admirer la maison qu'habitait le veau d'or.

CHAPITRE X

LES PROGRÈS D'UNE ÉPIDÉMIE

De même qu'un vaste incendie gronde et se fait entendre à une grande distance, de même la flamme sacrée sur laquelle les puissants Mollusques venaient de jeter de l'huile, donna plus d'éclat au nom du grand Merdle.

Les locataires de la cour du Cœur-Saignant qui n'avaient pas le sou, s'intéressaient à M. Merdle tout autant que les habitués de la Bourse. Mme Plornish, qui maintenant, grâce à la générosité de M. Dorrit, tenait un petit magasin d'épicerie, dans une bonne petite boutique à l'extrémité la plus fashionable de la cour, avec Maggy comme auxiliaire, ne parlait guère que de Merdle à ses pratiques. M. Plornish, qui s'était associé à un petit entrepreneur du voisinage, affirmait, truelle en main, sur les échafaudages ou sur les toits, qu'on lui avait dit que M. Merdle était le seul individu, voyez-vous, capable de nous faire obtenir ce que nous désirons tous, voyez-vous, et de nous mettre à notre aise, chacun chez nous. On disait (à voix basse) que M. Baptiste, le seul et unique locataire des Plornish, avait l'intention de placer dans les entreprises infaillibles de M. Merdle les économies que ses habitudes frugales lui permettaient d'amasser.

La fièvre d'enthousiasme faisait de tels ravages dans la cour du Cœur-Saignant, que les visites même de M. Pancks, venant toucher son loyer hebdomadaire, ne calmaient pas les malades. Seulement la maladie prenait alors une forme assez singulière et poussait ceux qui en étaient infectés à trouver des excuses et des consolations inconcevables rien que dans le nom magique de M. Merdle.

« Payez! disait M. Pancks à un retardataire.

— Je n'ai pas d'argent, monsieur Pancks; ah! si j'étais ce riche gentleman dont tout le monde parle,... si je m'appelais Merdle, monsieur, je vous aurais bien payé, et avec plaisir encore. »

M. Pancks se voyait donc réduit à prendre note du retard, en disant :

« Allons! vous recevrez la visite de l'huissier, et on vous mettra dehors, voilà tout. Qu'est-ce que vous avez besoin de me parler de M. Merdle! Vous n'êtes pas M. Merdle, ni moi non plus.

— Non, monsieur, avouait le locataire; plût à Dieu que vous le fussiez, monsieur. Vous seriez plus coulant avec nous si vous étiez M. Merdle, et cela n'en vaudrait que mieux pour tout le monde : pour nous comme pour vous, monsieur. Vous ne seriez pas obligé de nous tourmenter et de vous tourmenter vous-même par la même occasion. Vous seriez plus tranquille, et vous laisseriez les autres tranquilles, si vous étiez M. Merdle. »

M. Pancks, que ces compliments indirects avaient pour effet de rendre tout penaud, ne résistait jamais à cet assaut. Il ne savait plus que se mordre les ongles et se diriger en reniflant vers le retardataire le plus voisin. Le chœur des locataires se réunissait autour du débiteur que M. Pancks venait d'abandonner, et les rumeurs les plus extravagantes sur le chiffre de l'argent comptant que possédait M. Merdle circulaient parmi eux, à leur grande satisfaction.

Un jour, après une de ces nombreuses défaites, M. Pancks, ayant achevé sa tournée, se dirigea, le calepin sous le bras, vers le domicile de Mme Plornish: ce n'était point pour affaires, il s'agissait d'une simple visite de politesse. La journée avait été fatigante, et il éprouvait le besoin de se remonter un peu. Il entretenait maintenant des relations très amicales avec la famille Plornish, il venait souvent se reposer chez eux en pareille circonstance, et payer son tribut de souvenirs à Mlle Dorrit.

Avertie par la sonnette de la boutique, Mme Plornish accourut pour voir qui c'était.

« J'avais deviné que c'était vous, monsieur Pancks, dit-elle, car c'est votre jour, n'est-ce pas? »

M. Pancks, après avoir adressé à Mme Plornish son ronflement le plus amical, demanda si ce joyeux petit gaillard d'*Altro* était rentré. Mme Plornish répondit : « Non, pas encore, et pourtant, lorsqu'il est parti pour le West End, où il allait livrer de l'ouvrage, il nous avait dit qu'il serait revenu pour le thé.

— Et comment vont les affaires, madame Plornish ?

— Il est bien vrai, répondit Mme Plornish, que le commerce marche comme sur des roulettes, car nous avons une nombreuse clientèle, et, sans le crédit, monsieur, tout irait bien. »

En d'autres termes, si les Cœurs-Saignants avaient payé, leur proté-

M. PANCKS LE DÉCIDA. (Voir p. 215.)

gée se serait trouvée dans une situation très prospère; mais, comme ils se bornaient à prendre tout à crédit, les profits réalisés jusqu'à ce jour ne figuraient pas encore dans les livres de la maison Plornish.

Comme Mme Plornish donnait ces explications, Baptiste entra précipitamment, tout troublé.

« Holà! mon vieux, s'écria M. Pancks. Quoi donc, Altro? qu'est-ce que vous avez? »

M. Baptiste, ou signor Cavalletto, comprenait maintenant l'anglais aussi bien que M. Pancks lui-même, et ne le parlait pas trop mal.

« Entrons dans l'arrière-boutique, dit Baptiste et aussitôt il ajouta : J'ai vu quelqu'un, je l'ai rencontré.

— Qui, lui?

— Un mauvais homme, un très mauvais homme, j'espérais ne plus jamais le revoir.

— Vous a-t-il vu? demanda Mme Plornish.

— Non, je l'espère, je ne crois pas. »

Il répondait à ces questions avec une répugnance si visible que l'on cessa de l'interroger.

L'entrée de deux ou trois pratiques et l'arrivée de M. Plornish, qui se présentèrent à différents intervalles, maintinrent M. Baptiste dans des transes perpétuelles. Chaque fois que retentissait la sonnette, il s'attendait à voir arriver le méchant homme qui lui avait fait peur. On avait fini de prendre le thé, et les enfants étaient couchés, lorsque M. Clennam arriva.

L'associé de Daniel Doyce s'était attardé sur ses livres de comptes et sa correspondance. Il ne cessait depuis sa visite à sa mère de songer avec inquiétude au dernier incident, la visite de l'insolent étranger. Il paraissait triste et fatigué. Il souffrait en effet de la fatigue et de l'isolement, car il vivait seul depuis quelques jours, Daniel Doyce ayant été obligé de s'absenter. En sortant de son bureau, et avant de rentrer chez lui, il s'était détourné un peu de son chemin pour annoncer aux Plornish qu'il avait reçu une seconde lettre de Mlle Dorrit.

La sensation produite par cette nouvelle détourna de Cavalletto l'attention générale. Maggy, qui avait immédiatement pris place au premier plan, paraissait prête à dévorer les nouvelles de sa petite mère à la fois par les oreilles, le nez, la bouche et même par les yeux, s'ils n'avaient été remplis de larmes. Elle fut surtout enchantée lorsque Clennam l'assura qu'il y avait à Rome des hôpitaux où les malades étaient fort bien traités. M. Pancks gagna de plus en plus dans l'estime générale en l'honneur du souvenir spécial dont l'avait honoré la lettre de Mlle Dorrit. En voyant tout le monde content et vivement intéressé, Clennam fut amplement récompensé de la peine qu'il avait prise.

Comme M. Pancks chauffait à grand bruit sa vapeur afin de prendre congé, Clennam lui demanda s'il voulait bien faire route avec lui. M. Pancks lui ayant répondu, en toute sincérité, que ce serait avec le plus grand plaisir, les deux visiteurs partirent ensemble.

« Si vous vouliez bien pousser la complaisance jusqu'à m'accompagner chez moi, Pancks, dit Arthur lorsqu'ils se trouvèrent dans la rue, et partager avec moi la fortune du pot, ce serait presque un acte de charité; car je suis seul, fatigué, et je ne me sens pas du tout dans mon assiette ce soir.

— Volontiers, répondit M. Pancks. Je regrette seulement que vous n'ayez pas un plus grand service que celui-là à me demander; je vous le rendrais de bon cœur. »

Le service que M. Pancks rendit ce soir-là à Clennam, ce fut de le décider, par une série de calculs infaillibles et de raisonnements irréfutables, à placer les fonds disponibles de l'association Doyce et Clennam dans les entreprises de M. Merdle. D'ailleurs, prêchant d'exemple, Pancks, l'homme d'affaires, y avait déjà placé lui-même tout son avoir.

CHAPITRE XI

UN MARIAGE

Lorsque les Anglo-Saxons rassemblés sur les bords du Tibre jaune apprirent que leur intelligent compatriote M. Sparkler venait d'être nommé un des lords du ministère des Circonlocutions, cette nouvelle ne leur fit pas plus d'impression que les autres accidents ou les autres délits dont parlaient les journaux anglais. Les uns en rirent ; d'autres avancèrent, comme circonstance atténuante, que la place était une véritable sinécure, et que le premier imbécile venu pouvait la remplir, pourvu qu'il sût signer son nom.

Mme Merdle, quand on lui adressa des félicitations, fit circuler cette grande nouvelle avec une grâce indolente qui lui donnait une nouvelle valeur, comme la monture rehausse l'éclat d'une pierre précieuse.

« Oui, disait-elle, Edmond a accepté cette place. M. Merdle désirait qu'il l'acceptât, et il a cédé. J'espère qu'il s'y fera, mais je n'en sais vraiment rien. Cela le retiendra en ville pendant une grande partie de l'année, et il préfère de beaucoup le séjour de la campagne. Enfin ce n'est pas une position désagréable... et puis c'est une position. Cette nomination, on ne saurait le nier, peut passer pour une aimable attention à l'adresse de M. Merdle, et ce n'est pas non plus une mauvaise chose pour Edmond, s'il peut s'y habituer. Il n'y a pas de mal à ce qu'il ait quelque chose à faire, et il n'y a pas de mal non plus à ce qu'il soit payé pour le faire. Reste à savoir si cette nouvelle carrière conviendra mieux à Edmond que celle des armes. »

Tel qu'il était, M. Sparkler fut payé de sa constance et agréé par Fanny, malgré les remontrances d'Amy.

Lorsque M. William Dorrit apprit que sa fille aînée avait prêté l'oreille aux ouvertures matrimoniales de M. Sparkler, qu'elle lui avait même donné sa foi, il accueillit cette nouvelle avec beaucoup de dignité, mais aussi avec un orgueil paternel qu'il ne chercha pas à dissimuler. Sa dignité se gonflait à l'idée qu'une pareille alliance allait lui faciliter le moyen de faire des connaissances de plus en plus distinguées, et son orgueil était touché de l'empressement sympathique avec lequel Fanny secondait son vœu le plus cher. Il ne lui laissa donc pas ignorer qu'une si noble ambition éveillait dans son cœur paternel d'harmonieux échos, et lui donna même sa bénédiction, comme à une fille obéissante et dévouée qui se sacrifiait pour le plus grand honneur de la famille.

Quant à M. Sparkler, dès que sa prétendue lui permit de se montrer, M. Dorrit lui avoua sans détour que la proposition dont on daignait l'honorer lui souriait infiniment : d'abord parce qu'elle paraissait d'accord avec les affections spontanées de sa fille aînée ; ensuite, parce qu'elle permettait d'établir des relations de famille très flatteuses entre lui et M. Merdle, le génie des temps modernes. Il parla aussi en termes fort louangeurs de la mère de M. Edmond comme d'une dame que sa distinction, son élégance, sa grâce et sa beauté plaçaient au premier rang. Néanmoins il remplissait un devoir en faisant observer (il avait la conviction qu'un homme d'autant de bon sens que M. Sparkler saurait interpréter ses paroles avec toute la délicatesse possible) qu'il ne pourrait considérer la proposition comme définitive avant d'avoir eu l'avantage d'être mis en rapport avec M. Merdle, et de s'être assuré que ce gentleman consentirait à mettre miss Fanny Dorrit sur le pied dont la position sociale, la dot et les espérances de cette demoiselle devaient lui assurer le maintien (cela soit dit sans mériter le reproche d'entrer dans des débats mercenaires) vis-à-vis du grand monde. Mais tout en faisant cette réserve que lui imposait sa double qualité de père et de gentleman d'un certain rang, il ne voulait pas faire de la diplomatie en dissimulant que la demande de M. Sparkler le flattait. Il l'accueillait donc conditionnellement et remerciait M. Sparkler de l'honneur qu'il lui faisait en songeant à s'allier à sa famille. Il termina par quelques remarques générales sur... hem!... sa position de gentleman indépendant et... hem!... son caractère de père qui le rendait peut-être partial dans son admiration et sa tendresse pour sa fille. Bref, il reçut la demande de M. Sparkler à peu près comme il eût naguère reçu de lui un petit écu.

M. Dorrit, étant allé peu après présenter ses respects à Mme Merdle, fut reçu avec la plus grande considération. Mme Merdle avoua qu'Edmond lui avait parlé de cette affaire. Cela l'avait un peu étonnée tout d'abord, parce qu'elle ne supposait pas qu'il eût du goût pour le mariage ; la Société ne s'était pas figuré non plus qu'Edmond fût disposé à dire adieu à la vie de garçon.

« Dois-je avoir l'honneur de conclure, madame, demanda M. Dorrit, que le choix de M. Sparkler a... hem !... votre approbation ?

— Je vous assure, monsieur Dorrit, répondit Mme Merdle, que personnellement je suis ravie. »

M. Dorrit exprima l'espoir que le consentement de M. Merdle ne se ferait pas attendre.

« Je ne saurais, répliqua Mme Merdle, prendre sur moi de répondre positivement pour M. Merdle, les hommes, surtout les gentlemen que la Société nomme capitalistes, ne partageant pas toujours l'opinion des femmes sur les questions de ce genre. Mais il me semble... ceci n'est qu'une simple hypothèse de ma part, monsieur Dorrit... que M. Merdle sera ravi. »

Dans son épître à M. Merdle, comme dans ses dialogues et ses discours sur cette importante question, M. Dorrit entoura son sujet d'une foule d'enjolivements ; néanmoins il sut rendre l'objet de sa lettre assez clair pour permettre à M. Merdle de faire semblant d'en apprendre de lui la première nouvelle. M. Merdle répondit donc à M. Dorrit ; M. Dorrit répondit à M. Merdle, qui répondit à M. Dorrit, et on annonça bientôt au public que les puissances contractantes étaient d'accord.

« Les préliminaires étant ainsi réglés à ma satisfaction, dit M. Dorrit à sa fille aînée, je crois qu'il serait temps, ma chère, d'annoncer... hem !... officiellement à Mme Général....

— Papa, s'écria vivement Fanny, interrompant son père dès qu'il eut prononcé le nom de cette dame, je ne vois pas en quoi mon mariage regarde Mme Général.

— Ma chère, répondit M. Dorrit, c'est une simple attention

envers... hem!... une dame de bonne famille et de manières distinguées....

— Oh! ne me parlez pas de la famille et de la distinction de Mme Général! J'en ai par-dessus la tête, papa! Je suis fatiguée de Mme Général!

— Fatiguée? répéta M. Dorrit d'un ton de reproche mêlé de surprise, fatiguée de... hem!... Mme Général?

— Tout à fait dégoûtée d'elle, si vous aimez mieux, papa. Je ne vois vraiment pas en quoi mon mariage la regarde. Qu'elle s'occupe de ses propres projets matrimoniaux... si elle en a.

— Fanny, répondit M. Dorrit d'un ton de lente et pesante gravité qui formait un contraste avec le ton léger adopté par sa fille, je vous prie de vouloir bien... hem!... vous expliquer plus clairement.

— Je veux dire, papa, que si par hasard Mme Général nourrissait quelques projets matrimoniaux pour son propre compte, elle a bien là de quoi occuper tout son temps sans se mêler des miens. Si elle n'en nourrit pas, tant mieux; dans tous les cas, je ne tiens nullement à l'honneur de lui annoncer officiellement mon mariage.

— Pourquoi pas, Fanny? permettez-moi de vous le demander.

— Parce qu'elle peut très bien faire cette découverte par elle-même. Elle n'a pas, que je sache, ses yeux dans sa poche. Ce n'est pas d'aujourd'hui que je m'en aperçois. Qu'elle monte à son observatoire, et si elle n'est pas assez habile pour découvrir la chose à elle toute seule, eh bien, elle l'apprendra le jour de mon mariage. Et j'espère que vous ne m'accuserez pas de manquer à la piété filiale si je vous dis, papa, que, selon moi, ce sera toujours assez tôt pour elle. »

M. Dorrit quitta sa chaise avec un air de reproche sévère et se tint debout devant sa fille, drapé dans sa dignité. Fanny, faisant tourner le bracelet qui ornait son bras, tantôt levant les yeux sur lui, et tantôt les baissant, reprit :

« Je serais vraiment désolée de vous déplaire, papa; mais ce n'est pas ma faute. Je ne suis plus une enfant; je ne suis pas Amy, et il faut que je dise ma façon de penser.

— Fanny, reprit M. Dorrit avec effort après quelques instants d'un silence majestueux, si je vous prie de rester ici tandis que j'annoncerai officiellement moi-même à Mme Général, en sa qualité de dame exemplaire qui est devenue... hem!... un membre de notre famille... le... ah!... changement projeté; si non seulement... je... hem!... vous prie de rester, mais... ah!... vous l'ordonne...

— Oh! papa, dit Fanny avec une intention marquée, si vous y tenez tant que cela, il ne me reste plus qu'à obéir. Mais j'espère que vous ne m'empêcherez pas de penser ce que je voudrai, car vraiment cela me serait plus impossible que jamais. »

Fanny s'assit donc avec un air de soumission qui ressemblait assez à du défi : on sait que les extrêmes se touchent. Son père, dédaignant de répondre, ou ne sachant que dire, sonna son valet de chambre et lui dit d'un ton irrité :

« Mes compliments à Mme Général, et dites-lui que je la prie de me faire le plaisir de passer chez moi, si elle n'est pas autrement occupée. »

On entendit bientôt au dehors le frou-frou des jupes de Mme Général, et Mme Général se présenta avec son sang-froid habituel.

« Mme Général, dit M. Dorrit, veuillez prendre un siège. »

La veuve de l'intendant militaire remercia par une courbe gracieuse avant de se laisser glisser dans le fauteuil que lui offrait M. Dorrit.

« Madame, poursuivit ce gentleman, comme vous avez eu l'obligeance d'entreprendre... hem!... de former mes filles, et comme je suis persuadé que rien de ce qui les concerne ne saurait... hem!... vous être indifférent....

— Tout à fait impossible, fit observer Mme Général avec un calme merveilleux.

— ... je désire donc vous annoncer, madame, que ma fille ici présente.... »

Mme Général inclina légèrement la tête à l'adresse de Fanny, qui répondit par un salut très profond, puis se redressa avec beaucoup de raideur.

« ... que ma fille aînée a... hem!... a promis d'épouser M. Sparkler, que vous connaissez. Par conséquent, madame, vous allez être débarrassée d'une moitié de votre tâche difficile... hem! *difficile*, répéta M. Dorrit en lançant à Fanny un regard irrité. Mais ceci, je l'espère, ne... hem!... n'amènera aucun changement direct ou indirect dans la position que vous avez eu l'obligeance d'accepter auprès de ma famille.

— Monsieur Dorrit, répondit Mme Général, dont les mains gantées restèrent posées l'une sur l'autre dans un repos exemplaire, est plein d'égards, et mes petits services d'amitié ne valent pas l'estime qu'il en veut bien faire. (Fanny toussa, comme pour dire : « Vous avez bien raison ».) Mademoiselle Dorrit a sans doute fait preuve,

MADAME GÉNÉRAL CHANGEA LA POSITION RELATIVE DE SES GANTS.

dans ce choix, de toute la discrétion que permettaient les circonstances, et j'espère qu'elle voudra bien agréer mes félicitations les plus sincères. Dégagés des entraves de la passion, appuyés sur l'approbation des proches parents, et propres à cimenter le fier édifice d'une haute position sociale, de pareils événements ne sauraient causer que de la joie. Mademoiselle Dorrit me permettra donc de lui renouveler mes félicitations les plus cordiales. »

La veuve se tut et ajouta intérieurement, pour mieux composer son visage : « Papa, pomme, poules, prismes ».

« Monsieur Dorrit, ajouta-t-elle tout haut, est toujours obligeant;

et, en retour de la politesse et de l'honneur qu'il me fait en me communiquant si tôt cette nouvelle, je le prie encore une fois, ainsi que mademoiselle Dorrit, de recevoir mes remercîments. J'offre également, avec mes félicitations, mes remercîments à mademoiselle Dorrit.

— Pour ma part, fit observer Fanny, je suis très flattée... flattée au delà de toute expression. Vous ne pouvez pas vous figurer, madame Général, combien je suis heureuse de voir que vous ne désapprouviez pas mon choix. Je me sens soulagée d'un grand poids, je vous assure. Je ne sais vraiment pas ce que j'aurais fait si vous aviez présenté quelque objection, ma chère madame. »

Mme Général changea la position relative de ses gants, elle fit passer le droit sur le gauche et le gauche sous le droit, avec un sourire aux *prunes* et aux *prismes*.

« Je n'ai pas besoin de vous dire, madame Général, continua Fanny répondant à ce sourire par un autre sourire où il n'y avait aucune trace de ces ingrédients, que, lorsque je serai mariée, tous mes efforts tendront à mériter de plus en plus votre approbation... Le plus grand malheur qui pût m'arriver, ce serait de perdre votre estime. Mais je suis convaincue, connaissant votre bonté, que vous m'excuserez, et que papa m'excusera aussi, si je relève une légère erreur que vous venez de commettre. Vous êtes très sensible, je n'en doute pas, à l'honneur que vous fait, avez-vous dit, la confiance que nous venons de vous témoigner. Malheureusement pour moi, je n'y suis pour rien. Le mérite d'avoir un seul instant songé à vous demander votre avis me paraît si respectable, que je rougirais de me l'approprier, sachant que je n'y ai aucun droit. Tout l'honneur en revient à papa. »

Après avoir prononcé ce discours avec une extrême politesse, Fanny s'éloigna de l'air le plus élégant et le plus enjoué du monde, pour monter l'escalier quatre à quatre et se précipiter, le teint très animé, chez sa sœur, qu'elle traita de petite marmotte, et qu'elle secoua afin de lui faire ouvrir les yeux et les oreilles, tandis qu'elle lui racontait ce qui venait de se passer et lui demandait ce qu'elle pensait maintenant des manœuvres de Mme Général.

Vis-à-vis de Mme Merdle, Fanny se comporta avec beaucoup d'aisance et de sang-froid, mais sans risquer encore aucune déclaration de guerre. De temps en temps ces dames préludaient par de légères escarmouches, surtout lorsque Fanny se figurait que sa future belle-mère voulait se donner des airs protecteurs, ou bien qu'elle paraissait plus jeune ou plus belle qu'à l'ordinaire. Mais Mme Merdle mettait bien vite un terme à ces passes d'armes en s'enfonçant dans ses coussins d'un air de gracieuse indolence et en passant à un autre sujet de conversation.

Cependant l'hiver s'écoulait, le printemps s'approchait, et M. Sparkler était obligé de retourner en Angleterre pour y occuper son siège au Parlement et remplir ses fonctions au ministère ; il ne s'agissait donc plus que de savoir où, quand et comment M. Sparkler serait uni à Mlle Dorrit. Mlle Fanny, après quelques conférences secrètes et mystérieuses, annonça elle-même à la petite Dorrit la solution de cette grave question.

« Mon enfant, dit-elle un jour à sa sœur, il y a du nouveau ; la chose vient d'être décidée à l'instant, et, naturellement, je me suis empressée de te chercher partout pour te l'annoncer. Edmond est très malheureux de partir seul ; moi-même je ne suis pas tranquille, car s'il est possible de faire une sottise (et en général on trouve toujours moyen d'en faire), il n'y manquera pas. Cette femme (elle parlait de Mme Merdle, cela va sans dire) ne partira d'ici qu'après Pâques, de façon qu'en me mariant ici et en emmenant Edmond, j'aurai de l'avance sur elle. Nous logerons chez M. Merdle en attendant que notre appartement soit prêt, et voilà ! »

Le mariage fut célébré en grande pompe : des moines en frocs noirs, blancs ou bruns s'arrêtèrent pour regarder défiler les équipages. Des paysans vagabonds, vêtus de peaux de mouton, vinrent mendier et faire pleurer leurs cornemuses sous les fenêtres de l'hôtel Dorrit. Les volontaires anglais passèrent en revue le cortège. La matinée s'envole, l'heure des vêpres arrive. La fête expire peu à peu. Les mille églises de Rome avaient mis leurs cloches en branle, mais ce n'était pas pour ça. Fi donc ! un mariage hérétique ! Quant à l'église Saint-Pierre, elle déclara hautement que ça ne la regardait pas.

Cependant la mariée était déjà bien loin sur la route de Florence. Un des traits caractéristiques de cette noce, c'est qu'on n'y parlait guère que de la mariée. Personne ne s'occupait du marié ; personne non plus ne songeait à la première demoiselle d'honneur. Du reste, on ne pouvait guère la voir, la petite Dorrit, perdue comme elle était au milieu de l'éclat éblouissant de la fête. La mariée monta donc dans son charmant équipage, accompagnée, par occasion, de son mari; et après avoir roulé quelques minutes sur un pavé bien uni, elle commença à cahoter dans les ornières marécageuses de l'Ennui, à travers une longue, longue avenue de ruines et de décombres.

Dans le cas où la petite Dorrit se serait sentie un peu seule et un peu abattue ce soir-là, rien n'aurait été plus capable de dissiper sa tristesse que de pouvoir travailler, comme autrefois, auprès de son père, lui servir son souper et l'aider à se coucher. Mais il n'y fallait pas songer, maintenant qu'ils étaient installés dans l'équipage de grande cérémonie que conduisait Mme Général.

M. Dorrit, ce soir-là, fut sentencieux et didactique. S'il avait voulu être affectueux tout bonnement, il aurait fait beaucoup plus de bien à la petite Dorrit; mais elle l'accepta tel qu'il était (quand donc ne l'avait-elle pas accepté tel qu'il était?) et fit contre fortune bon cœur. Enfin, Mme Général se retira. Alors la petite Dorrit passa son bras autour du cou de son père, en lui disant bonsoir.

« Amy, ma chère, dit M. Dorrit en lui prenant la main, cette soirée couronne un jour qui... hem!... qui m'a vivement ému et charmé.

— Et un peu fatigué aussi, cher père?

— Non, du tout, je ne puis ressentir aucune fatigue à la suite d'une circonstance remplie... hem!... de joies aussi pures. »

La petite Dorrit fut enchantée de trouver son père dans d'aussi heureuses dispositions.

« Ma chère, continua M. Dorrit, c'est là un événement... hem!... qui doit servir d'exemple; qui doit vous servir d'exemple, à vous, mon enfant favorite et dévouée. »

La petite Dorrit, effrayée par ce préambule, ne sut que dire, bien que son père eût cessé de parler, comme s'il attendait une réponse.

« Amy, poursuivit-il après un moment de silence, votre chère sœur, notre Fanny, a contracté... ha! hem!... un mariage qui est de nature à étendre nos... hem!... relations et à... hem!... consolider notre position sociale. Mon amour, j'espère que le temps n'est pas loin où il se présentera pour vous... hem!... un parti convenable.

— Oh non! Laissez-moi rester auprès de vous, je vous en supplie et je vous en conjure. Je ne demande qu'à rester auprès de vous pour vous soigner. »

Elle prononça ces paroles en proie à une vive terreur.

« Allons, Amy, répondit M. Dorrit, pas d'enfantillage. Votre… hem!… position vous impose une certaine responsabilité. Vous êtes tenue de développer cette position et de vous en montrer digne. Quant à me soigner, je puis… ah!… me soigner moi-même. Ou bien, ajouta-t-il après un nouveau silence, s'il fallait quelqu'un pour me soigner, je… hem!… Dieu aidant… je peux me faire soigner. Mais je… hem!… ne saurais, ma chère enfant, me résoudre à vous accaparer, ou, pour ainsi dire, à vous sacrifier. »

N'était-il pas un peu tard pour commencer à faire preuve de tant d'abnégation? pour avoir l'air de s'en faire honneur? pour y croire, en supposant la chose possible?

Durant une longue nuit d'insomnie et de larmes, la petite Dorrit ne put s'empêcher de songer que son père ne voyait plus rien qu'à travers ses richesses, et le désir incessant de les conserver et de les accroître.

Au bout de trois semaines, M. Dorrit se mit en route pour rejoindre Fanny à Florence, où le jeune ménage avait établi son campement, avant de partir définitivement pour l'Angleterre. La petite Dorrit l'eût volontiers accompagné jusque-là, par pure affection pour lui, quitte à s'en revenir seule à Rome, rêvant à sa chère Angleterre. Mais, bien que l'on n'eût pas sous la main le courrier qui avait escorté la nouvelle mariée, le valet de chambre, M. Tinkler, était le second en grade, et le choix paternel ne devait pas tomber sur Amy, tant qu'il pourrait trouver à se faire accompagner par un serviteur à gages.

Mme Général prit les choses fort tranquillement, aussi tranquillement qu'elle prenait tout le reste… lorsque l'habitation romaine de M. Dorrit ne fut plus occupée que par la petite Dorrit et elle. Amy sortait souvent dans la voiture de louage qu'on leur avait laissée, descendait seule, et errait parmi les ruines de l'ancienne Rome.

CHAPITRE XII

ÇA MARCHE TOUJOURS

Les jeunes époux, à leur arrivée dans Harley-street, Cavendish-square, furent reçus par le maître d'hôtel. Cet important serviteur ne s'intéressait pas du tout à eux; mais en somme il voulut bien les souffrir. Il daigna donc regarder la voiture de voyage du haut des marches de son vestibule, sans froncer les sourcils; il poussa l'obligeance jusqu'à dire gentiment à un de ses gens : « Thomas, aidez à rentrer les bagages ». Il accompagna même la mariée jusqu'au salon où l'attendait M. Merdle; mais on doit regarder cette démarche active comme un hommage rendu au beau sexe, et non pas comme un précédent dont la famille pût se targuer.

M. Merdle se promenait d'un air timide devant sa cheminée, prêt à souhaiter la bienvenue à Mme Sparkler. Sa main parut remonter jusqu'au milieu de sa manche lorsqu'il s'avança au-devant d'elle; aussi, dans la poignée de main qu'il lui donna, y avait-il beaucoup plus de drap que de main.

Mme Sparkler, installée dans les appartements de réception... dans le sanctuaire intime d'édredon, de soie, de perse et de toile fine... sentit que jusque-là son triomphe était complet, et qu'elle faisait un pas de plus tous les jours. La veille de son mariage, elle avait donné à la femme de chambre de Mme Merdle, d'un air de gracieuse indifférence, en présence de sa maîtresse, un petit souvenir de rien (un bracelet, un chapeau et deux robes, tout battant neufs), qui valait au moins quatre fois les cadeaux que Mme Merdle avait autrefois faits à la danseuse. Elle était, pour le moment, installée dans l'appartement de cette dame, auquel on avait ajouté de nouveaux embellissements, afin de le rendre digne d'être occupé par son hôtesse nouvelle. Fanny avait lieu d'être heureuse.

Le courrier n'avait pas consenti à ce que M. Dorrit logeât chez un ami. Il avait préféré le conduire dans un hôtel de Brook-street, Grosnevor-square. M. Merdle commanda sa voiture pour le lendemain de bonne heure, afin de rendre visite à M. Dorrit dès qu'il aurait déjeuné.

Le lendemain, lorsque Mme Merdle se présenta à l'hôtel, M. Dorrit, en robe de chambre, le journal à la main, était en train de déjeuner. Le courrier, d'une voix agitée, annonça :

« M'sieu Mairdale ! »

M. Dorrit se leva d'un bond, son cœur battait bien fort.

« Monsieur Merdle, c'est... ha!... vraiment un honneur inespéré. Permettez-moi de vous exprimer... hem!... combien j'apprécie cette... ha! hem!... flatteuse marque d'attention. Je n'ignore pas, monsieur, que votre temps a une... hem!... valeur énorme. Daigner... ha!... m'accorder à une heure si matinale quelques-uns de vos précieux instants, c'est... hem!... un honneur qui m'inspire une vive reconnaissance. »

M. Merdle prononça, de sa voix de ventriloque un peu contenue et un peu hésitante, quelques mots qui ne signifiaient rien ; il termina en disant :

« Je suis charmé de vous voir, monsieur.

— Vous êtes bien bon, répliqua M. Dorrit ; vraiment trop bon. »

On avait avancé un siège pour le visiteur, qui, après s'être assis, passait sa grosse main sur son front épuisé.

« Lorsque j'ai laissé Mme Merdle à Rome, dit M. Dorrit d'un ton insinuant, elle était, ainsi que vous le savez sans doute, la belle des belles... hem!... la reine de toutes les fêtes, le charme de la société romaine. »

M. Merdle fit tourner sa langue dans sa bouche fermée (il paraissait avoir là une langue mal commode et peu flexible), s'humecta les lèvres, passa de nouveau la main sur son front, puis examina la chambre, surtout sous les chaises.

« Mais, dit-il ensuite regardant M. Dorrit en face pour la première fois et baissant immédiatement les yeux vers les boutons du gilet de son interlocuteur, puisque nous parlons de beauté, c'est de votre fille qu'il faudrait parler. Lorsque le jeune couple m'est arrivé hier soir, j'ai été vraiment surpris de voir tant de charmes. »

M. Dorrit se déclara très flatté.

« J'ai voulu commencer ma tournée par me faire conduire chez vous, dit Merdle, pour me mettre à vos ordres dans le cas où je pourrais vous être bon à quelque chose. D'ailleurs, je voulais vous dire ceci... J'espère bien que vous me ferez au moins l'honneur de dîner chez moi aujourd'hui et tous les jours où vous ne serez pas engagé pendant votre séjour à Londres. »

M. Dorrit fut ravi de ces attentions délicates.

« Restez-vous longtemps parmi nous, monsieur?

— Pour le moment, je n'ai pas l'intention, répondit M. Dorrit, de... ah!... dépasser une quinzaine de jours. Le climat de l'Italie convient si bien à ma santé que ma visite actuelle n'a... hem!... que deux motifs. D'abord, le... ha!... l'honneur et le privilège dont je jouis en ce moment et que je sais apprécier; ensuite, l'arrangement... hem!... le placement, c'est-à-dire le placement le plus avantageux possible de... hem!... mes capitaux.

— Eh bien, monsieur Dorrit, répliqua M. Merdle faisant encore tourner sa langue, si je puis vous être utile sous ce rapport, disposez de moi.

— J'aurais à peine, dit M. Dorrit, à peine... hem!... osé, je vous assure, compter sur l'immense avantage de pouvoir ainsi mettre à profit votre aide et vos conseils, bien que je fusse résolu, dans tous les cas, à faire comme... hem!... le reste du monde civilisé, et à suivre fidèlement les spéculations de M. Merdle.

— Il ne serait pas facile aujourd'hui, répliqua M. Merdle, pour un simple étranger, d'obtenir des actions dans de bonnes affaires,... je parle de mes bonnes affaires à moi, bien entendu,... à moins de payer une prime très élevée... ou, comme nous disons, nous autres capitalistes, un long chiffre. Mais, comme nous voilà un peu parents, je verrai, avec votre permission, si je ne pourrais pas exercer à votre profit le droit que je me réserve ordinairement de me permettre certaines préférences.

— Vous êtes bien bon, s'écria M. Dorrit. Vous êtes trop bon.

— Mon temps étant assez précieux, reprit alors le millionnaire se levant tout d'un coup, il faut que je me dirige vers la Cité. Voulez-vous que je vous mène quelque part, monsieur? »

M. Dorrit se rappela qu'il avait affaire chez son banquier. Son banquier habitait dans la Cité. Tant mieux ! M. Merdle le conduirait à la Cité. Et M. Merdle, en effet, le conduisit à la Cité. Ce fut un rêve délicieux pour M. Dorrit de se trouver assis dans ce char de triomphe qui poursuivit sa course magnifique vers ce but approprié à la circonstance, Lombard-street, la rue d'or des marchands d'argent.

Ce jour-là, bien que ce fût un dîner improvisé, M. Dorrit rencontra une brillante société, qui vint bénir le mariage de sa fille. Et ce jour-là, la fille de M. Dorrit commença, pour tout de bon, à rivaliser avec cette femme qui n'était pas présente ; elle commença si bien, que M. Dorrit aurait presque juré, au besoin, que Mme Sparkler avait été bercée toute jeune sur les genoux d'une duchesse, et qu'elle n'avait seulement jamais entendu prononcer un nom aussi baroque que celui de *Maréchaussée*.

Le lendemain et le surlendemain, nouveaux dîners ornés de convives de plus en plus distingués. Les cartes de visite pleuvaient chez M. Dorrit. Aux nombreux bureaux de M. Merdle dans la Cité, lorsque M. Dorrit s'y présentait pour affaires (et il s'y présentait assez souvent, car ses affaires allaient bon train), le nom de Dorrit servait de passeport pour arriver au grand financier. De sorte que le rêve devenait plus enivrant d'heure en heure, à mesure que M. Dorrit comprenait mieux tout le chemin que cette alliance lui avait fait faire dans le monde.

CHAPITRE XIII

DISPARITION

Le délai fixé par M. Dorrit pour son séjour à Londres n'avait plus que deux jours à courir, et ce gentleman allait s'habiller pour subir une nouvelle inspection du maître d'hôtel de M. Merdle, lorsque l'un des garçons de l'hôtel vint lui présenter une carte de visite. M. Dorrit, prenant cette carte, y vit le nom de :

Madame Finching.

Le garçon attendait ses ordres dans une attitude respectueuse.

« Dites donc, garçon, m'expliquerez-vous pourquoi vous m'avez apporté cette carte ridicule ? Ce nom m'est parfaitement inconnu. »

Le garçon recula devant le regard sévère de M. Dorrit, en répondant :

« Une dame, monsieur.

— Sachez que je ne connais pas de dame de ce nom. Emportez cette carte ; je ne connais pas de Finching, d'aucun sexe.

— Pardon, monsieur. La dame a dit qu'elle savait que son nom vous était inconnu ; mais elle m'a prié d'ajouter, monsieur, qu'elle avait eu l'honneur de connaître autrefois Mlle Dorrit,... Mlle Amy Dorrit. »

M. Dorrit fronça les sourcils et répondit après un moment d'hésitation :

« Dites à Mme *Finching* (il appuya sur ce nom plébéien comme pour indiquer que le garçon en était seul responsable) qu'elle peut monter. »

Il avait réfléchi dans l'intervalle que, s'il ne recevait pas cette dame, elle pourrait laisser en bas quelque message inopportun ou faire quelque allusion peu agréable à la position sociale qu'il avait occupée naguère.

« Je n'ai pas le plaisir de vous connaître, soit de nom, soit personnellement, dit M. Dorrit, qui se tenait debout, la carte à la main.... Avancez donc une chaise, monsieur.... »

Le serviteur responsable fit un soubresaut et obéit, puis s'éloigna sur la pointe des pieds. Flora, levant son voile avec une trépidation toute juvénile, se présenta à M. Dorrit.

« Je demande un million de pardons à M. Dorrit... et ce n'est pas assez pour le dérangement que je lui cause. Je dois avouer que je n'ai pas la prétention de vous connaître, poursuivit Flora; mais, ayant connu la chère petite... qui, vu le changement de circonstances, excusez cette allusion que vous pourriez croire indiscrète, rien n'est plus loin de ma pensée,... car Dieu sait qu'une demi-couronne c'était bien peu pour une ouvrière aussi habile,... et quant à voir là quelque chose de dégradant, bien au contraire,... toute peine mérite salaire... et plût à Dieu que l'ouvrier l'obtînt plus avantageux, avec une nourriture animale plus abondante et moins de rhumatismes dans le dos et dans les jambes.

— Madame, dit M. Dorrit respirant avec effort, si je dois comprendre que vous faites allusion... ah!... aux antécédents de... hem!... une de mes filles, impliquant... ah! hem!... une compensation pécuniaire, je m'empresse, madame, de vous faire remarquer que ce... ha!... fait, admettant que ce soit un... ha!... fait, n'est jamais arrivé à ma connaissance. Hem! je ne l'aurais pas souffert. Ah! jamais, jamais!

— Inutile d'appuyer là-dessus, reprit Flora, et pour rien au monde je n'en aurais parlé, si ce n'est parce que je supposais que cela me servirait de lettre de recommandation à vos yeux... faute de pouvoir m'en procurer une autre.... La chère petite était partie toute pâle et glacée de ma maison ou du moins de la maison de mon père... le jour où M. Clennam lui communiqua l'heureuse nouvelle qu'il tenait d'une personne du nom de Pancks,... c'est là ce qui m'a encouragée à venir. »

En entendant ces deux noms, M. Dorrit fronça les sourcils et dit :

« Faites-moi le plaisir de... ah!... m'apprendre ce que vous désirez de moi, madame.

— Monsieur Dorrit, dit Flora, vous êtes bien aimable de m'accorder cette permission. L'idée de la visite que je prends la liberté de vous faire vient de moi seule,... je n'ai consulté âme qui vive.

— Que désirez-vous de moi, madame? répéta M. Dorrit.

— Ce n'est pas très probable, je le sais, répliqua Flora, mais c'est possible, et comme c'est possible, dès que j'ai eu le plaisir d'apprendre par les journaux que vous étiez revenu d'Italie, et que vous ne tarderiez guère à y retourner, je me suis décidée à cette tentative, car vous pourriez bien le rencontrer ou entendre parler de lui,... ce qui serait un grand bonheur et un grand soulagement pour tout le monde!

— Permettez-moi de vous demander, madame, répliqua M. Dorrit dont ce bavardage commençait à embrouiller les idées, de qui... ha!... *de qui* vous voulez parler en ce moment.

— De l'étranger récemment arrivé d'Italie et qui a disparu dans la Cité, ainsi que vous l'avez sans doute lu dans les journaux, et, sans nous en rapporter aux informations recueillies par une personne du nom de Pancks, qui nous rapporte toutes les méchancetés atroces que débitent dans le quartier des gens qui jugent sans doute des autres par eux-mêmes.... Vous comprenez l'inquiétude et l'indignation de M. Clennam. »

Mme Finching, non sans peine, tira une affiche de sa poche et la présenta à M. Dorrit. Cette affiche annonçait qu'un gentleman étranger, du nom de Blandois, arrivé tout récemment de Venise, avait tout à coup disparu telle nuit, dans telle partie de la Cité; on savait qu'il était entré à telle heure dans telle maison; les habitants de ladite maison affirmaient qu'il en était sorti à minuit moins quelques minutes, mais on ne l'avait jamais revu depuis. M. Dorrit lut attentivement ces détails, ainsi que le signalement de l'étranger qui avait si mystérieusement disparu.

« Blandois! s'écria-t-il, Venise! Et ce signalement! Je connais ce gentleman. Il a été reçu chez moi. C'est l'ami intime d'un gentleman de bonne famille un peu gêné, que je... hem... protège.

— Alors mon humble requête sera d'autant plus pressante. Lorsque vous retournerez en Italie, je vous prie d'être assez bon pour chercher cet étranger tout le long des routes et des chemins de traverse; de demander de ses nouvelles dans les hôtels, auberges, vignobles, orangeries, volcans ou autres lieux; car il faut bien qu'il soit quelque part... Pourquoi ne se montre-t-il pas? pourquoi ne vient-il pas dire : *Me voilà !* pour disculper les gens?

— Puis-je savoir, madame, demanda M. Dorrit, consultant de nouveau l'affiche, ce que c'est que Clennam et Cie? ha! dont on parle à propos de la maison où l'on a vu M. Blandois : qu'est-ce que Clennam et Cie? S'agit-il de l'individu avec lequel j'ai eu autrefois... hem!... des relations passagères et auquel, si je ne me trompe, vous avez fait allusion tout à l'heure?... ha!... est-ce lui dont il s'agit?

— Il s'agit d'une tout autre personne, répondit Flora, d'une personne infirme, qui remplace ses jambes par des roulettes,... la plus lugubre des femmes, bien qu'elle soit sa mère.

— Clennam et Cie est... hem!... une mère! s'écria M. Dorrit.

— Et un vieux bonhomme tout tortu, par-dessus le marché, ajouta Mme Finching. Je ne vous retiendrai pas un instant de plus, si vous voulez avoir la bonté de me donner votre parole de gentilhomme que, le long de la route d'Italie, et en Italie même, vous chercherez ce M. Blandois dans tous les coins et que, dès que vous l'aurez trouvé, vous le forcerez à venir ici pour disculper tout le monde. »

M. Dorrit, un peu revenu de sa première surprise, put répondre sans trop de trouble qu'il regarderait comme un devoir de se livrer à ces recherches. Flora, enchantée du succès de son ambassade, se leva et prit congé.

Lorsque M. Dorrit, après avoir reconduit sa visiteuse jusqu'à la porte, eut le temps de rassembler ses idées, il trouva que l'entrevue avait réveillé chez lui des souvenirs qu'il croyait effacés, et qui jureraient à la table de M. Merdle. Il écrivit donc au banquier un billet laconique, s'excusant de ne pouvoir dîner avec lui ce jour-là. Il crut que son importance l'obligeait à approfondir l'affaire Blandois, afin d'être à même de faire part à M. Henry Gowan du résultat de ses investigations personnelles sur le compte de son ami. En attendant, il se décida à profiter de ce qu'il avait cette soirée libre pour se rendre chez Clennam et Cie, dont l'affiche indiquait l'adresse, examiner les localités, et faire lui-même une ou deux questions.

Le soir, quand il frappa à la porte de la maison Clennam, une chaîne grinça, et une vieille femme, la tête cachée sous son tablier, se montra à la porte entre-bâillée.

« Qui est là? » demanda-t-elle.

M. Dorrit, que cette apparition étonna beaucoup, répliqua qu'il arrivait d'Italie et qu'il désirait avoir quelques renseignements sur l'étranger qui avait disparu, et qu'il connaissait.

Jérémie, qui était aux écoutes, descendit, et sa femme se décida enfin à ouvrir la porte. Une voix ferme et décidée, une voix de femme pourtant, cria d'en haut :

« Qui est-ce, Jérémie?

— Qui c'est? répéta Jérémie. Encore une demande de renseignements. Un gentleman qui arrive d'Italie.

— Faites-le monter. »

Mme Clennam avait ses livres à côté d'elle, sur sa petite table.

« Oh! fit-elle brusquement, l'œil fixé sur le visiteur, vous arrivez d'Italie, monsieur? Eh bien, où est cet homme qui a disparu? J'espère que vous nous apportez de ses nouvelles?

— Au contraire, je... hem !... viens vous demander des renseignements.

— Malheureusement pour moi, je n'en ai pas à vous donner. Jérémie, montrez-lui l'avis imprimé. Donnez-lui-en plusieurs, qu'il pourra emporter. Eclairez-le pour qu'il le lise. »

Pour se donner le temps de la réflexion, M. Dorrit lut l'affiche, quoiqu'il en connût déjà le contenu.

« Maintenant, monsieur, dit Mme Clennam, vous en savez autant que nous. M. Blandois est donc votre ami?

— Non... hem !... une simple connaissance, répondit M. Dorrit.

— Il ne vous a pas chargé d'une commission, par hasard?

— Moi?... Ha... certes non. »

Mme Clennam abaissa peu à peu son regard scrutateur jusqu'au plancher, après avoir échangé un coup d'œil avec M. Flintwinch.

M. Dorrit expliqua qu'il était un homme du monde, habitant momentanément l'Italie avec sa famille et sa suite; ayant appris cette disparition, il avait désiré prendre ses informations, ayant en Italie un ami qui avait fréquenté assez intimement M. Blandois, et qui ne serait pas fâché d'avoir de ses nouvelles; en conséquence, il demandait la permission de poser trois questions.

« Trente si vous voulez, répondit Mme Clennam.
— Y a-t-il longtemps que vous connaissez M. Blandois?
— Pas douze mois.
— Vous a-t-il fait de nombreuses visites?
— Deux seulement.
— Venait-il pour affaires... hem!... à la date indiquée sur l'affiche?

M. DORRIT LUT L'AFFICHE.

— Pour ce qu'il appelait, lui, une affaire.
— Pardon, et cette affaire était-elle de nature à pouvoir être communiquée?
— Non.
— Je voulais savoir, par exemple, s'il n'aurait pas emporté de l'argent sur lui? demanda M. Dorrit.
— Pas d'argent à nous, monsieur; il n'a rien reçu ici.
— Je présume, fit observer M. Dorrit, dont le regard alla de Mme Clennam à M. Flintwinch, puis de M. Flintwinch à Mme Clennam, que vous ne pouvez pas vous rendre compte de ce mystère.

— Et pourquoi présumez-vous cela ? » répondit Mme Clennam.

Déconcerté par cette question, faite d'un ton froid et sec, M. Dorrit ne put expliquer le motif de sa supposition.

« Je m'explique très bien ce mystère, monsieur, poursuivit la dame après un silence embarrassé de M. Dorrit, car je suis persuadée que le sieur Blandois est en voyage ou qu'il se cache.

— Lui connaissez-vous... ha !... quelques raisons pour se cacher ?

— Non. Vous m'avez demandé si je ne me rendais pas compte de la disparition de cet homme, ajouta Mme Clennam avec beaucoup de raideur, et non pas si je pouvais vous en rendre compte à vous, monsieur. Je ne suis pas plus tenue de répondre à une pareille question, ce me semble, que vous n'avez le droit de me l'adresser. »

M. Dorrit s'excusa en s'inclinant. Comme il se levait et s'apprêtait à dire qu'il n'avait plus rien à demander, il ne put s'empêcher de remarquer le regard sombre que Mme Clennam fixait sur le plancher d'un air d'attente résolu, et la même expression révélée par les traits de Jérémie, qui, debout auprès du fauteuil à roulettes, les yeux également fixés sur le sol, se caressait le menton de la main droite.

M. Dorrit prit congé ; M. Jérémie l'éclaira et, ayant refermé la porte derrière lui, tira les verrous sans perdre un moment.

CHAPITRE XIV

UNE VISITE DÉSAGRÉABLE

Le banquet d'adieu fut splendide et couronna dignement la visite de M. Dorrit. Fanny ajoutait aux charmes de sa beauté et de sa jeunesse autant d'aplomb que si elle eût été mariée depuis vingt ans. Le père sentit qu'il pouvait, en toute sécurité, permettre à Mme Sparkler de voyager sans guide sur le chemin du grand monde, et il regretta que son autre fille ne ressemblât pas davantage à l'aînée. Néanmoins, au moment des adieux, Fanny le désappointa cruellement, en refusant de le charger d'aucune commission pour Mme Général.

Cependant la grandeur de son départ l'enivrait encore lorsqu'il regagna son hôtel. Le courrier et une demi-douzaine de valets se précipitèrent à la portière pour le recevoir. Déjà il traversait l'antichambre d'un air magnifique et serein, lorsqu'un spectacle inattendu le frappa tout à coup de mutisme et de stupeur : John Chivery revêtu de sa toilette la plus resplendissante, ne sachant quelle contenance tenir, un paquet de cigares à la main.

« Eh bien, jeune homme, dit la concierge de l'hôtel, voici la personne que vous demandez... Ce jeune homme a voulu attendre à toute force, monsieur, disant que vous seriez bien aise de le voir. »

M. Dorrit lança au jeune homme un regard furibond, faillit étouffer de colère, et lui dit d'un ton doucereux :

« Ah, John !... Mais oui, c'est le jeune John, si je ne me trompe, n'est-ce pas ?

— Oui, monsieur, répondit le jeune John.

— Je... ha !... je ne me trompais pas ! ajouta M. Dorrit. Ce brave garçon peut monter (s'adressant aux gens de l'hôtel et se dirigeant vers l'escalier). Que le petit John me suive. Je lui parlerai en haut. »

Le petit John le suivit, souriant et flatté. On arriva à l'appartement de M. Dorrit. On alluma les bougies. Les domestiques se retirèrent.

« Ah çà, monsieur, s'écria M. Dorrit, se retournant soudain et saisissant le pauvre John au collet dès qu'il se trouva seul avec lui, me direz-vous ce que cela signifie? »

La surprise et l'horreur qu'exprima la physionomie de l'infortuné visiteur furent telles que M. Dorrit retira sa main et se contenta de regarder le coupable d'un air irrité.

« Comment osez-vous venir ici? demanda-t-il. Comment avez-vous l'audace de vous présenter chez moi? Comment osez-vous m'insulter ainsi?

— Vous insulter? moi? s'écria John. Oh!

— Oui, monsieur, m'insulter! Votre présence chez moi est un affront, une impertinence, une audace sans nom! On n'a pas besoin de vous ici. Qui vous a envoyé à mon hôtel? Que... ha!... que diable me voulez-vous?

— J'avais cru, monsieur, répondit le pauvre John, pâle comme un linge, que vous ne refuseriez pas d'avoir la bonté d'accepter un paquet de....

— Que le diable emporte vos paquets, monsieur! s'écria M. Dorrit de plus en plus furieux. Je... hem!... je ne fume pas.

— Je vous demande mille pardons, monsieur.... Vous fumiez autrefois.

— Répétez ces paroles, s'écria M. Dorrit qui ne se connaissait plus de colère, et je prends les pincettes pour vous apprendre à parler ainsi.... »

John Chivery fit quelques pas en arrière, du côté de la porte.

« Arrêtez, monsieur! arrêtez! Asseyez-vous!... Que le diable vous emporte!... Asseyez-vous! »

Le visiteur se laissa tomber dans le fauteuil le plus rapproché de la porte, et M. Dorrit se promena de long en large dans la chambre, d'un pas très rapide d'abord, puis plus lentement. Il s'approcha un moment de la fenêtre et s'appuya le front contre la vitre. Tout à coup il se retourna pour demander :

« Et quel autre motif vous amène?

— Je n'avais aucun autre motif au monde pour venir, monsieur, je vous assure; je voulais seulement avoir de vos nouvelles et savoir si Mlle Amy se porte bien.

— Est-ce que cela vous regarde, monsieur? riposta M. Dorrit.

— Non, monsieur, je sais que ça ne me regarde plus. Je suis bien loin d'oublier la distance qui nous sépare, soyez-en sûr. Je sais que c'est une grande liberté, monsieur, mais j'étais loin de supposer que vous pussiez vous en fâcher. Ma parole d'honneur, monsieur, poursuivit le jeune John d'une voix émue, je vous assure que je suis encore assez fier, dans ce que je suis, pour ne pas avoir risqué cette visite si j'avais pu prévoir comment elle serait reçue. »

M. Dorrit fut tout honteux. Il retourna à la croisée et resta encore quelque temps, le front appuyé contre la vitre. Lorsqu'il se retourna, il tenait à la main un mouchoir avec lequel il venait de s'essuyer les yeux; il paraissait souffrant et fatigué.

« Petit John, je suis très fâché d'avoir été un peu vif, mais... ha!... il y a certains souvenirs qui ne sont pas agréables... et... hem! vous n'auriez pas dû venir.

— Je le vois bien maintenant, monsieur, mais je n'y avais pas pensé.... Dieu sait que c'était sans mauvaise intention.

— Je le sais, je le sais, j'en suis sûr. Ha! donnez-moi la main, petit John, donnez-moi la main. »

John la donna; mais M. Dorrit avait refoulé ses sentiments.

Il la donna toute seule : il n'avait plus le cœur sur la main, et sa mine, en dépit des avances tardives de M. Dorrit, resta blême et rechignée.

« Là! dit M. Dorrit, lui secouant lentement la main. Asseyez-vous donc encore, petit John.

— Merci, monsieur,... mais j'aime mieux rester debout. »

M. Dorrit s'assit. Après avoir tenu un instant sa tête dans ses mains, il se tourna vers son visiteur et lui dit d'une voix qu'il s'efforçait de rendre calme :

« Et comment va votre père, petit John? Comment... ha!... vont-ils tous, petit John?

— Merci, monsieur. Ils vont assez bien, monsieur. Ils n'ont pas à se plaindre. J'ai moi-même... (John hésita un peu) embrassé la profession de mon père.

— Ah! vraiment! Et êtes-vous quelquefois de... hem...?
— De garde, monsieur? oui, monsieur.
— Beaucoup de besogne, John?
— Oui, monsieur; pas mal pour le moment. Je vous souhaite le bonsoir, monsieur.
— Attendez un instant, John... ha!... attendez un instant. Hem!... Laissez-moi les cigares, John, je... ha!... vous prie.
— Avec plaisir, monsieur. »

John les posa sur la table d'une main tremblante.

« Attendez un instant, John,... encore un instant. Ce serait... ha!... une satisfaction pour moi d'envoyer par un messager aussi digne de confiance un petit... hem!... témoignage qui serait partagé entre les... ha! hem!... entre *eux*, vous savez bien, selon leurs besoins. Vous ne refuserez pas de vous charger de cette commission, John?

— Bien au contraire, monsieur. Il y a parmi eux bien des gens qui ont grand besoin de secours.

— Merci, John, je... ha!... vais vous écrire un mandat, John. »

Sa main tremblait tellement qu'il lui fallut beaucoup de temps pour barbouiller un griffonnage à peine lisible. C'était un mandat de cent livres (2500 francs) sur son banquier. Il le plia, le mit dans la main de John et la pressa dans les siennes.

« J'espère que vous... ha!... oublierez... hem!... ce qui vient de se passer, John?

— N'en parlons plus, monsieur, ça n'en vaut pas la peine. Je n'ai pas de rancune,... pas le moins du monde, je vous assure. »

Mais rien ne put rendre à la figure de John son expression et sa couleur naturelle.

« Et j'espère, John, reprit M. Dorrit, qu'il est... hem!... convenu entre nous que cet entretien est tout confidentiel, et que vous vous abstiendrez, en sortant, de dire à qui que ce soit un mot qui pourrait... hem!... faire supposer que... ha!... j'ai autrefois...

— Oh! je vous prie, monsieur, répondit John Chivery, de me croire trop fier et trop honorable, dans ce que je suis, pour rien faire de pareil. »

M. Dorrit, lui, ne fut pas trop fier ni trop honorable pour écouter à la porte afin de s'assurer que John sortait sans causer avec les gens de la maison. Il put s'assurer que le jeune homme quittait l'hôtel immédiatement et descendait la rue d'un pas rapide. Après être resté seul une heure environ, M. Dorrit sonna le courrier, qui le trouva assis devant la cheminée, tournant le dos à la porte.

« Vous pouvez prendre ce paquet de cigares pour fumer en route, si vous voulez, dit M. Dorrit avec un geste plein de nonchalance. Ha!... ils m'ont été apportés par... hem!... C'est un petit souvenir d'un... ha!... du fils d'un de mes vieux fermiers. »

Le soleil du lendemain vit l'équipage de M. Dorrit roulant sur la route de Douvres.

CHAPITRE XV

LES DEUX FRÈRES

Lorsque M. Dorrit arriva de nuit à Rome, les siens avaient cessé de l'attendre pour ce jour-là, ne pensant pas qu'il voyagerait si tard à travers la campagne romaine. Aussi, lorsque la berline s'arrêta devant la porte, le concierge seul se présenta pour recevoir son maître.

« Mlle Dorrit est-elle sortie? demanda le voyageur.

— Non, monsieur, elle est à la maison.

— Très bien, dit M. Dorrit aux domestiques qui arrivaient à la hâte, vous pouvez rester où vous êtes. Aidez à déballer la voiture : je saurai bien trouver ma fille tout seul. »

Il monta donc le grand escalier lentement, d'un pas fatigué, traversa plusieurs salons vides, et vit enfin briller une lumière dans une petite antichambre. C'était un cabinet tapissé assez semblable à une tente, qui s'ouvrait au fond de deux grandes salles de réception. Il y avait une portière de tapisserie, mais point de porte; et lorsque M. Dorrit s'arrêta, regardant sans être vu, il éprouva une certaine angoisse. Ce n'était sûrement pas de la jalousie! Pourquoi eût-il ressenti de la jalousie? Il n'y avait là que sa fille et son frère : l'un, assis tout près de la cheminée, se réchauffait à un peu de bois; l'autre, assise à une petite table, s'occupait à quelque ouvrage de broderie. En faisant la part de la grande différence de décors, les deux acteurs de cette scène répétaient le rôle que l'ex-Doyen se souvenait d'avoir joué autrefois; car Frédéric lui ressemblait assez pour prendre dans ce tableau la place de son frère absent.

En effet, n'était-ce pas ainsi qu'il avait veillé lui-même plus d'un soir devant un feu de charbon de terre, tandis qu'une enfant dévouée travaillait non loin de lui? Mais il n'y avait rien sans doute dans ce misérable passé qui pût exciter sa jalousie. D'où pouvait donc provenir alors l'angoisse qu'il ressentait?

L'oncle Frédéric, ayant tourné la tête par hasard, aperçut son frère debout dans l'embrasure de la porte.

La petite Dorrit se leva avec une exclamation joyeuse et passa ses bras autour du cou de son père, qu'elle embrassa à plusieurs reprises. M. Dorrit semblait mécontent et boudeur.

« Je suis heureux d'avoir enfin réussi à vous trouver, Amy, dit-il. Ah! je suis vraiment heureux de... hem!... trouver enfin quelqu'un pour me recevoir. Merci! Amy, ajouta-t-il pendant qu'elle le débarrassait d'une partie de son costume de voyage; merci, je n'ai pas besoin que l'on m'aide,... ne prenez pas cette peine, Amy. Pourrait-on me donner une croûte de pain et un verre de vin? ou bien... hem!... serait-ce causer un trop grand dérangement?

— Cher père, on va vous servir à souper dans quelques minutes.

— Merci, mon enfant, répondit M. Dorrit avec une froideur pleine de reproches. Je... ah!... je crains vraiment de donner trop de peine à tout le monde.... Hem... Mme Général se porte bien?

— Madame Général s'est plainte d'une migraine et d'un peu de fatigue; de façon que, quand nous avons renoncé à l'espérance de vous voir arriver, elle est allée se coucher. »

Pendant ce court dialogue, sa fille avait continué à le regarder, avec plus d'intérêt encore que de coutume. On eût dit qu'elle le trouvait changé ou vieilli. Le père s'en aperçut et s'en formalisa, car il demanda avec une mauvaise humeur plus marquée:

« Eh bien, Amy, qu'avez-vous à me regarder ainsi? Que voyez-vous donc en moi qui vous oblige... hem!... à me contempler avec... ah!... une sollicitude si particulière?

— C'est malgré moi, père; je vous demande pardon. Cela réjouit mes yeux de vous voir, voilà tout. »

M. Dorrit, assis entre sa fille et son frère, fut pris d'un accès de somnolence profonde qui ne dura pas une minute et dont il se réveilla en sursaut.

« Frédéric, dit-il alors en se tournant vers son frère, je te conseille d'aller te coucher tout de suite.

— Non, William, je resterai pour te tenir compagnie pendant ton souper.

— Frédéric, riposta l'aîné, je te prie d'aller te coucher. Tu... ah!... m'obligeras en accédant à ma demande. Il y a longtemps que tu devrais être au lit. Tu es très faible.

— Allons! dit l'oncle Frédéric qui ne cherchait qu'à plaire au voyageur. Soit, soit, soit! C'est possible! »

Après avoir congédié son frère, il se rendormit de nouveau avant que Frédéric eût seulement franchi le seuil de la chambre, et il serait tombé en avant dans la cheminée si sa fille ne l'eût retenu.

« Votre oncle commence à radoter, Amy, dit-il lorsqu'il eut été ainsi réveillé. Il n'a pas de suite dans les idées... et sa conversation est... hem!... plus décousue... ah!... hem!... qu'elle ne l'a jamais été. Il est très cassé,... très cassé. Mon pauvre et bon Frédéric s'en va!... hem!... il s'en va. »

Le souper vint faire diversion, on le servit sur la petite table près de laquelle Amy avait travaillé. Amy se tint près de son père comme aux jours passés, pour la première fois depuis leur départ de Londres. Ils se trouvaient seuls, et ce fut elle qui le servit et lui versa à boire comme elle avait coutume de le faire autrefois dans la prison. Elle évitait autant que possible de le regarder, de crainte de l'irriter de nouveau. Mais elle remarqua que, pendant ce repas, il tourna deux fois la tête vers elle, puis jeta les yeux autour de lui comme s'il était en proie à une association d'idées si frappante qu'il avait besoin du témoignage de ses sens pour être sûr de ne pas se trouver encore dans la vieille chambre de la Maréchaussée.

Dans le cours de la conversation, il en vint, après avoir célébré les splendeurs de M. Merdle, à demander des nouvelles de Mme Merdle.

« Mme Merdle donne un grand bal d'adieux, cher père, et un dîner auparavant. Elle m'a exprimé son vif désir de vous voir revenir à temps. Elle nous a invités tous les deux au dîner.

— Elle est... ha!... bien bonne. Pour quel jour?

— Pour après-demain.

— Vous enverrez un petit mot dans la matinée, pour annoncer que je suis de retour et que je serai... hem!... ravi. »

Sur ce, il monta l'escalier d'un pas lent et fatigué, gagna son appartement et, dès qu'il y fut arrivé, renvoya son valet. Ensuite il se mit à passer en revue un certain nombre d'écrins qu'il avait achetés à Paris, pas à l'intention de ses filles ; après avoir ouvert les écrins et contemplé les bijoux, il les mit sous clef.

Mme Général envoya ses compliments le lendemain à une heure convenable, et fit dire qu'elle espérait que M. Dorrit était remis des fatigues de son voyage. M. Dorrit renvoya ses compliments et fit répondre à Mme Général qu'il avait très bien dormi et se sentait frais et dispos. Néanmoins il ne sortit de son appartement qu'assez tard dans l'après-midi ; et, bien qu'il eût fait une toilette splendide avant de monter en voiture avec Mme Général et la petite Dorrit, sa mine ne répondait pas du tout à la description brillante qu'il avait faite de sa propre santé.

Comme la famille ne reçut pas de visiteurs ce jour-là, les quatre membres qui la composaient dînèrent seuls. M. Dorrit donna le bras à Mme Général et la fit asseoir à sa droite avec beaucoup de cérémonie. Amy ne put s'empêcher de remarquer, pendant qu'elle suivait avec son oncle, que son père avait encore fait une toilette resplendissante, et que ses façons envers Mme Général avaient quelque chose de particulier. Cette dame s'était formé un maintien si parfait qu'il devenait presque impossible de rien reconnaître sous la couche de vernis distingué qu'elle y avait étendue ; mais la petite Dorrit crut entrevoir une légère nuance de triomphe dans un coin de l'œil vitreux de l'aimable veuve.

Pendant ce dîner de famille M. Dorrit s'endormit plusieurs fois, et dès qu'il se réveillait, c'était pour témoigner combien il était affecté de voir chez son frère des symptômes comateux.

M. Dorrit ne se montra pas le lendemain matin ; mais vers une heure de l'après-midi il adressa, par l'intermédiaire de M. Tinkler, ses compliments les plus empressés à Mme Général, la priant de vouloir bien accompagner Mlle Dorrit à la promenade sans lui.

Sa fille était déjà habillée pour le dîner de Mme Merdle, quand il sortit de son appartement. Il se présenta alors dans une brillante toilette, mais le visage ridé et vieilli. Cependant, comme il était facile de voir qu'il se fâcherait si elle lui demandait seulement des nouvelles de sa santé, elle se contenta de l'embrasser sur la joue avant de l'accompagner, le cœur serré, chez Mme Merdle.

Il n'y avait guère que des convives anglais, sauf un comte français et un marquis italien. La table était fort longue, et le repas à l'avenant; la petite Dorrit, assise à l'ombre d'une immense paire de favoris noirs et d'une vaste cravate blanche, perdit de vue son père jusqu'au moment où un domestique lui remit un bout de papier de la part de Mme Merdle, en la priant de lire tout de suite. Mme Merdle y avait écrit au crayon :

« Venez parler à M. Dorrit. Je crains qu'il ne soit malade. »

Elle s'empressa d'accourir, mais sans se faire remarquer; lorsque son père se leva et, la croyant toujours à sa place, l'appela : « Amy, Amy, mon enfant! »

C'était un procédé si étrange, sans parler de l'agitation plus étrange encore de ses manières et de sa voix, qu'il se fit immédiatement un profond silence.

« Amy, ma chère, répéta-t-il, va donc voir si c'est Bob qui est de garde aujourd'hui au guichet! »

Elle se tenait à côté de lui et le touchait, mais il s'obstinait à croire qu'elle n'avait pas quitté sa place, et il cria encore, toujours debout, et les mains appuyées sur la table :

« Amy, Amy, je ne me sens pas très bien.... Ha!... Je ne sais pas ce que j'ai. Je désire surtout voir Bob.... Hem!... De tous les guichetiers, il est autant mon ami que le tien. Vois si Bob est dans la loge, et prie-le de venir me trouver. »

Les convives, consternés, s'étaient tous levés.

« Cher père, je ne suis plus là-bas, où vos yeux me cherchent.... Me voici... à vos côtés.

— Oh! te voilà, Amy! Bien... hem!... bien. Appelle donc Bob. »

Elle essayait de l'attirer doucement et de l'emmener, mais il résista et ne voulut pas la suivre. Il regarda autour de lui d'un air troublé, et se voyant entouré d'un grand nombre de personnes, il leur adressa ce discours :

« Messieurs et mesdames, mon devoir... ha! m'oblige à... hem!... vous souhaiter la bienvenue. Soyez les bienvenus dans la prison de la Maréchaussée! Notre territoire est un peu... ha!... restreint... La promenade pourrait être moins limitée... limitée; mais plus vous resterez ici, plus elle vous paraîtra s'agrandir,... et l'air, tout bien considéré, est fort salubre.... Messieurs et mesdames, voici le café de l'endroit... hem!... entretenu au moyen de souscriptions volontaires... hem!... par les membres de la communauté. On y trouve en échange... de l'eau chaude,... une cuisine commune... et divers petits avantages domestiques. Les habitués de la Maréchaussée veulent bien m'appeler leur père. Les étrangers aussi ont coutume de venir présenter leurs respects au... hem!... doyen de la communauté. Et certes, si de longues années de résidence donnent des droits à... hem!... un titre si honorable, je puis, sans scrupule, réclamer... hem!... cette distinction. Je vous présente mon enfant, messieurs et mesdames, ma fille, qui est née ici. »

Elle ne rougissait pas du lieu de sa naissance ni de son père. Elle était pâle, elle avait peur ; mais son seul souci était de le calmer et de l'emmener, par amour pour lui. Elle se tenait entre lui et tous ces visages surpris, appuyée contre sa poitrine, et le visage levé vers le sien. Il l'entourait de son bras gauche, et de temps en temps on entendait la voix de la jeune fille qui le suppliait tendrement de s'éloigner avec elle.

La plupart des convives s'étaient retirés dans les salles voisines, laissant la petite Dorrit et son père seuls avec les domestiques. Elle finit par le décider à partir. Il ne permit à personne, sauf à son frère Frédéric et à la petite Dorrit, de le toucher. Ils parvinrent à le conduire, sans autre aide, jusqu'à son appartement et à le coucher. A partir de ce moment, sa pauvre âme mutilée, ne se souvenant plus que de l'endroit où elle s'était brisé les ailes, supprima le rêve à travers lequel elle avait été emportée depuis, pour ne plus se rappeler que la prison de la Maréchaussée.

Tout faible qu'il était lui-même, il continuait à protéger son frère comme par le passé. On essaya de lui amener Mme Général ; mais il ne la reconnut pas le moins du monde. Au contraire, il lui vint dans l'esprit un soupçon injurieux : il accusa cette dame distinguée de vouloir supplanter la vieille femme qui faisait les commissions des détenus, et de se livrer à la boisson.

Sauf qu'il demanda une fois : « Tip est-il libre ? » il sembla avoir perdu tout souvenir de ses deux autres enfants. Mais celle qui avait tant fait pour lui, et qu'il en avait si mal récompensée plus tard, resta toujours présente à sa mémoire, non pas pour la ménager, pour chercher à lui épargner les veilles et les fatigues, il ne s'en inquiétait pas plus qu'autrefois. Ce fut ainsi que la petite Dorrit resta pendant dix jours penchée sur le lit du malade, qui allait toujours s'affaiblissant. Petit à petit, la physionomie du vieillard, rajeunie par sa fin prochaine, ressembla plus que jamais, sous ses cheveux blancs, à celle de la petite Dorrit, et s'affaissa dans le repos suprême.

D'abord le pauvre Frédéric en perdit presque la tête. Au premier moment, cela fit du bien à la petite Dorrit d'avoir à consoler quelqu'un, à s'occuper de quelqu'un.

« Mon oncle, mon cher oncle, disait-elle, ne vous désolez pas ainsi ! Épargnez-moi ! »

Jusqu'à près de minuit ils se tinrent tranquilles et tristes, dans une sombre salle, voisine de la chambre mortuaire. A la fin, ils se séparèrent, épuisés et abattus. Amy ne voulut quitter son oncle qu'après l'avoir reconduit dans sa chambre, où il se coucha tout habillé. Alors elle se jeta elle-même sur son lit et s'endormit d'un profond sommeil : le sommeil de l'épuisement et du repos forcé, empreint encore du sentiment confus d'une grande affliction.

Il fit un beau clair de lune cette nuit-là ; mais la lune se leva tard. Lorsqu'elle eut atteint une certaine hauteur dans le paisible firmament, elle éclaira, à travers les persiennes à moitié fermées, la chambre solennelle où venaient de s'évanouir toutes les misères d'une existence agitée. Deux êtres reposaient tranquillement dans cette chambre.

L'un gisait sur le lit. L'autre, agenouillé au chevet, était penché sur le premier, les bras étendus paisiblement et sans raideur sur le couvre-pied, la tête baissée, de façon que les lèvres touchaient la main sur laquelle elles avaient exhalé leur dernier souffle. Les deux vieillards étaient devant leur Père, bien au-dessus des jugements crépusculaires de ce monde, bien au-dessus du brouillard et des obscurités terrestres.

LES DEUX VIEILLARDS ÉTAIENT DEVANT LEUR PÈRE. (V p. 248.)

CHAPITRE XVI

VOYAGE INUTILE

Sur certaines indications de M. Pancks, Arthur Clennam, toujours en quête de l'étranger disparu, venait d'aborder à Calais.

« C'est bien là l'adresse que Pancks m'a donnée », murmura-t-il en s'arrêtant devant une maison d'aspect lugubre. La sonnette produisit deux tristes tintements. La porte de la rue s'ouvrit en grinçant sur ses tristes gonds, et Clennam entra dans une cour lugubre.

Une grosse paysanne réjouie, en jupon court, en bonnet blanc, parut à l'entrée d'une sombre allée et demanda :

« Chez qui allez-vous, monsieur ?

— Chez la dame anglaise, répondit Clennam.

— Entrez, et montez, s'il vous plaît », répliqua la paysanne.

Il entra et suivit la grosse paysanne par un escalier sombre et nu jusqu'à un salon qui donnait sur la triste cour.

« Qui dois-je annoncer ?

— M. Blandois, répondit Clennam.

— Très bien, monsieur. »

Là-dessus, la paysanne se retira et Arthur put examiner le salon. C'était le type invariable du salon de ces appartements meublés : froid, triste et sombre.

Au bout de quelques minutes, une porte qui communiquait avec une autre pièce s'ouvrit, et une dame se présenta. Elle témoigna beaucoup de surprise à la vue de Clennam et jeta un coup d'œil tout autour du salon, comme pour y chercher un autre visiteur.

« Pardon, mademoiselle, je suis seul.

— Ce n'est pourtant pas votre nom qu'on m'a annoncé.

— Non; je sais cela. Veuillez m'excuser. Je savais que, sous mon nom, vous ne me recevriez probablement pas; c'est pour cela que je me suis permis de prononcer le nom d'une personne que je cherche. C'est un nom qui ne vous est pas inconnu.

— Je m'étonne, fit observer Mlle Wade en fronçant les sourcils, que vous vous mêliez de mes affaires, sans en être prié. Je ne sais pas ce que tout cela veut dire.

— Pardon. Vous connaissez ce nom.

— Que vous fait ce nom? que me fait ce nom? Je connais bien des noms et j'en ai oublié encore davantage.

— Si vous voulez bien me le permettre, je vous dirai le motif de mon importunité. J'avoue que j'insiste d'une façon très pressante, et je vous prie d'excuser cette insistance. Le motif qui m'y pousse m'est tout personnel. Je suis bien loin d'insinuer qu'il vous concerne. »

Il lui raconta alors comment il savait qu'elle connaissait Blandois, l'ayant vue causer dans la rue avec lui; comment il avait intérêt à retrouver Blandois pour disculper sa mère.

Il lui tendit un des avis imprimés, qu'elle lut avec beaucoup d'attention et d'intérêt.

« Eh bien, je n'en savais pas tant sur son compte », reprit-elle en lui rendant l'affiche.

Les traits de Clennam marquèrent un vif désappointement, peut-être même exprimèrent-ils de l'incrédulité, car Mlle Wade ajouta, d'un ton peu sympathique:

« Vous ne me croyez pas? Pourtant rien n'est plus vrai. Quant à des relations personnelles, il me semble qu'il en a existé aussi entre cet homme et votre mère. Et néanmoins vous voulez bien la croire lorsqu'elle vous déclare qu'elle ne le connaît pas davantage. »

Ces paroles, ainsi que le sourire qui les accompagnait, renfermaient une insinuation assez claire pour faire monter le sang aux joues de Clennam.

Satisfaite de l'effet qu'elle avait produit, Mlle Wade continua:

« Je vous l'avouerai bien volontiers, cet homme est un misérable, un être vil et mercenaire, que j'ai rencontré pour la première fois rôdant en Italie à la poursuite de quelque proie. C'est là que j'ai acheté ses services, trouvant en lui un instrument commode pour un certain but que j'avais en vue. Bref, je jugeai à propos, pour mon bon plaisir... pour la satisfaction d'un sentiment très vif... de prendre un espion à mes gages. Selon moi, si l'on y mettait le prix, il assassinerait aussi volontiers qu'il espionne, toujours dans l'ombre, bien entendu.... Madame votre mère, qui le reçoit chez elle, professe sans doute sur son compte une opinion contraire?

— J'ai oublié de vous dire, reprit Clennam, que ma mère a été mise en rapport avec lui par de malheureuses affaires commerciales.

— Il fallait bien, en effet, que ce fussent de malheureuses affaires qui la missent en rapport avec lui, répondit Mlle Wade, car l'heure indue à laquelle elle a reçu ce client n'est pas une heure de commerce.

— Vous supposez donc, dit Arthur blessé par cette froide insinuation dont il avait déjà senti toute la force, qu'il y avait quelque chose...?

— Monsieur Clennam, répliqua Mlle Wade avec beaucoup de sang-froid, veuillez vous rappeler que je ne suppose rien au sujet de cet homme. J'affirme sans détour que c'est un misérable, prêt à tout faire pour de l'argent. Je présume que, lorsqu'un individu de ce genre va quelque part, c'est qu'on y a besoin de lui. Si je n'avais pas eu besoin de lui, vous ne nous auriez pas rencontrés ensemble. »

Torturé par cette persistance de Mlle Wade à lui tenir toujours sous les yeux le triste soupçon dont l'ombre avait déjà traversé son âme, Clennam se leva lentement, avec un profond soupir, pour prendre congé. Ce fut Mlle Wade qui le retint, en disant, avec une expression de colère :

« Cet homme n'était-il pas le compagnon de choix de votre cher ami Henri Gowan? Pourquoi donc ne prieriez-vous pas votre cher ami de venir à votre aide?

— M. Gowan n'a pas revu cet étranger depuis son départ pour l'Angleterre, répondit Clennam; il n'en sait pas plus que moi sur son compte. Blandois n'est d'ailleurs pour lui qu'une simple connaissance de rencontre, faite en voyage.

— Une simple connaissance de rencontre, faite en voyage! répéta Mlle Wade. Oui, votre cher ami a grand besoin de faire de nouvelles connaissances, afin de se divertir, ayant épousé une femme aussi insipide que la sienne. Je hais sa femme, monsieur. »

La haine brillait dans les yeux noirs fixés sur Clennam, elle tremblait au coin des narines, et semblait embraser le souffle de Mlle Wade.

« Tout ce que je puis dire à cela, mademoiselle Wade, fit observer Clennam, c'est que vous entretenez là bien gratuitement un sentiment que personne, à mon avis, ne saurait partager.

— Vous pouvez demander à votre cher ami, si cela vous plaît, quelle est son opinion à cet égard.

— Je ne suis pas assez intime avec mon cher ami, répondit Arthur, pour me permettre de traiter avec lui un pareil sujet d'entretien.

— Je le hais, s'écria Mlle Wade, je le hais encore plus fort que sa femme, j'ai mes raisons pour le haïr : car c'est moi qu'il devait épouser quand il a fait la connaissance de cette poupée insignifiante ! Mais brisons là, monsieur ; à Calais comme à Londres, vous trouverez Henriette avec moi. Peut-être ne seriez-vous pas fâché de la voir avant de partir. »

Elle appela Henriette, ci-devant Tattycoram.

Mlle Wade lui demanda si elle pouvait donner à M. Clennam quelques renseignements au sujet de Blandois ; Henriette n'en savait pas, sur le compte de cet homme, plus long que sa maîtresse.

Tout à coup Henriette, regardant Clennam, lui demanda avec vivacité :

« Vont-ils bien, monsieur?

— Qui cela? »

Elle se retint, car elle allait dire *eux tous* ; et jetant un coup d'œil du côté de Mlle Wade, elle dit :

« M. et Mme Meagles.

— Ils allaient très bien la dernière fois que j'ai reçu de leurs nouvelles. Ils sont en voyage. A propos, j'ai une question à vous adresser. Est-il vrai qu'on vous ait vue là-bas?

— Où? où prétend-on m'avoir vue? répliqua la jeune fille en baissant les yeux d'un air de mauvaise humeur.

— A Twickenham, devant la grille du jardin.

— Non, dit Mlle Wade. Elle n'y a pas remis les pieds.

— Vous vous trompez, répliqua Tattycoram. J'y suis allée à l'époque d'un de nos voyages à Londres. J'y suis allée un après-midi que vous m'aviez laissée seule, et j'ai regardé par la grille du jardin.

— Fille sans cœur! s'écria Mlle Wade avec un mépris infini. Voilà donc tout le fruit de votre séjour chez moi, de nos conversations continuelles, de vos anciennes doléances. C'est bien la peine.

— Quel mal y avait-il à aller jeter un coup d'œil à travers la grille? répliqua Tattycoram. J'avais vu les volets fermés, je savais bien que la famille était absente.

— Quel besoin aviez-vous d'aller là?

— Je désirais revoir la maison, je sentais que cela me ferait plaisir de la revoir.

— Oh! fit Mlle Wade, si vous tenez tant à revoir l'enfer d'où je vous ai retirée, c'est autre chose. Mais croyez-vous que ce soit de la franchise? Est-ce là ce que je devais attendre de vous? Il me semblait que nous devions faire cause commune. Allez, vous ne méritez pas la confiance que j'avais en vous. Vous ne méritez pas la confiance que je vous ai accordée. Vous n'avez pas plus d'amour-propre qu'un chien couchant, et vous feriez mieux de retourner vers les gens qui vous ont traitée plus durement qu'on ne traite un épagneul, à coups de fouet.

— Si vous parlez d'eux de cette façon-là devant le monde, vous me forcerez à prendre leur défense, répondit Tattycoram.

— Allez les retrouver, riposta Mlle Wade. Retournez chez eux.

— Vous savez aussi bien que moi que je ne retournerai pas chez eux. Vous savez aussi bien que moi que je les ai quittés à tout jamais et que je ne peux pas, que je ne veux plus les revoir. Alors laissez-les donc tranquilles au lieu d'en dire du mal, mademoiselle Wade. »

Clennam intervint en ce moment; selon lui les Meagles la recevraient comme par le passé, si jamais elle désirait retourner chez eux.

« Jamais, s'écria-t-elle d'une voix irritée. Je ne ferai jamais cela. Personne ne le sait mieux encore que Mlle Wade, malgré les reproches qu'elle m'adresse parce qu'elle me voit sous sa dépendance. Je ne le sais que trop que je suis sous sa dépendance, et qu'elle est enchantée d'avoir quelque occasion de me le rappeler. »

Clennam prit congé, et se retira très perplexe et très désappointé.

CHAPITRE XVII

MADAME JÉRÉMIE REFUSE D'EXPLIQUER SES RÊVES

Certain gouvernement barbaresque qui possédait de précieux domaines sur la mappemonde, avait besoin des services d'un ou deux ingénieurs, inventifs et résolus. Daniel Doyce était un des ingénieurs en question. On ne pouvait guère prévoir s'il serait forcé de s'absenter pendant des mois ou pendant des années. Doyce venait donc de quitter son associé.

Dans le calme plat qui suit un départ, Arthur, assis à son bureau, rêvait en suivant de l'œil un rayon de soleil. Mais son attention, dégagée de toute autre préoccupation, ne tarda pas à revenir au sujet qui tenait la première place dans sa pensée, et il commença, pour la centième fois, à repasser dans son esprit toutes les circonstances qui l'avaient si fortement ému pendant cette nuit mystérieuse où il avait rencontré Blandois chez sa mère. Il se sentait encore bousculé par cet homme à l'entrée tortueuse de la rue qu'habitait Mme Clennam; il l'entendait crier : « Mort de ma vie ! monsieur, il est dans mon caractère d'être impatient ». Dans sa préoccupation, il prononça lui-même ces paroles tout haut.

Cavalletto, occupé à ranger des registres, les eut à peine entendues qu'il s'écria : « Eh ! » tout abasourdi et très pâle.

« Qu'avez-vous donc? lui demanda Clennam.

— Cet homme ! » répondit Cavalletto.

Puis, avec la vivacité des gens de sa nation, il décrivit un grand nez aquilin, ramena ses yeux plus près l'un de l'autre, ébouriffa ses cheveux, gonfla sa lèvre supérieure pour représenter une épaisse moustache, et jeta par-dessus son épaule l'extrémité d'un manteau imaginaire.

Tandis qu'il exécutait cette pantomime avec une rapidité incroyable pour quiconque n'a jamais observé un paysan italien, il imita un sourire remarquable et sinistre. Toute cette pantomime ne dura guère plus longtemps qu'un éclair, et déjà Cavalletto, redevenu lui-même, se tenait pâle et surpris devant son protecteur.

« Au nom du ciel ! qu'est-ce que cela veut dire ? demanda Clennam. Est-ce que vous connaîtriez un homme du nom de Blandois ?
— Altro ! pas Blandois !... Rigaud.
— Rigaud ou Blandois, c'est bien l'homme. Où l'avez-vous connu ?
— A Marseille.
— Que faisait-il ?
— Prisonnier, et... altro !... je crois bien que c'était un assassin. »

Clennam recula comme s'il venait de recevoir un coup, tant il fut effrayé à l'idée que sa mère avait des rapports avec cet homme. Cavalletto se laissa tomber sur un genou et supplia Clennam, avec force gesticulations, d'écouter comment il se faisait qu'il se fût trouvé en aussi mauvaise compagnie. Alors il lui raconta tout, et dit, en montrant l'affiche que Clennam lui avait lue :

« C'est bien ce même assassin, c'est lui !
— Cavalletto, dit vivement Clennam, si vous pouviez trouver cet homme, ou découvrir ce qu'il est devenu, ou obtenir un renseignement quelconque à ce sujet, vous me rendriez le plus grand service, et je deviendrais aussi reconnaissant envers vous que vous l'étiez envers moi.
— Je ne sais où le chercher, s'écria le petit Italien, qui baisa avec effusion la main d'Arthur. Je ne sais par où commencer. Je ne sais où aller. Mais, courage ! cela suffit ! Peu m'importe ! J'y vais à l'instant même !
— Pas un mot de tout ceci à personne qu'à moi.
— Altro ! » s'écria Cavalletto tandis qu'il s'éloignait en courant.

Resté seul, Clennam commença une triste journée. Ce fut en vain qu'il essaya de donner le change au cours de ses pensées en s'occupant des affaires de la maison ; son attention, toujours fixée sur le même sujet, ne laissait prise à aucune autre idée.

La conviction acquise que Blandois, quel que fût son vrai nom, était un misérable, ne contribua que trop à augmenter son inquiétude. Lors même que l'on viendrait à expliquer sa disparition, cela n'empêcherait pas que sa mère ne se fût trouvée en rapport avec cet homme. Arthur espérait bien que personne, excepté lui, ne connaissait la nature mystérieuse de ces relations, ni la soumission, la crainte que l'étranger avait inspirées à Mme Clennam; mais pouvait-il séparer la scène dont il avait été témoin de ses appréhensions premières, et croire qu'il n'y avait rien de criminel dans ces relations?

La révélation de Cavalletto, en répandant un nouveau jour sur toutes ces réflexions, le poussa à prendre un parti plus énergique. Fort de la droiture de son intention, stimulé par le pressentiment d'un danger imminent, il se décida à faire un dernier effort auprès de Mme Jérémie, dans le cas où son mari refuserait encore d'aborder le sujet. Il mit à exécution le soir même son projet.

Par malheur, ce ne fut pas Mme Jérémie qui vint lui ouvrir la porte. Jérémie en personne fumait sa pipe sur les marches.

Jérémie avait un profil tellement sinistre qu'Arthur se demanda s'il n'avait pas eu, par hasard, quelque motif de faire disparaître Blandois.

Comme il demandait à M. Flintwinch si l'on n'avait pas reçu de nouvelles de l'étranger, M. Flintwinch répondit sèchement que non, et ajouta même, pour la gouverne d'Arthur : « Il a bien raison, le proverbe qui conseille de ne pas réveiller le chat qui dort; de même il serait peut-être plus sage encore de ne pas courir après les chats qui se cachent ».

M. Jérémie n'était pas encourageant, Mme Clennam le fut encore moins.

« Mère, lui dit-il, j'ai appris aujourd'hui même, sur les antécédents de l'homme que j'ai rencontré ici, quelque chose que vous ignorez sans doute, et que je crois devoir vous dire.

— Moi, je ne sais rien des antécédents de l'homme que vous avez vu ici, Arthur.

— Ce n'est pas un renseignement en l'air, je le tiens de source certaine.

— Eh bien, qu'est-ce que c'est?

— Cet homme a été détenu dans la prison de Marseille.

— Cela ne m'étonne pas du tout, répondit Mme Clennam avec beaucoup de sang-froid.

— Oui; mais il n'a pas été détenu pour un simple délit; c'est pour assassinat. »

La paralytique tressaillit à ce mot et ses traits exprimèrent une vive horreur.

« Qui vous l'a dit? demanda-t-elle.

— Un homme qui s'est trouvé son compagnon de geôle.

— Et les antécédents de ce compagnon ne vous étaient sans doute pas connus avant qu'il vous en eût fait confidence?

— Non.

— Et pourtant vous le connaissiez, lui?

— Oui.

— Eh bien, c'est justement mon histoire et celle de Flintwinch avec un autre homme! Et encore la ressemblance n'est-elle pas tout à fait exacte : votre monsieur ne vous avait pas été présenté par un correspondant chez lequel il avait déposé de l'argent. Que dites-vous de cette différence? Vous voilà pris! Ne vous pressez donc pas tant de condamner les autres. Je vous le répète dans votre intérêt, Arthur, ne vous pressez pas tant de condamner les autres. »

Il y avait autant d'énergie dans son regard que dans la fermeté avec laquelle elle appuyait sur les mots. Elle continua à tenir ses regards fixés sur son fils. Si Arthur, en entrant chez elle, avait conservé le moindre espoir de la fléchir, le regard qu'elle dirigeait sur lui aurait suffi pour dissiper sa dernière illusion.

« Mère, reprit-il d'un ton de découragement, il est bien entendu que ce que je viens de vous confier doit demeurer entre nous.

— Est-ce une condition que vous m'imposez?

— Mais oui.

— N'oubliez pas alors que c'est vous qui faites un mystère de ceci, reprit Mme Clennam en levant la main, et non pas moi. C'est vous, Arthur, qui, après avoir apporté ici des doutes, des soupçons, des demandes d'explications, venez maintenant y apporter des secrets. Que m'importe ce que cet homme a été? Que m'importe où il a été? Qu'est-ce que cela peut me faire? Le sache qui voudra, cela m'est parfaitement indifférent. Maintenant en voilà assez sur ce sujet. »

Quelques minutes auparavant, M. Flintwinch avait été appelé dans son bureau d'en bas. Arthur, profitant de cette circonstance, se fit éclairer par Affery et l'interrogea dans l'escalier. Mais Affery le menaça d'appeler Jérémie, s'il voulait lui faire dire ce qu'elle ne pouvait pas savoir, puisqu'elle ne faisait que *rêver* tout le temps.

CHAPITRE XVIII

LE SOIR D'UNE LONGUE JOURNÉE

L'illustre M. Merdle, cet ornement du pays, continuait sa course glorieuse. On parlait de lui pour la pairie.

La vieille faux du Temps continua si tranquillement sa funèbre moisson que, sans qu'il y parût, il s'était écoulé déjà trois grands mois depuis que les frères Dorrit avaient été confiés à la même tombe dans le cimetière des étrangers, à Rome.

M. et Mme Sparkler étaient installés dans un petit hôtel à eux, situé dans un quartier fashionable. C'est là que Mme Sparkler avait résolu de commencer à démolir sa rivale, Mme Merdle, quand l'arrivée du courrier porteur de la triste nouvelle était venue suspendre les hostilités. Mme Sparkler, qui, au fond, n'était pas méchante, avait eu un violent paroxysme de douleur qui avait duré douze heures; puis elle s'était levée afin de s'occuper de son deuil et de prendre toutes les mesures nécessaires pour qu'il lui allât aussi bien que celui de Mme Merdle.

M. et Mme Sparkler, après avoir dîné en tête-à-tête, étaient donc plongés dans leur douleur. Madame reposait sur un canapé, dans son salon. Elle s'occupait à regarder par la croisée ouverte, à travers une forêt de réséda et d'autres fleurs. Fatiguée de ce spectacle, elle alla regarder dans la rue par une autre fenêtre, pendant que monsieur se tenait debout sur le balcon, et elle se fatigua également de ce spectacle-là. Alors madame se regarda pour voir encore une fois comment lui allait son deuil, et se fatigua aussi de ce spectacle, moins vite cependant que des deux autres.

Lorsque madame se fut promenée par le salon, qu'elle eut renversé quelques colifichets, regardé dans la sombre rue par chacune des trois fenêtres, elle revint au canapé et se jeta sur les coussins.

« Maintenant, Edmond, viens ici ! Un peu plus près, car je veux pouvoir te toucher avec mon éventail afin que mes paroles fassent sur toi une plus vive impression. Là ! cela suffit ! Tu es assez près comme cela. Oh ! mais que tu as donc l'air gros ! »

« MAINTENANT, EDMOND, VIENS ICI ! »

Monsieur s'excusa de son mieux, disant qu'il ne pouvait pas s'en empêcher, et que ses camarades l'avaient surnommé Quinbus Flestrin junior, ou le fils de l'Homme-Montagne.

« Tu aurais dû me dire cela avant, fit observer madame d'un air mécontent.

— Ma chère, répliqua monsieur, vivement flatté de ce reproche, si j'avais cru que cela pouvait t'intéresser le moins du monde, je n'aurais pas manqué de t'en parler.

— Là ! au nom du ciel, tâche de te taire ! s'écria madame. J'ai quelque chose à te dire. Edmond, il ne faut plus que nous restions seuls. Il est urgent de prendre des mesures pour que je ne sois plus exposée à retomber dans cet horrible état de prostration morale. »

Monsieur approuva avec son laconisme habituel, puis il ajouta :

« Justement, tu sais que nous aurons bientôt ta sœur....

— Chère petite, oui ! s'écria madame avec un soupir affectueux. Bonne petite sœur ! Non pas qu'Amy puisse suffire par sa seule présence....

— Oh non ! certainement.... Elle ne suffirait pas à elle seule....

— Non, Edmond. Car, non seulement les vertus de cette chère enfant sont de cette nature calme et paisible qui a besoin d'être relevée par les contrastes ; il leur faut un entourage bruyant et animé qui les fasse éclater dans leur vrai jour pour qu'on les en aime davantage ; mais elle aura besoin elle-même d'être réveillée sous plus d'un rapport.

— Justement, dit monsieur, il faudra la réveiller.

— Voyons, Edmond, tu me fais perdre la tête avec ton habitude d'interrompre les gens quand tu n'as rien à dire. Il faudra voir à te corriger de cela.... Mais revenons à cette chère petite.... Elle était dévouée à papa, et sans doute elle aura été vivement peinée, et l'aura beaucoup pleuré. C'est comme moi. J'ai tant souffert ! Mais sans doute Amy aura souffert plus encore que moi, vu qu'elle se trouvait là et qu'elle est restée avec notre pauvre cher papa jusqu'au dernier moment, tandis que malheureusement je n'y étais pas. »

Après avoir donné de nouveau quelques larmes à la mémoire de son père, Fanny continua : « Il faut donc tirer notre bonne petite chatte de son état de torpeur ; d'autant plus que sa santé a dû souffrir de ses longues veillées au chevet d'Edouard. Il n'est pas encore rétabli, et il peut même rester encore longtemps malade ; cela nous cause de grands ennuis, en attendant, parce que cela nous empêche de régler les affaires de ce pauvre cher papa. Par bonheur, les papiers étant sous scellés et sous clef, chez les agents auxquels il les a confiés lors de son voyage providentiel à Londres, ses affaires sont dans un état qui permet d'attendre qu'Édouard reprenne assez de forces en Sicile pour venir administrer, ou exécuter, ou faire ce qu'il y a à faire.

— Dans tous les cas, il ne pouvait trouver nulle part une meilleure garde-malade qu'Amy, dit M. Sparkler.

— Par le plus grand des hasards, nous sommes du même avis, répliqua Fanny, et je puis même adopter les paroles dont tu t'es servi : il ne pouvait trouver nulle part une meilleure garde-malade. La chère enfant a des moments où elle est bien impatientante pour quelqu'un qui a l'esprit actif; mais, comme garde-malade, c'est la perfection, chère petite. »

Ayant réfléchi quelques instants, les yeux fermés, Mme Sparkler rouvrit les yeux et reprit :

« Donc, il faudra tirer Amy de l'état de torpeur qu'ont produit chez elle bien, bien des semaines de fatigue et d'inquiétude. En dernier lieu, nous aurons à lui faire oublier un sentiment indigne qu'elle entretient au fond de son cœur, et qu'elle croit m'avoir toujours caché. Ne me demande pas ce que c'est, Edmond, parce que je ne te le dirais pas.

— Aussi je ne te le demande pas, ma chère.

— J'aurai donc bien des choses à faire de ce côté-là, continua Fanny, et je ne saurais trop tôt avoir cette douce enfant auprès de moi. Aimable et bonne petite fée ! Quant au règlement des affaires de papa, je n'ai guère d'intérêt direct là dedans. Papa a agi très généreusement à mon égard lorsque je me suis mariée, et je n'ai plus grand' chose à attendre. Pourvu qu'il n'ait pas fait de testament valable qui nous oblige à donner quelque chose à Mme Général, c'est tout ce que je demande. Cher papa ! ah ! cher, cher papa ! »

Elle se mit encore à verser quelques larmes; mais le souvenir de Mme Général ne tarda pas à la remettre. Elle s'essuya les yeux et reprit :

« Un détail très encourageant de la maladie d'Édouard, qui me fait espérer qu'il n'a rien perdu de son bon sens ni de son entrain (du moins au moment de la mort de notre pauvre père), c'est qu'il a soldé les gages de Mme Général, et l'a mise à la porte immédiatement. »

En ce moment M. Merdle fut annoncé.

« Des bougies ! commanda Mme Sparkler, en demandant pardon de recevoir M. Merdle dans l'obscurité.

— Oh ! il fait assez clair pour moi », répliqua le millionnaire.

Lorsqu'on apporta les bougies, on aperçut M. Merdle debout derrière la porte, se pinçant les lèvres.

« J'ai voulu vous dire un petit bonsoir en passant, ajouta-t-il, je suis occupé pour le moment ; mais comme je me trouvais dehors pour faire un tour, j'ai voulu vous dire un petit bonsoir. »

Le banquier se trouvant en grande tenue, Fanny lui demanda chez qui il était allé dîner.

« Oh! moi, répondit M. Merdle, je n'ai dîné chez personne, que je sache.

— Mais vous avez dîné au moins? reprit Mme Sparkler.

— Mais non,... je n'ai pas précisément dîné », répliqua l'illustre capitaliste.

Il venait de passer sa main sur son front jaune, comme s'il réfléchissait pour savoir s'il était bien sûr d'avoir dîné. On offrit de lui faire servir quelque chose.

« Non, merci, répondit M. Merdle. Je n'ai pas d'appétit. Je devais dîner en ville avec Mme Merdle. Mais, comme je ne me sentais pas en train, j'ai laissé Mme Merdle partir seule, au moment où nous allions monter en voiture, et j'ai mieux aimé faire un petit tour.

— Ne voulez-vous pas prendre une tasse de thé ou de café?

— Non, merci, répéta le millionnaire ; je suis entré au club en passant, et je me suis fait donner une bouteille de vin. »

A cette période de sa visite, M. Merdle s'assit dans le fauteuil qu'Edmond Sparkler lui avait offert tout d'abord. Il posa son chapeau sur une chaise, et regardant le fond de la coiffe, comme s'il eût été au moins à une vingtaine de pieds de profondeur, il répéta :

« Vous voyez, j'ai voulu vous dire un petit bonsoir.

— C'est d'autant plus flatteur pour nous, fit observer Fanny, que vous n'êtes pas grand visiteur.

— N...on, répondit M. Merdle, non, je ne suis pas grand visiteur. »

Le grand esprit du siècle, fidèle à sa réputation d'homme qui n'a que fort peu de chose à dire, et qui ne le dit pas sans peine, redevint muet. Mme Sparkler commença à se demander si le grand esprit n'allait pas bientôt leur tirer sa révérence.

« Je parlais de pauvre papa au moment où vous êtes entré, monsieur.

— Vraiment? curieuse coïncidence », fit observer M. Merdle.

Fanny ne voyait pas du tout la coïncidence, mais elle se crut obligée de soutenir la conversation.

« Oui, j'étais en train de dire à Edmond que la maladie de mon frère avait retardé l'examen et le règlement des affaires de papa.

— Oui, oui, il y a eu un retard.

— Mon seul désir, continua Mme Sparkler, c'est que Mme Général ne reçoive rien.

— Elle ne recevra rien », dit M. Merdle.

Fanny fut enchantée de lui entendre exprimer cette opinion.

« Mais, avec tout cela, reprit M. Merdle, je vous fais perdre votre temps, et je perds le mien : je voulais seulement vous dire un petit bonsoir en passant, vous savez.

— Charmée, je vous assure.

— A présent je m'en vais, ajouta M. Merdle en se levant. A propos, pourriez-vous me prêter un canif? »

On lui offrit un canif à manche de nacre, mais il préférait quelque chose de plus foncé; on lui donna un canif à manche d'écaille.

Mme Sparkler dit d'un ton fort gracieux au grand esprit : « Si vous y faites une tache d'encre, je vous pardonne d'avance.

— Je vous promets de n'y pas faire de tache », répondit M. Merdle, et il s'en alla.

CHAPITRE XIX

LE MAÎTRE D'HÔTEL SE DÉMET DE SON POUVOIR

Ce soir-là, Mme Merdle dînait chez le savant médecin. L'absence de M. Merdle laissa son siège vide à ce dîner, mais on ne perdit pas grand'chose à ne pas l'avoir. Pendant tout le dîner, les convives distingués du docteur célèbre firent des allusions spirituelles et discrètes au titre de pair que l'on allait conférer prochainement au grand esprit du siècle, et adressèrent à demi-mot leurs félicitations à Mme Merdle, qui les comprenait très bien, mais qui, par modestie, affectait de ne pas les comprendre.

Le docteur en personne mit Mme Merdle dans sa voiture et lui souhaita le bonsoir. Il se tint un moment sur le seuil, suivant d'un regard tranquille l'élégant équipage qui s'éloignait. Lorsqu'il eut regagné le salon, les autres invités ne tardèrent pas à prendre congé. Comme il aimait beaucoup à lire, et toute espèce de livres, il s'assit et commença à lire.

L'horloge marquait minuit moins quelques minutes, lorsqu'un coup de sonnette attira son attention. C'était un homme d'habitudes fort simples; il avait déjà envoyé coucher ses domestiques, et force lui fut d'aller ouvrir lui-même. Il descendit donc et trouva à la porte un homme, tête nue, sans habit, les manches de sa chemise relevées et roulées jusqu'à l'épaule.

« Monsieur, je viens de l'établissement de bains chauds, ici près, dans la rue voisine.

— Et que puis-je faire pour les bains chauds?

— Seriez-vous assez bon pour venir tout de suite, monsieur? Tenez, voici ce que nous avons trouvé sur la table. »

Il remit au docteur un morceau de papier. Le docteur, l'ayant examiné, y lut son nom et son adresse tracés au crayon.

Il regarda l'écriture de plus près, jeta un nouveau coup d'œil sur le messager, prit son chapeau à un portemanteau, mit la clef de la porte dans sa poche et s'éloigna d'un pas rapide.

Lorsqu'ils arrivèrent à l'établissement de bains, tous les gens de la maison guettaient leur arrivée à la porte ou allaient et venaient dans les couloirs.

« Priez tout le monde de se tenir à l'écart, dit le docteur au maître de la maison ; et vous, ajouta-t-il en s'adressant au messager, montrez-moi le chemin. »

Le garçon le conduisit jusqu'au bout d'une avenue de cabinets et, s'arrêtant à une porte ouverte à l'extrémité du couloir, regarda derrière la porte. Le docteur, qui le suivait de près, regarda aussi derrière la porte.

On voyait dans le coin une baignoire dont on avait épuisé l'eau. Couché là comme dans un tombeau ou un sarcophage, recouvert à la hâte d'un drap et d'une couverture, était le cadavre d'un homme mal bâti, avec une tête obtuse, des traits ignobles, communs et grossiers. Le fond de la baignoire de marbre blanc était veiné d'un rouge terrible. Sur une tablette voisine on voyait une bouteille qui avait contenu du laudanum, et un canif à manche d'écaille, taché, mais non avec de l'encre.

« Séparation de la jugulaire... mort rapide... il y a au moins une demi-heure qu'il est mort. »

Le regard du médecin se dirigea alors vers les vêtements restés sur le divan, puis vers une montre, une bourse et un portefeuille qui se trouvaient sur la table. Un billet non cacheté, qui sortait à moitié du portefeuille, attira ensuite son attention. Il le regarda, le toucha, le tira un peu des feuilles du carnet, et dit d'un ton calme : « Ce billet m'est adressé », l'ouvrit et le lut.

Il n'avait aucun ordre à donner. Les gens de la maison savaient bien ce qu'ils avaient à faire. Le docteur fut heureux de sortir pour aller respirer l'air frais de la nuit ; il s'assit même un moment, en dépit de sa longue expérience, sur les marches de la première maison venue, car il se sentait mal à son aise.

L'avocat célèbre demeurait dans le voisinage du docteur ; en passant devant la porte, le docteur vit briller une lumière à la fenêtre du cabinet de travail, et il frappa à la porte. L'avocat vint ouvrir en personne, et demanda ce qu'il y avait.

« Vous m'avez demandé un jour, lui répondit le docteur, quelle était la maladie de Merdle.

— Voilà un singulier moment pour répondre à ma question. C'est vrai, je me rappelle vous l'avoir demandé.

— Je vous ai dit que je n'en savais rien.

— Oui, en effet.

— Eh bien, je connais maintenant sa maladie.

— Mon Dieu ! s'écria l'avocat, qui recula d'un pas en posant la main sur la poitrine de son ami. Moi aussi ! je la lis sur votre visage. »

Ils entrèrent dans la chambre la plus voisine, où le docteur lui fit lire le billet.

Le docteur s'était chargé d'annoncer le lugubre événement à Harley-street. L'avocat, incapable de continuer à travailler, proposa à son ami de l'accompagner jusqu'à la porte : il se promènerait dans le voisinage en attendant qu'il eût rempli sa pénible mission. Ils allèrent à pied, afin de retrouver leur sang-froid au grand air. Le jour déjà battait des ailes, chassant devant lui les ombres de la nuit, lorsque le docteur frappa à la porte de l'hôtel de Harley-street.

Un valet de pied veillait en attendant son maître... c'est-à-dire qu'il ronflait dans la cuisine, entre deux chandelles et un journal. Lorsque ce serviteur vigilant eut été tiré de son profond sommeil, le docteur fut encore obligé d'attendre qu'on eût réveillé le maître d'hôtel ; à la fin ce noble personnage daigna se présenter à la porte de la salle à manger, en robe de chambre et en pantoufles. Il faisait déjà jour, et le docteur, en attendant qu'on vînt le trouver, avait ouvert les volets d'une croisée pour voir paraître l'aube.

« Il faut appeler la femme de chambre de Mme Merdle, afin qu'elle réveille sa maîtresse et la prépare, aussi doucement que possible, à me recevoir. J'ai une horrible nouvelle à lui apprendre. »

Ce fut en ces termes que le docteur adressa la parole au maître d'hôtel. Celui-ci, qui tenait un chandelier à la main, appela un domestique, pour emporter la lumière inutile.

« M. Merdle est mort.

— Je désire, fit observer le maître d'hôtel, donner congé pour le mois prochain.

— M. Merdle s'est suicidé.

— Monsieur, reprit le maître d'hôtel, voilà un événement très-désagréable pour un homme comme moi, car il est de nature à éveiller certains préjugés. Je désire quitter aujourd'hui même.

— Morbleu! si vous n'êtes pas plus ému, montrez au moins quelque surprise! » s'écria le docteur.

Le maître d'hôtel, calme et immobile, fit cette mémorable réponse :

« Monsieur, le défunt n'a jamais été un gentleman, et de sa part aucune action indigne d'un gentleman ne saurait me causer de surprise. Voulez-vous que je vous envoie quelqu'un ou que je donne quelques ordres, pour vous obliger, avant de commencer mes préparatifs de départ? »

Lorsque le docteur, après avoir rempli sa mission, vint rejoindre le célèbre avocat dans la rue, il se contenta de lui annoncer, à propos de son entrevue avec Mme Merdle, qu'il n'avait pas encore tout dit à cette dame, mais qu'elle avait assez bien supporté ce qu'elle en avait entendu. Avant de se séparer, devant la porte du docteur, ils levèrent tous deux les yeux vers le ciel, que le soleil commençait à éclairer, et vers lequel la fumée de quelques cheminées matinales et la voix des rares passants s'élevaient paisiblement; puis, songeant à l'immense cité, ils se dirent :

« Si les centaines, les milliers de gens ruinés qui dorment encore connaissaient le malheur qui plane en ce moment sur eux, quel terrible concert de malédictions la seule âme du défunt soulèverait contre elle! »

Le bruit de la mort du grand homme se répandit avec une rapidité fabuleuse. D'abord il se trouva qu'il avait succombé à toutes les maladies connues, sans compter une foule de maladies toutes fraîches sortant de chez le fabricant et n'ayant jamais servi, inventées avec la rapidité de l'éclair, pour les besoins du moment.

Vers l'heure de la bourse, de sinistres rumeurs se mirent à circuler à l'ouest, à l'est, au nord et au sud. D'abord ces bruits furent assez modérés. On se contentait de dire qu'il n'était pas bien sûr que la fortune de M. Merdle fût aussi vaste qu'on l'avait toujours cru; que la liquidation pourrait bien offrir quelques retards; qu'il pourrait même y avoir une suspension provisoire (mettons un mois ou six semaines) de la merveilleuse banque. A mesure que ces rumeurs se répétaient un peu plus haut, elles devenaient aussi plus menaçantes. C'était un homme de rien, qui était parvenu tout à coup, par des moyens que personne n'avait jamais pu s'expliquer. Il avait des manières communes. Il n'avait reçu aucune espèce d'éducation. Il marchait toujours les yeux baissés et n'avait jamais pu regarder le monde en face. Comment se faisait-il qu'il eût ensorcelé tant de gens? Il n'avait jamais eu de fortune à lui, ses spéculations étaient effroyablement hasardeuses, et ses dépenses s'élevaient à un chiffre fabuleux.

Grossissant à mesure que le jour baissait, la nouvelle prenait plus de consistance et de solidité. M. Merdle avait laissé dans le cabinet de l'établissement de bains où il s'était tué une lettre adressée à son médecin; celui-ci l'avait prise pour la produire le lendemain à l'enquête du *coroner*. On pouvait s'attendre à un coup de foudre pour la multitude de gens que le banquier avait trompés. La rumeur, une fois lancée, devint de plus en plus furieuse et bruyante, à mesure que chaque édition nouvelle des journaux du soir venait la confirmer.

A partir de ce moment on sut que la maladie de feu M. Merdle était tout bonnement... l'escroquerie et le vol.

CHAPITRE XX

ORAGE

Annoncé par sa respiration essoufflée et par un bruit de pas pressés, M. Pancks se précipite dans le petit bureau d'Arthur Clennam. L'enquête est terminée, la lettre est publiée, la faillite de la merveilleuse banque est annoncée, les autres entreprises modèles du grand Merdle sont autant de compagnies de paille qui ont pris feu, et dont il ne reste que de la fumée.

Que sont devenus l'ordre et l'activité du bureau Doyce et Clennam? Des lettres non décachetées, des papiers en désordre encombrent la table. Au milieu de ces signes de prostration morale et de découragement, l'associé de Daniel Doyce se tient immobile à sa place habituelle, les bras croisés sur son pupitre et la tête appuyée sur ses bras.

M. Pancks arrive en courant dans la chambre, aperçoit Clennam et s'arrête. L'instant d'après, les bras de Pancks sont aussi croisés sur le pupitre et sa tête aussi appuyée sur ses bras. Pendant quelques minutes ils se tiennent dans cette attitude, désœuvrés et silencieux, séparés par la largeur de la petite table.

M. Pancks fut le premier à lever la tête et à parler.

« C'est moi qui vous y ai décidé, monsieur Clennam. Je le sais. Traitez-moi comme vous voudrez. Vous ne pourrez pas me dire plus d'injures que je ne m'en dis à moi-même. Vous ne pouvez pas m'en dire plus que je n'en mérite.

— O Pancks, Pancks! répliqua Clennam, ne parlez pas de ce que vous méritez. Et moi donc, qu'est-ce que je n'ai pas mérité, moi qui ai ruiné mon associé, ce vieillard honnête, industrieux, infatigable, qui a travaillé toute sa vie. Je l'ai ruiné,... plongé dans la honte et dans le déshonneur.

— Faites-moi des reproches, s'écria Pancks, ou je me ferai à moi-même un mauvais parti. Appelez-moi *imbécile, canaille.* Dites-moi donc : « Vilain âne, comment as-tu pu faire cela? Tête de baudet, où « avais-tu donc l'esprit? » Voyons, ne m'épargnez pas, dites-moi des sottises.

— Hélas! Pancks, j'étais un aveugle qui s'est laissé conduire par un autre aveugle.... Mais Doyce, Doyce, Doyce, mon pauvre associé!

— Monsieur Clennam, demanda Pancks, est-ce que vous avez risqué... tout?

— Oui, tout. »

Pancks saisit ses cheveux touffus et les tira avec tant de force qu'il en arracha plusieurs mèches. Après avoir regardé ces dépouilles d'un air furibond, il les mit dans sa poche.

« Il faut que je prenne tout de suite mon parti, ajouta Clennam, essuyant quelques larmes silencieuses qui venaient de déborder. Il faut que je me hâte au moins d'offrir la seule réparation que je puisse offrir. Il faut que je mette la réputation de mon malheureux associé à l'abri de tout soupçon. Il faut que je me dépouille de tout ce que je possède. Il faut que je remette à nos créanciers la direction dont j'ai tant abusé, et que je me résigne à travailler jusqu'à la fin de mes jours pour effacer autant que possible ma faute... ou mon crime. Toute la nuit j'ai réfléchi à cela; il ne me reste plus qu'à agir.

— Mais au moins n'agissez pas seul, reprit Pancks. Consultez un homme de loi. Prenez Rugg. Voulez-vous que j'aille chercher Rugg, monsieur Clennam?

— Si cela ne vous dérange pas, je vous serai obligé. »

M. Pancks ayant amené M. Rugg, ce gentleman pria M. Pancks de prendre la clef des champs, pour calmer son agitation. M. Pancks se retira d'un air soumis et découragé.

Clennam confia alors à M. Rugg la détermination qu'il avait prise. Il lui expliqua que, Daniel Doyce, son associé, étant alors absent pour affaires importantes, il se croyait tenu d'accepter publiquement le blâme mérité par son administration imprudente et d'exonérer son ami de toute responsabilité morale, pour que le succès des opérations de son associé ne fût pas compromis par le moindre soupçon de complicité, de négligence dans la gestion des affaires de la maison. Il ne pouvait offrir d'autre réparation. Il avait l'intention de faire imprimer une déclaration à cet effet ; cette déclaration, il l'avait déjà rédigée, et il comptait, non seulement l'adresser à tous les clients de la maison, mais encore la faire insérer dans les journaux. Outre cette mesure, il voulait envoyer une circulaire à tous les créanciers pour disculper son associé d'une manière solennelle, leur annoncer que la maison allait être immédiatement fermée jusqu'à ce qu'ils eussent fait connaître leurs intentions : il se soumettait d'avance à leur décision. Si, en considération de l'innocence de son associé, on s'arrangeait de façon à permettre à la maison de recommencer honorablement les affaires, il abandonnerait à Daniel Doyce la part qui lui revenait dans l'association : c'est l'unique réparation pécuniaire qu'il pût lui offrir en échange des inquiétudes dont il avait été pour lui la cause involontaire, et il ne demanderait qu'à servir la maison en qualité de commis, avec des appointements qui lui permissent seulement de vivre.

M. Rugg, naturellement, fit beaucoup d'objections à ce plan, mais Clennam n'en voulut pas écouter une seule. En conséquence, l'homme de loi se mit à l'œuvre, et Arthur, ne conservant que ses effets, ses livres et le peu d'argent qu'il se trouvait avoir sur lui, mit son compte de banque personnel parmi les autres valeurs de la maison.

La déclaration fut publiée et souleva un orage formidable. Des milliers d'individus, depuis la faillite de Merdle, n'attendaient que cette occasion ; ils ouvraient des yeux effarés dans l'espoir de trouver un être vivant qu'ils pussent accabler de reproches. Aussi ce cas extraordinaire qui venait de lui-même chercher la publicité, mit sur une sorte de pilori la victime vivante, dont le besoin se faisait si généralement sentir. Lorsque les gens même que cela ne regardait pas du tout se montraient si irrités contre le coupable, on ne devait pas s'attendre à beaucoup d'indulgence de la part de ceux à qui il faisait perdre de l'argent. M. Rugg, installé dans le bureau de Clennam, décachetait chaque jour un déluge de reproches et d'invectives. Avant qu'il se fût écoulé une semaine, il annonça à son client qu'il craignait que les créanciers n'eussent déjà obtenu contre lui plusieurs décrets de prise de corps.

« Il faut que je subisse les conséquences de mes actes, dit Clennam. Les recors me trouveront ici. »

Ils l'y trouvèrent en effet et le conduisirent tout droit à la prison de la Maréchaussée.

On le logea précisément dans la chambre qu'avait occupée autrefois le Père de la Maréchaussée. L'obscurité le trouva perdu dans ses pensées. L'obscurité trouva aussi M. et Mme Plornish frappant à sa

ON LE LOGEA DANS LA CHAMBRE QU'AVAIT OCCUPÉE LE PÈRE DE LA MARÉCHAUSSÉE.

porte. Ils apportaient avec eux un panier garni d'une collection choisie de ces denrées que les Cœurs-Saignants mettaient tant d'empressement à acheter et tant de lenteur à payer. Mme Plornish pleurait. M. Plornish grommela, dans son style philosophique mais peu clair, qu'il y a des hauts, vous savez, et puis aussi des bas. Il était parfaitement inutile de demander pourquoi il y avait des hauts et des bas; ils existent, voilà tout. Il avait entendu dire qu'à mesure que la terre tourne (car on sait qu'elle tourne) le meilleur gentleman du monde doit naturellement se trouver de temps en temps sens dessus dessous, la tête en bas et les cheveux tout ébouriffés, comme les autres. Eh bien alors, tant mieux! c'était là l'opinion de M. Plornish; tant mieux! car à la première évolution de la terre, la tête de ce même gentleman reprendrait sa position naturelle et ses cheveux aussi, qui redeviendraient si lisses que cela ferait plaisir à voir. Eh bien! tant mieux!

Mme Plornish n'était pas douée d'un esprit philosophique : elle ne savait que pleurer; mais pour être moins philosophiques, ses larmes n'en étaient pas moins intelligibles.

« Monsieur Clennam, dit-elle, je ne peux pas me figurer ce que M. Baptiste va devenir en apprenant la nouvelle. Il y a longtemps qu'il serait ici, bien sûr, s'il n'avait pas été absent depuis ce matin pour l'affaire confidentielle dont vous l'avez chargé. Mais, ce que je dis, monsieur Clennam, c'est qu'à tous les malheurs on peut trouver un bon côté : vous savez ça aussi bien que moi. Quand on regarde autour de cette chambre, il est facile de deviner quel est le bon côté du malheur d'aujourd'hui.... Il faut remercier le ciel de ce que Mlle Dorrit n'est plus ici pour voir cela. »

Arthur crut s'apercevoir que Mme Plornish le regardait avec une expression toute particulière.

« C'est une chose dont il faut remercier le ciel, répéta Mme Plornish, que Mlle Dorrit soit bien loin. Espérons que cela l'empêchera d'apprendre la nouvelle. Si elle avait été ici, monsieur, soyez sûr qu'en vous voyant (Mme Plornish répéta ces mots...), soyez sûr qu'en vous voyant, *vous*, dans le malheur et la peine, son bon cœur en eût trop souffert. Je suis sûre qu'il n'y a rien au monde qui pût lui faire autant de peine. »

On ne pouvait s'y tromper cette fois : Mme Plornish regardait Arthur bien en face, et il y avait un certain air de malice dans son émotion affectueuse.

CHAPITRE XXI

NOUVELLE APPARITION DE LA MARÉCHAUSSÉE

Arthur Clennam était en prison depuis un mois et demi, lorsque M. Rugg, qui était venu le voir pour tâcher de le décider à faire certaines démarches, et qui avait échoué, lui dit, à la fin de sa visite, qu'un gentleman à tournure militaire attendait dans la loge des guichetiers qu'il lui plût de le recevoir.

« Un gentleman qui demande à me voir, dites-vous?

— En effet, j'ai pris la liberté de vous le faire savoir, bien que ça ne rentre pas dans mes attributions. Ayant entendu dire, par hasard, que j'étais votre homme d'affaires, ce gentleman a voulu attendre que j'eusse rempli près de vous ma courte mission.

— Il faut sans doute que je le voie, dit Clennam avec un soupir de lassitude.

— Alors votre bon plaisir est de le recevoir, monsieur? demanda M. Rugg. Suis-je autorisé par vous à donner cette réponse au gentleman en repassant par la loge. Oui? Merci, monsieur; je vous souhaite le bonjour. »

Et il partit, avec un air de mauvaise humeur.

Arthur était plongé dans une rêverie profonde, lorsqu'un bruit de pas retentit lourdement dans l'escalier. Un coup de poing donné à la porte l'ouvrit toute grande, et sur le seuil il aperçut Blandois, ce Blandois dont la disparition lui avait causé tant d'inquiétudes.

« *Salve*, camarade de prison! s'écria Blandois. Vous voulez me voir, à ce qu'il paraît? Me voici! »

Avant qu'Arthur, indigné et surpris, eût eu le temps de lui répondre, Cavalletto suivit de près, et derrière lui, M. Pancks. Ni l'un ni l'autre n'avait visité la prison depuis que Clennam habitait cette chambre. M. Pancks, respirant avec bruit, se glissa vers la croisée, posa son chapeau par terre, passa dans ses cheveux les doigts de ses deux mains, puis se croisa les bras comme un homme qui se repose après une longue journée de travail. Baptiste, sans quitter un moment du regard le compagnon de geôle dont il avait si grand'peur autrefois, s'assit tout doucement sur le parquet, le dos appuyé contre la porte. Il ressemblait cette fois bien plus à un chien de garde qu'à un homme qui a peur.

« Voilà deux imbéciles, continua M. Blandois, ci-devant Lagnier, ci-devant Rigaud, qui m'ont dit que vous désiriez me voir, camarade. Eh bien, me voici ! »

Jetant derrière lui un regard dédaigneux sur le lit qui le jour se transformait en commode, il s'y appuya sans ôter son chapeau, prit ses aises et se tint, d'un air provocant, les mains dans ses goussets.

« Vilain oiseau de mauvais augure, s'écria Clennam, vous avez fait exprès de jeter un horrible soupçon sur la maison de ma mère. Pourquoi cela? Qu'est-ce qui a pu vous suggérer cette idée diabolique? »

M. Rigaud, après avoir froncé un instant les sourcils, se mit à rire.

« Écoutez donc ce noble gentilhomme ! Venez, tout le monde, écouter cet enfant de la vertu ! Ah çà ! prenez garde, prenez garde. Il est possible, monsieur, que votre vivacité soit un peu compromettante. Sacrebleu ! c'est que ça se pourrait bien ! »

— Signore, dit Cavalletto en s'adressant à Arthur, pour commencer, écoutez-moi ! Vous m'avez donné l'ordre de trouver ce Rigaud,... n'est-il pas vrai?

— C'est vrai.

— Je commence donc, conséquemmentalement, par aller parmi mes compatriotes. Je leur demande des nouvelles des Italiens récemmentalement arrivés à Londres; puis je vais parmi les Français, puis parmi les Allemands. Ils me disent tout ce qu'ils savent. Mais !... personne ne peut rien m'apprendre au sujet du Rigaud que je cherche. A quinze reprises différentes, je demande après lui dans tous les endroits où se réunissent les étrangers, et quinze fois l'on ne peut rien me dire. Mais !... après avoir longtemps attendu sans pouvoir découvrir s'il est ici, à Londres, quelqu'un me parle d'un soldat à cheveux gris... Eh! eh!... non pas des cheveux comme ceux que vous lui voyez là... des cheveux gris... qui loge dans un certain endroit, secrètementalement, mais!... qui quelquefois, après dîner, sort un peu pour fumer sa pipe. Il faut avoir de la patience, comme on dit en Italie. Je prends donc patience; je demande où est ce certain endroit. L'un croit que c'est par ici, un autre dit que c'est par là. Eh bien, ce n'est ni par ici ni par là. J'attends patientissimatalement: enfin je trouve l'endroit. Alors je guette; alors je me cache; enfin, il sort pour fumer sa pipe. C'est bien, en effet, le vieux soldat à cheveux gris qu'on m'avait annoncé.... Mais... c'est aussi l'homme que vous voyez là. Eh bien, signore, j'ai attendu une bonne occasion. J'ai écrit à signor Panco (cette nouvelle forme de son nom parut rajeunir M. Pancks) de venir m'aider. J'ai montré notre Rigaud à sa fenêtre à signor Panco, qui le guettait souvent pendant le jour. La nuit, je me couchais non loin de la porte de la maison; enfin nous sommes entrés seulement aujourd'hui, et voilà! Comme il n'a pas voulu monter en présence de l'illustre avocat (titre honorifique par lequel Baptiste désignait M. Rugg), nous avons attendu tous les trois en bas, et signor Panco a monté la garde dans la rue.

Vers la fin de ce récit, Clennam avait dirigé son regard vers l'impudent et sinistre visage du sieur Blandois. M. Rigaud adressa à Clennam un de ses odieux sourires, puis il fit claquer ses doigts cinq ou six fois, se penchant en avant pour diriger ce geste vers Clennam comme si chaque claquement eût été un projectile palpable qu'il lui lançait à la figure.

« Maintenant, monsieur le philosophe! s'écria-t-il, me direz-vous ce que vous me voulez?

— Je veux savoir, répliqua Clennam sans chercher à déguiser son dégoût, comment vous osez faire planer une accusation d'assassinat sur la maison de ma mère.

— *Oser!* oh! oh! Entendez-vous cela, vous autres? Oser! ah, vraiment! Par l'enfer, mon petit garçon, je vous trouve bien impudent!

— Je veux détruire ces odieux soupçons, continua Clennam. On vous mènera là-bas pour vous faire voir. Je veux aussi savoir ce qui vous a conduit dans cette maison le soir où j'ai eu si bonne envie de vous jeter du haut en bas de l'escalier. Oh! vous avez beau froncer les sourcils en me regardant. Je vous connais assez pour savoir que vous n'êtes qu'un fanfaron et un poltron. »

Blandois pâlit jusqu'aux lèvres, se caressa la moustache et murmura :

« Par l'enfer, mon petit garçon, vous êtes un peu compromettant pour madame votre respectable mère ! »

Puis il parut un instant indécis; mais son irrésolution ne dura pas longtemps. Il s'assit avec un geste de crânerie menaçante, en disant :

« Faites-moi donner une bouteille de vin. On trouve du vin dans cette baraque. Envoyez un de ces imbéciles me chercher une bouteille de vin. Je ne parle pas avant d'avoir quelque chose à boire. Allons : oui ou non ? »

Signor Panco alla, sur l'ordre de Clennam, chercher une bouteille de vin au café.

« Allons, imbécile, un grand verre ! » lui dit Rigaud.

Signor Panco posa devant Rigaud le verre demandé, mais non sans éprouver un désir bien évident de le lui lancer à la tête.

« Ah ! ah ! reprit Rigaud d'un ton vantard, un gentilhomme est toujours un gentilhomme, que diable ! Un gentilhomme a bien le droit de se faire servir, je présume ! C'est dans mon caractère à moi, de me faire servir ! »

Il remplit son verre à moitié tandis qu'il parlait, et il l'avait déjà avalé qu'il parlait encore.

« Aux affaires maintenant, reprit-il. Causons un peu. Vous me paraissez assez libre en paroles, si vous ne l'êtes pas trop ici de votre personne.

— Je suis assez libre pour vous donner les noms que vous méritez. Vous savez bien, et nous savons tous que je vous ai encore ménagé.

— Les paroles, monsieur, ou rien, c'est la même chose. Elles n'ont jamais changé la valeur d'un coup de dés. Savez-vous cela ? Eh bien, moi aussi, je suis engagé dans une partie à laquelle les mots ne changeront rien. Vous tenez à savoir pourquoi j'ai voulu jouer ce petit tour que vous venez d'interrompre ? Eh bien, sachez que j'avais, que j'ai encore... vous comprenez ?... que j'ai encore certaine marchandise à vendre à madame votre mère. Je lui ai expliqué la nature de cette marchandise, et j'ai fixé mon prix. Or sur la question de prix, votre admirable mère est restée un peu trop calme, trop impassible. En un mot, votre admirable mère m'a agacé. Pour varier mes plaisirs, pour m'amuser — quoi donc! il faut bien qu'un gentilhomme s'amuse aux dépens de quelqu'un! — j'ai eu l'heureuse idée de disparaître. L'idée de me faire disparaître réellement, votre mère, voyez-vous, avec son caractère vigoureux, et mon cher Flintwinch lui-même n'auraient pas été trop fâchés de la mettre à exécution de leur côté.... Ah bah! bah! ne me regardez pas ainsi du haut de votre grandeur! Je le répète : ils n'auraient pas été fâchés, ils auraient été réjouis, ravis, enchantés! »

Rigaud, après avoir bu un second verre de vin, reprit :

« L'idée de disparaître, mon brave monsieur, s'est trouvée en effet une idée assez heureuse sous plus d'un rapport. Elle m'a amusé, elle a ennuyé votre chère maman et mon bien-aimé Flintwinch, elle vous a causé des angoisses (c'est le prix que je prends pour une leçon de politesse), enfin elle a inspiré à toutes les aimables personnes qui me connaissent la conviction que votre serviteur est un homme à craindre. Elle pouvait, en outre, contribuer à rendre madame votre mère plus raisonnable, elle pouvait, grâce au petit soupçon désagréable qui n'a pas échappé à votre profonde sagesse, l'engager à annoncer mystérieusement dans les journaux que les difficultés qui s'étaient élevées contre un certain marché seraient aplanies pourvu qu'un certain individu prît la peine de reparaître. Peut-être que oui, peut-être que non. Mais vous êtes venu mettre des bâtons dans les roues. A présent, à votre tour de parler. Qu'est-ce que vous me voulez? Vous ne répondez pas. Peut-être, mon cher philosophe, ami de la vertu, imbécile *et cœtera*, peut-être auriez-vous mieux fait de me laisser tranquille.

— Non, répondit Clennam. Car, au moins, on saura que vous êtes vivant et qu'il ne vous est rien arrivé. Au moins, vous n'échapperez pas à ces deux témoins, et ils pourront vous conduire devant le premier magistrat venu, devant une foule de gens.

— Mais ils ne me conduiront devant personne, riposta Rigaud. Je sais bien ce que je sais, allez! Est-ce que je n'ai pas une bonne marchandise à vendre? Me montrer au grand jour, *moi*? Ah! c'est là tout ce que voulez! Je me montrerai bien moi-même, et plus tôt qu'on ne voudrait peut-être! Cavalletto, une plume, de l'encre et du papier! Allons, vite! »

Cavalletto se leva et posa devant Rigaud tout ce qu'il demandait. Rigaud, après avoir souri d'un air sinistre à ses hideuses pensées, écrivit rapidement quelques lignes, qu'il lut à haute voix dès qu'il eut fini.

A madame Clennam.

(On attend la réponse.)
Prison de la Maréchaussée et
appartement de votre fils.

« Chère madame,

« Je suis désolé d'apprendre aujourd'hui de notre aimable prisonnier (qui a eu l'obligeance de mettre des espions à mes trousses, ne pouvant plus s'y mettre lui-même parce qu'il est dans la retraite pour des raisons politiques) que vous avez tremblé pour mes jours. Rassurez-vous, chère madame, je suis vivant, bien portant et constant.

« Je brûle d'impatience d'aller vous voir; mais je crains que, vu les circonstances, vous ne soyez pas encore décidée à accepter la proposition que j'ai eu l'honneur de vous faire. J'aurai donc le plaisir de me présenter chez vous d'aujourd'hui en huit; vous voudrez bien accepter alors, oui ou non, mes conditions, avec toutes leurs conséquences.

« En attendant, vous trouverez bon, puisque notre prisonnier a troublé mes petits arrangements, que je compte sur vous pour payer les frais de mon séjour dans un hôtel.

« Recevez, chère madame, l'assurance de ma considération la plus parfaite et la plus distinguée.

« RIGAUD-BLANDOIS. »

Lorsqu'il eut achevé sa lecture, Rigaud plia sa lettre et la jeta d'un geste fanfaron aux pieds d'Arthur.

« Holà! hé! que quelqu'un porte ce billet à son adresse et me rapporte la réponse! »

Pancks se chargea de porter la lettre. Il revint au bout d'un quart d'heure. M. Blandois avait employé ce délai à fumer des cigarettes et à dire des insolences.

Pancks ne revenait pas seul lorsque Cavalletto ouvrit la porte : elle donna passage, non seulement au remorqueur, mais aussi à M. Jérémie Flintwinch. Ce dernier personnage ne se fut pas plus tôt montré que Rigaud s'élança au-devant de lui et l'embrassa à grand bruit.

« Comment vous portez-vous, monsieur? dit M. Flintwinch dès qu'il put se dégager, ce qu'il fit violemment, sans aucune cérémonie. Non, merci; j'en ai assez (ceci était dit en réponse à une autre menace de démonstrations affectueuses de la part de l'ami qu'il venait de retrouver)... Eh bien, Arthur, vous rappelez-vous ce que je vous ai dit à propos du chat qui dort, et du chat qui se cache ? Vous voyez que j'avais raison. Voilà donc cette fameuse prison pour dettes ! Ah ! Arthur, vous auriez pu trouver un marché mieux choisi pour vendre vos cochons, comme on dit. »

Si Arthur avait beaucoup de patience, Rigaud n'en avait pas du tout. Il saisit le petit Flintwinch par les deux bouts de son collet et le secoua avec un enjouement féroce, en s'écriant :

« Le diable emporte votre marché, vos cochons et votre gardeur de cochons ! Vite, la réponse à ma lettre !

— Si cela ne vous gêne pas trop de me lâcher un instant, monsieur, répliqua Jérémie, je commencerai par donner à M. Arthur un petit mot dont on m'a chargé pour lui. »

Aussitôt dit, aussitôt fait. Le billet, griffonné par la main affaiblie de Mme Clennam sur un chiffon de papier, ne renfermait que ces mots : « J'espère qu'il vous suffira de vous être ruiné. Ne cherchez pas à ruiner les autres par-dessus le marché. Jérémie Flintwinch est mon messager et mon représentant. Votre affectionnée M. C. »

Clennam lut ces lignes deux fois, sans prononcer un mot, puis il déchira le papier en morceaux. Pendant qu'il lisait, Rigaud, grimpant sur un fauteuil, s'était assis sur le dos de ce meuble, les pieds appuyés sur l'étoffe qui tapissait le fond.

« Eh bien, beau Flintwinch, dit-il après avoir vu déchirer le billet, la réponse à ma lettre?

— Mme Clennam vous présente ses compliments, monsieur Blandois, et dit qu'au bout du compte elle ne vous trouve pas trop exigeant : elle accepte ; mais sans préjudice du rendez-vous qui tient toujours pour d'aujourd'hui en huit. »

M. Rigaud, après un accès de fou rire, descendit de son trône en disant :

« Bon, je vais me chercher un hôtel. »

Tandis qu'il parlait, son regard tomba sur Cavalletto :

« Allons, animal! reprit-il, tu m'as suivi contre mon gré : maintenant tu vas me suivre malgré toi. Quand je vous disais, mes petits reptiles, que je suis fait pour être servi ! J'exige que ce contrebandier devienne mon domestique pendant huit jours. »

Cavalletto interrogea du regard Clennam, qui lui fit signe qu'il pouvait accompagner Blandois, en ajoutant toutefois :

« A moins, bien entendu, que vous n'ayez peur de lui. »

Le petit Italien répliqua avec un geste de dénégation énergique :

« Non, maître, je n'ai plus peur de lui depuis que j'ai déclaré énergiquement comment je l'ai eu un moment pour camarade. »

M. Blandois s'éloigna à grands pas, suivi de près par Cavalletto, dont il n'aurait peut-être pas réclamé les services s'il n'avait pas deviné qu'il ne serait pas facile de se débarrasser autrement du petit Italien.

M. Flintwinch, après s'être gratté le menton et avoir regardé autour de lui d'une façon peu flatteuse pour le local, fit un petit signe de tête à Clennam et se dirigea vers la porte. M. Pancks, toujours repentant et abattu, partit à son tour, après avoir écouté avec beaucoup d'attention quelques recommandations secrètes d'Arthur, et après avoir répondu à voix basse qu'il ne perdrait pas de vue cette affaire et qu'il la suivrait jusqu'au bout.

Le prisonnier se sentit plus méprisé, plus dédaigné, plus repoussé, plus impuissant, plus misérable et plus découragé qu'auparavant, quand il se trouva seul.

CHAPITRE XXII

COMBAT DE GÉNÉROSITÉ DANS LA MARÉCHAUSSÉE

Le sixième des huit jours de grâce accordés par Rigaud était un jour humide, chaud et brumeux. La tête malade, le cœur fatigué, Arthur avait veillé toute la nuit, écoutant la pluie qui tombait sur les pavés de la cour, et rêvant à celle qui arrosait plus doucement les prairies et les jardins dans la campagne lointaine.

Un jour blafard s'était levé, la matinée de la Maréchaussée avait commencé. Clennam, si malade et si faible qu'il fut obligé de se reposer plusieurs fois en faisant sa toilette, s'était traîné vers la fenêtre ouverte et avait sommeillé dans son fauteuil, pendant que la vieille femme de ménage rangeait un peu la chambre.

Ébloui par le défaut de sommeil et la diète (car son appétit avait disparu), il se rappelait avoir eu, deux ou trois fois pendant la nuit, une sorte de délire. Il avait entendu dans l'atmosphère épaisse des fragments d'airs et de chansons, qui n'avaient d'existence, il le savait bien, que dans son imagination fiévreuse. Maintenant que la fatigue venait lui fermer les yeux, il les entendit de nouveau : il crut qu'on lui parlait, qu'il répondait, et le bruit de sa propre voix le faisait tressaillir.

Tandis qu'il sommeillait et rêvassait de la sorte, si incapable de mesurer le temps qu'il aurait pu prendre indifféremment une minute pour une heure ou une heure pour une minute, il se figura qu'il était dans un jardin dont une brise humide et chaude éveillait les parfums. Il lui fallut un si grand effort pour lever la tête afin de savoir ce qu'il en était que, lorsqu'il regarda autour de lui, cette sensation avait déjà vieilli et ne lui laissait plus qu'un souvenir importun. Sur la table, à côté de sa tasse, il aperçut un bouquet fraîchement cueilli, un merveilleux bouquet, composé des fleurs les plus belles et les mieux choisies.

Jamais il n'avait rien vu de si beau. Il prit les fleurs, en respira l'odeur, les porta à sa tête brûlante, les replaça sur la table, puis étendit ses mains desséchées au-dessus du frais bouquet, comme d'autres, en hiver, approchent d'un bon feu leurs mains frileuses. Ce fut seulement après s'être réjoui les yeux pendant quelque temps à ce spectacle nouveau pour lui, qu'il commença à se demander d'où lui venaient ces fleurs. Il se retourna pour questionner la femme de ménage, mais elle était déjà partie, et même depuis assez longtemps, sans doute, car le thé qu'il avait à côté de lui était froid. Il essaya de boire un peu, mais en vain : l'odeur du thé lui faisait mal.

Il retomba dans le même état de torpeur qu'auparavant. La brise lui apportait encore un des airs qu'il avait entendus pendant la nuit, quand la porte parut s'ouvrir tout doucement, sans que l'on fît tourner la clef dans la serrure, et, au bout d'une minute ou deux, une petite visiteuse, bien douce et bien calme, couverte d'un manteau, s'arrêta sur le seuil. Puis elle rejeta en arrière son manteau, et montra la petite Dorrit dans sa vieille robe usée d'autrefois. Il crut la voir trembler, se croiser les mains, verser des larmes.

Arthur se réveilla et poussa un cri de surprise. Il vit dans l'expression du visage plein de pitié qui se tourna vers lui, aussi clairement que dans un miroir, combien il était changé. La petite Dorrit, car c'était bien elle, l'appela par son nom.

« O mon meilleur ami ! cher monsieur Clennam, que je ne vous voie pas pleurer ! A moins que ce ne soit de plaisir ! Voilà votre pauvre enfant revenue ! »

Si fidèle, si affectueuse, si peu gâtée par la fortune ! Il y avait des consolations ineffables dans son regard, dans le son de sa voix.

« On ne m'avait pas dit que vous étiez malade. »

Lorsque Arthur put parler, il s'écria :

« Comment, c'est vous qui venez me voir, et avec cette robe ?

— J'étais sûre que vous aimeriez mieux me voir dans ce costume qu'avec la plus belle toilette. Je l'ai toujours gardée, afin de ne pas oublier,... et cependant je n'avais pas besoin de cela. Je ne suis pas seule, comme vous voyez : j'ai amené une ancienne amie. »

Tournant la tête, Arthur aperçut Maggy, coiffée de l'énorme bonnet d'autrefois, armée de son panier des anciens jours, et poussant des gloussements de joie.

« Je ne suis arrivée que d'hier au soir, avec Édouard. J'ai envoyé tout de suite chez Mme Plornish pour avoir de vos nouvelles et vous faire savoir que j'étais revenue. C'est seulement alors que j'ai appris que vous étiez ici. C'est moi qui vous ai apporté des fleurs ce matin, mais vous ne m'avez pas entendue. »

Elle ôta son vieux chapeau, l'accrocha à son ancienne place, et commença, sans bruit, avec l'aide de Maggy, à rendre la chambre aussi gaie et aussi propre que possible; elle répandit sur le parquet de l'eau de senteur. Puis on déballa le panier, rempli de raisin et de fruits, que l'on mit de côté, avec d'autres provisions destinées à réveiller l'appétit du pauvre malade.

Le bonheur d'être ainsi consolé et soigné, la pensée que tout le dévouement de cette noble créature se tournait vers lui dans son adversité pour répandre sur sa misère les richesses d'une bonté inépuisable, tout cela ne contribuait pas à raffermir la voix ni la main tremblante de Clennam, ni à diminuer sa faiblesse, mais cela lui inspirait une grande force morale.

Au moment de partir, la petite Dorrit lui dit :

« Cher monsieur Clennam, j'ai quelque chose à vous dire avant de vous quitter. Depuis que je suis ici, je n'ose pas, mais il faut que je vous le dise. Vous devinez sans doute que mon frère est revenu pour chercher le testament de notre cher père, et pour prendre possession de son héritage. Il dit que, s'il y a un testament, je ne peux manquer d'y être dotée richement; et que, dans le cas où l'on n'en trouverait pas, il me rendra riche par lui-même. Je n'ai pas besoin d'argent. Je n'y tiens pas. A quoi me servirait-il, à moins qu'il ne puisse vous être utile ! Je ne me croirai jamais riche tant que vous serez ici. Je me sentirai plus malheureuse que les plus pauvres d'entre les pauvres, tant que vous aurez de pareils chagrins. Laissez-moi vous prêter tout ce que j'ai. Laissez-moi vous prouver que je n'ai pas oublié, que je ne peux jamais oublier combien vous avez été bon pour moi lorsque j'habitais cette prison.

— Non, mon enfant, répondit Clennam d'une voix émue, je ne dois pas vous entendre parler d'un pareil sacrifice. La liberté et l'espérance me coûteraient trop cher s'il me fallait les acheter à ce prix; je ne pourrais pas supporter la honte et le reproche de les avoir ainsi recouvrées. Mais je prends le ciel à témoin de la reconnaissance que m'inspire votre offre, tout en la refusant. »

Les petites mains jointes d'Amy adressèrent une supplication plus éloquente et plus pathétique que tous les discours du monde.

« Je suis assez déshonoré sans cela, petite Dorrit. Je ne dois pas descendre aussi bas et vous entraîner dans ma chute, vous... si généreuse et si bonne. Que Dieu vous bénisse, que Dieu vous récompense! N'y pensons plus! »

CHAPITRE XXIII

ON FERME

Nous voici au dernier des huit jours de grâce accordés par le sieur Rigaud. Sur le soir, trois hommes se dirigèrent vers la demeure de Mme Clennam. Rigaud, qui marchait en avant, une cigarette à la bouche, passa le premier. Derrière lui venait M. Jean-Baptiste Cavalletto, qui suivait de près son ancien camarade de prison. Signor Panco formait l'arrière-garde et portait son chapeau sous son bras, à la plus grande satisfaction de sa chevelure rebelle, car il faisait une chaleur étouffante. Tous trois arrivèrent ensemble sur le perron.

« Paire d'imbéciles que vous êtes, s'écria Rigaud faisant volte-face, ne vous en allez pas encore.

— Nous ne songeons pas du tout à nous en aller, mon cher monsieur », répliqua le signor Panco.

Cette réponse valut à M. Pancks un coup d'œil sinistre de M. Rigaud qui se retourna sans plus de cérémonie et frappa rudement à la porte. Il avait bu copieusement, pour mieux se préparer à jouer dignement son rôle dans l'entrevue, et il était pressé de commencer. Il avait à peine fait retentir la porte sous un coup de marteau redoublé, qu'il se retourna et frappa une seconde fois ! L'écho résonnait encore, lorsque Flintwinch ouvrit la porte. Les dalles du vestibule résonnèrent sous les pas des trois visiteurs. Rigaud, poussant Jérémie de côté, se dirigea tout droit vers l'étage supérieur, toujours suivi de ses deux compagnons, qui envahirent avec lui la chambre de Mme Clennam.

« Qui sont ces gens ? Que viennent-ils faire chez moi ? demanda la paralytique d'un ton de surprise, en voyant entrer les deux compagnons de M. Blandois.

— Qui sont ces gens, chère madame? répondit Rigaud. Ma foi, ce sont les amis de votre fils le prisonnier. Ce qu'ils viennent faire chez vous? Sacrebleu! madame, je n'en sais rien; vous n'avez qu'à le leur demander.

— Vous savez bien que vous nous avez dit à la porte de ne pas nous en aller, fit observer M. Pancks.

— Et vous savez, vous, que vous m'avez dit que vous n'aviez pas la moindre envie de vous en aller, riposta le gentilhomme cosmopolite. En un mot, chère madame, permettez-moi de vous présenter deux espions aux gages de notre ami le prisonnier,... deux imbéciles, mais deux espions : l'un n'empêche pas l'autre. Si vous tenez à ce qu'ils assistent à notre petite conférence, vous n'avez qu'un mot à dire. Pour ma part, ça m'est égal.

— Et pourquoi les ferais-je rester? demanda Mme Clennam. Je n'ai pas affaire à eux.

— Alors, très chère madame, reprit Rigaud, qui se jeta dans un fauteuil de façon à faire trembler le plancher et tous les meubles de la vieille chambre, vous ferez aussi bien de les renvoyer. Cela vous regarde. Ces messieurs ne sont pas *mes* espions. Je n'ai pas de canaille à mes gages, *moi*.

— Écoutez! vous, Pancks, vous le commis du vieux Casby, dit Mme Clennam en tournant vers le remorqueur un visage irrité, occupez-vous de vos propres affaires ou de celles de votre patron. Allez, et emmenez cet homme avec vous.

— Merci beaucoup, madame, répliqua M. Pancks, je suis enchanté de pouvoir vous dire que je n'ai aucune raison qui m'empêche de me retirer. Nous avons fait ce que nous nous étions engagés à faire pour M. Clennam. Sa grande inquiétude, qui n'a fait que croître et embellir quand il s'est vu en prison, a toujours été de s'assurer qu'on vous ramènerait chez vous l'aimable gentleman qui avait si bien su s'éclipser. Nous vous l'avons ramené. Le voilà. Et j'ajouterai, continua signor Panco en manière de péroraison, au nez et à la barbe de ce gentleman à mine patibulaire, qu'à mon avis ce monde-ci n'en irait pas plus mal s'il s'était éclipsé tout à fait dans l'autre monde. »

Après que M. Pancks et Cavalletto eurent disparu, M. Blandois entra en propos.

« Dans notre seconde entrevue, madame, je vous donnai à entendre que j'avais quelque chose à vendre, quelque chose qui pourrait bien, si vous ne vouliez pas en faire l'emplette, compromettre une dame pour laquelle je professe la plus haute estime. Je parlai en termes assez vagues. Je demandai, je crois, quelque chose comme mille livres sterling. Maintenant il m'en faut deux mille. Voilà ce que c'est que de lanterner. Nous ne sommes pas tombés d'accord. Pour la dernière fois, madame, je vous demande deux mille livres. Songez-y, pour la dernière fois. »

Mme Clennam, sans parler ni plus lentement ni plus vite que d'habitude, répondit :

« Il paraîtrait que vous avez en votre possession un papier ou des papiers... que je désire assurément recouvrer.

— Ça, dit Rigaud en partant d'un bruyant éclat de rire, je le crois sans peine.

— Le papier en question peut valoir pour moi une certaine somme d'argent, peu ou beaucoup,... je n'en sais rien....

— Morbleu ! cria Rigaud en l'interrompant d'un air farouche, ne vous ai-je pas donné huit jours de grâce pour réfléchir ? n'est-ce pas assez ?

— Non, je vous répète que nous sommes loin d'être riches, et je ne veux pas m'appauvrir davantage en offrant un prix quelconque pour un document, sans connaître au juste le mal qu'il pourrait me faire. C'est la troisième fois que vous m'adressez de vagues menaces. Aujourd'hui il faut parler clairement, sinon vous pouvez vous en aller et agir comme bon vous semblera. Mieux vaut être mise en pièces d'un coup de griffes que de trembler comme une souris à la merci d'un chat de votre espèce.

— Vous tenez donc, madame, à ce que je raconte un bout d'histoire domestique dans cette petite réunion de famille : l'histoire d'un mariage étrange, d'une mère qui n'est pas une mère, d'une vengeance, d'une substitution et d'une suppression.... Tiens ! tiens ! mon histoire commence à vous intéresser. Je la tiens d'un aimable aventurier, et j'en ai les preuves,... les preuves,... vous m'entendez, chère madame ? Ce récit vous charmera. Il lui faut un titre, prenons pour titre : *Histoire de cette maison*.

« Nous supposerons que cette maison a été habitée autrefois par deux personnages, l'oncle et le neveu ; l'oncle, vieillard rigide, doué d'une grande vigueur de caractère ; le neveu, garçon timide, réservé et soumis, trop soumis, comme vous l'allez voir. L'oncle sévère ordonne à M. son neveu de se marier. Il lui adressa la parole à peu près en ces termes : « Monsieur mon neveu, je vous présente une « dame douée d'une grande force de caractère : une dame sans « pitié, sans amour, vindicative, plus froide que le marbre, mais « plus irritable que le feu ! »

Mme Clennam fronça les sourcils.

« Le neveu était donc, poursuivit M. Blandois, un pauvre diable qu'on avait effrayé, affamé, il baissa la tête, et au lieu de répondre comme un homme : « Mon oncle, je suis déjà marié, secrètement il « est vrai et à votre insu : mais enfin je suis marié ! » il dit en tremblant : « Mon oncle, vous n'avez qu'à commander ; faites de moi ce « que vous voudrez ! »

Cette fois, il s'opéra un changement dans les traits de Mme Clennam ; son teint devint presque noir et son front se contracta davantage.

« En effet, reprit Blandois, monsieur notre oncle fait ce qu'il veut, c'est assez son habitude, du reste. L'heureux mariage a lieu ; les deux époux viennent habiter cette charmante demeure, où la dame est reçue, une supposition, par ce cher Jérémie Flintwinch.... Hein, vieil intrigant ? »

Jérémie, les yeux fixés sur sa maîtresse, ne fit aucune réponse. Rigaud contempla l'un après l'autre les deux associés, tapa son vilain nez avec son index et fit claquer sa langue.

« Bientôt la dame fait une singulière et contrariante découverte : monsieur était déjà marié.... Dans sa fureur, elle forme — vous m'écoutez, chère madame, — un projet vindicatif dont elle oblige son faible époux à supporter tout le poids ; elle lui prouve que son premier mariage est nul, ou du moins le lui persuade....

— Oui, le mariage était nul, s'écria Mme Clennam, et par conséquent entaché de péché. Je veux conter cette histoire moi-même. Je ne veux pas l'entendre sortir de votre bouche avec la souillure de votre iniquité. Puisqu'il faut qu'on la connaisse, qu'elle apparaisse au moins sous le jour sous lequel je l'ai moi-même envisagée. Pas un mot de plus. Écoutez-moi. Quoi donc ! n'aurais-je enduré, dans la solitude de cette chambre, tant de privations et une si longue captivité que pour me résigner, après tout, jusqu'à ne plus contempler mon visage que dans un miroir comme *celui-là !* Voyez-vous, entendez-vous cet homme ? »

Rigaud recula un peu sa chaise, allongea les jambes et se mit, les bras croisés, en face de Mme Clennam.

« Mon mari était coupable à mes yeux, et cette femme aussi. Élevée dans la plus sévère et la plus stricte piété, comment aurais-je pu douter que la Providence ne m'eût choisie pour les châtier tous les deux ? Devais-je oublier tout d'un coup, non pas mes propres griefs, car je n'étais qu'un instrument entre les mains du Seigneur,... mais mon horreur du péché et la sainte guerre à laquelle on m'avait dressée contre l'impie ! »

Elle posa sa main vengeresse sur la montre qui se trouvait sur la table.

« Non ! *N'oubliez pas.* Alors, comme aujourd'hui, les initiales de ces paroles se trouvaient dans la double boîte de la montre. J'étais destinée par le ciel à trouver cachée avec cette montre, au fond d'un tiroir secret, la vieille lettre qui y faisait allusion, qui m'apprit en même temps ce qu'elles voulaient dire, par qui et pour qui elles avaient été brodées. Si le Seigneur ne m'avait pas choisie pour son instrument, je n'aurais pas fait cette découverte. *N'oubliez pas ;* ces mots me parlaient comme une voix sortie d'un nuage irrité. Je n'ai pas oublié. Sont-ce mes propres griefs que je me suis rappelés ? Non. Je n'étais que l'humble servante du Seigneur. Quelle est l'œuvre de pénitence, je vous le demande, que j'ai infligée à cette femme ?
« Vous avez un enfant, lui dis-je. Je n'en ai pas ; vous aimez cet
« enfant, donnez-le-moi ; il se croira mon fils, et passera pour mon
« fils. » Si je l'ai punie ici-bas, ne lui ai-je pas ouvert en même temps le chemin de la vie éternelle ! »

Elle retourna la montre sur la table, l'ouvrit et contempla, sans adoucir son regard, les lettres brodées à l'intérieur.

« La présence d'Arthur était un reproche pour son père, reprit-elle ; si l'absence d'Arthur augmentait chaque jour les angoisses de sa mère, c'est la justice de Jéhovah ! On pourrait tout aussi bien m'accuser de l'avoir rendue folle, parce que les remords ont fini par lui troubler le cerveau, et parce que l'Ordonnateur de toutes choses a voulu qu'elle vécût ainsi de longues années. Le père d'Arthur est mort, il m'a envoyé sa montre avec son : *N'oubliez pas.* Eh bien, je n'oublie pas, quoique je ne lise pas cette phrase avec les mêmes yeux que lui. »

Tandis qu'elle prenait la montre dans la main dont elle avait tout à coup recouvré l'usage, sans paraître remarquer le moins du monde ce changement subit qui s'était opéré en elle, et qu'elle tenait ses regards attachés dessus, comme pour défier ces lettres de l'émouvoir, Rigaud s'écria, en faisant claquer ses doigts d'une façon méprisante :

« Allons, madame, le temps presse. Allons, ma pieuse dame, dépêchons-nous; je sais tout ça, vous ne m'apprenez rien. Arrivons à l'argent volé, ou c'est moi qui raconterai la chose. Mort de ma vie! en voilà bien assez de votre jargon religieux. Arrivons à l'argent volé, et vivement.

— Misérable! répondit Mme Clennam, qui se cacha la tête dans les mains ; par quelle fatale erreur de Jérémie, par quel oubli de sa part, par quelle résurrection des cendres d'un papier brûlé, ce codicille est-il tombé entre vos mains, c'est ce que j'ignore....

— Avec tout cela, dit Rigaud en l'interrompant sans cérémonie, vous avez beau dire, je n'en possède pas moins, dans une bonne petite cachette à moi connue, cette addition laconique au testament de Gilbert Clennam, écrite de la main d'une dame ici présente avec sa signature et celle de notre vieil intrigant! Vous savez que vous avez supprimé l'acte et gardé l'argent.

— Ce n'était pas pour l'argent, misérable!... (Mme Clennam fit comme un effort pour se lever, et même, dans son énergie, elle parvint presque à se dresser sur ses pieds perclus.) Si Gilbert Clennam, réduit à un état d'imbécillité, a eu de prétendus remords au sujet de cette femme,... si dans un moment de faiblesse il m'a dicté, à moi! un codicille destiné à compenser des souffrances imméritées selon lui,... est-ce la même chose d'avoir voulu anéantir cette injustice criante ou d'avoir eu l'idée de m'approprier par convoitise une simple somme d'argent?

— Madame, dit sèchement Rigaud, le vieil oncle a laissé mille livres sterling à la malheureuse femme que vous avez tuée à petit feu; de plus, mille livres sterling à la fille du généreux gentleman qui avait quasi servi de père à la première femme de M. Arthur Clennam, lorsqu'il aurait cinquante ans, ou, dans le cas où ledit gentleman n'aurait pas de fille, à la plus jeune fille de son frère, en souvenir de la protection désintéressée qu'il avait accordée à une orpheline délaissée. Total : deux mille livres sterling. Quoi! n'en viendrons-nous jamais à l'argent?

— Ce protecteur... », reprit Mme Clennam avec beaucoup de véhémence.

Rigaud l'interrompit aussitôt :

« Je veux des noms. Donnez-lui son nom. Appelez-le Frédéric Dorrit. Plus de faux-fuyants!

— Enfin, poursuivit Mme Clennam,... car je touche à la fin de cette histoire, dont je ne parlerai plus, dont je ne veux pas que vous me parliez davantage,... enfin, lorsque je supprimai ce codicille, à la connaissance du père d'Arthur...

— Oui, mais pas de son consentement, vous savez, dit le sieur Flintwinch en l'interrompant brusquement.

— Je n'ai pas dit : avec son consentement, reprit Mme Clennam. Lorsque je supprimai ce document, je ne fis aucune tentative pour le détruire. Je le gardai ici, dans cette maison, pendant bien des années. Comme le reste de la fortune de l'oncle Gilbert revenait au père d'Arthur, je pouvais, à un moment donné, remettre les deux sommes aux héritiers en feignant d'avoir trouvé ce papier par hasard. Mais outre qu'il m'aurait fallu soutenir cette feinte par un mensonge direct — ce qui eût été une grande responsabilité, — je n'ai vu aucun nouveau motif, durant la longue épreuve que j'ai subie dans cette chambre, pour divulguer ce que j'avais caché jusqu'à ce jour. J'ai strictement accompli la mission dont j'étais chargée, et j'ai souffert, entre les quatre murs de cette salle, ce qu'il a plu au Seigneur de me faire souffrir. Lorsque le codicille eut été enfin détruit — à ce que je crois, du moins — en ma présence, la protégée de M. Frédéric Dorrit était morte depuis longtemps, et il y avait déjà longtemps aussi que le protecteur avait eu le sort qu'il méritait : il était ruiné et imbécile. Il n'avait pas d'enfants. J'avais découvert qu'il y avait une nièce, et ce que j'ai fait pour elle valait beaucoup mieux qu'une somme d'argent, dont elle n'aurait pas profité. (Mme Clennam ajouta, après un moment de silence, comme si elle s'adressait à la montre :) Cette jeune fille était innocente, et peut-être n'aurais-je pas oublié de lui abandonner l'argent à ma mort. »

En résumé, voici comment les choses s'étaient passées. Après le retour d'Arthur et ses questions indiscrètes, Mme Clennam avait indiqué à Jérémie l'endroit où elle avait caché le codicille dans la cave, parmi de vieux registres, et lui avait commandé de le brûler en sa présence. Jérémie avait escamoté le codicille et avait brûlé un vieux chiffon de papier. Quant au codicille, il l'avait gardé pour s'en faire, au besoin, une arme contre son associée. Pour plus de sûreté, il l'avait donné en garde, dans une boîte de fer, avec certains autres papiers compromettants, au personnage qui lui ressemblait tant, et que Mme Jérémie avait vu en conférence avec son mari, dans le petit bureau. Ce personnage était le propre frère de M. Flintwinch, un ivrogne et un débauché qui vivait à Anvers. M. Blandois, très lié avec ce gentleman, lui avait dérobé la boîte de fer, et voilà pourquoi il était bien renseigné.

« Personne, dit Mme Clennam à Blandois, ne vous donnera de cette boîte un prix aussi élevé que moi. Ce secret ne vous rapportera jamais autant si vous le vendez à un autre que si vous me le vendez à moi. Mais je ne puis disposer en ce moment de la somme que vous m'avez demandée. Les affaires de notre maison n'ont pas prospéré. Combien voulez-vous maintenant, combien plus tard, et quelle garantie me donnerez-vous de votre discrétion? »

— Mon ange, répondit Rigaud, je vous ai dit mon prix, et le temps presse. Avant de venir ici, j'ai transcrit les plus importants de ces papiers, et j'en ai déposé copie entre les mains d'un tiers. Différez encore jusqu'au moment où la grille de la prison de la Maréchaussée sera fermée pour la nuit, et il sera trop tard pour traiter. Le prisonnier aura lu les pièces. »

Mme Clennam porta les deux mains à sa tête, poussa un cri et se dressa sur ses pieds. Elle vacilla un instant comme si elle allait tomber, puis elle se tint debout devant Rigaud.

« Expliquez-vous! expliquez-vous, misérable! »

Devant ce fantôme raidi d'une femme qui, pendant tant d'années, n'avait pu se redresser, Rigaud recula et baissa la voix.

« Mlle Dorrit, la cadette, dit-il, est en ce moment au chevet du prisonnier, qui est très malade. En venant ici, j'ai, de ma propre main, remis pour elle au guichetier de la prison un paquet accompagné d'une lettre, où je lui dis ce qu'elle doit faire dans l'intérêt de son ami M. Clennam. Elle doit rendre le paquet, sans le décacheter, dans le cas où l'on viendrait le réclamer ce soir avant la fermeture de la prison. Si personne ne vient avant que la cloche ait sonné, elle doit le donner au détenu. Le paquet renferme un double que M. Clennam doit remettre à Mlle Dorrit. Vous êtes-vous figuré que je me serais aventuré ici sans être sûr que mon secret me survivrait? Je vous répète encore une fois que le temps presse. Dès que la cloche aura sonné, le paquet ne sera plus à vendre. »

Il se fit en Mme Clennam une sorte de lutte, puis elle courut à une armoire, et en ouvrit violemment les battants pour y prendre un capuchon ou un châle, dont elle se couvrit la tête.

« Attendez-moi ici », dit-elle à Rigaud, et elle sortit en courant.

De la fenêtre ils la virent traverser la cour d'un air effaré et passer dans la rue. Ils virent bientôt aussi Affery, qui, sortie de la cuisine, se mettait à sa poursuite. Puis M. Jérémie Flintwinch s'avança lentement et à reculons vers la porte, une main dans sa poche, et l'autre à son menton, et disparut comme un serpent qui se tord, sans prononcer une parole.

Rigaud, resté seul, s'allongea sur le rebord de la croisée ouverte, dans l'attitude qui lui était familière à la fenêtre de la prison de Marseille. Posant à côté de lui sa provision de tabac et son briquet, il se mit à fumer, contemplant avec une satisfaction toute particulière une grosse poutre qui se trouvait au-dessus de sa tête.

CHAPITRE XXIV

C'EST FERMÉ

Le soleil était couché, et le crépuscule assombrissait les rues, tandis que la ci-devant recluse les traversait à la hâte. Dans le voisinage immédiat de la vieille maison, sa présence excita peu d'attention, parce qu'elle ne rencontra que quelques rares passants ; mais lorsque, remontant vers le pont de Londres par une des ruelles tortueuses qui conduisent à la rivière, elle déboucha dans un carrefour fréquenté, son aspect y causa une vive surprise.

Eblouie par l'irruption turbulente de cette multitude de visages étonnés qui venaient troubler son long isolement, étourdie par le grand air, plus étourdie encore par la sensation nouvelle de la marche, par les changements inattendus de diverses localités dont elle conservait un vague souvenir, elle poursuivait son chemin, plus attentive aux pensées qui hantaient son cerveau qu'à ce concours d'observateurs qui la regardaient comme un spectacle. Mais, après avoir traversé le pont et marché droit devant elle jusqu'à une certaine distance, elle songea à demander son chemin.

Un jeune homme de petite taille, à l'air doux et tranquille, lui dit : « Vous cherchez la prison de la Maréchaussée ? J'y suis de garde. Traversez la rue et suivez-moi. »

Elle posa la main sur le bras du jeune homme, qui la conduisit de l'autre côté. La porte de la prison s'ouvrit et se referma sur eux. Dans la loge, dont le récent tapage de la rue faisait, par comparaison, un asile des plus paisibles, la lumière jaune d'une lampe luttait déjà contre les ténèbres de la prison.

« Ah çà ! John, demanda le guichetier qui leur avait ouvert la porte, qu'est-ce qu'il y a?

— Rien du tout, père ; cette dame ne savait pas son chemin, et je l'ai amenée. Qui demandez-vous, madame?

— Mlle Dorrit est-elle encore ici?

— Oui, elle est ici. Pourrait-on vous demander votre nom?

— Mme Clennam.

ELLE POURSUIVAIT SON CHEMIN.

— La mère de M. Arthur Clennam? »

Les lèvres de la vieille dame se serrèrent, et elle parut hésiter pour répondre :

« Oui. Il vaut mieux dire que c'est sa mère.

— C'est que, voyez-vous, continua John Chivery, comme la famille de notre directeur est à la campagne pour le moment, notre directeur a mis à la disposition de Mlle Dorrit une des chambres de son appartement. Ne pensez-vous pas que vous feriez aussi bien d'y monter en attendant que j'aille vous chercher Mlle Dorrit? »

Mme Clennam ayant consenti, John prit un trousseau de clefs, ouvrit une porte, et conduisit Mme Clennam dans la maison du gouverneur par un escalier de service. Il la fit entrer dans une chambre où l'on ne voyait presque plus clair, et alla chercher la petite Dorrit. Mme Clennam se tenait là toute troublée, jetant d'en haut un coup d'œil sur cette prison, si différente de la sienne, lorsqu'une exclamation de surprise la fit tressaillir.

La petite Dorrit se tenait devant elle.

« Se peut-il, madame Clennam, que votre santé soit assez bien rétablie pour vous permettre de...? »

La petite Dorrit se tut, car le visage tourné vers elle ne respirait ni la santé ni le bonheur.

« Non. Ce n'est ni la santé ni la force qui m'a permis de venir jusqu'ici, je ne sais pas ce que c'est. On vous a remis un paquet que vous deviez donner à Arthur si personne ne le réclamait avant la clôture des portes de cette prison?

— Oui.

— Je viens le réclamer. »

Amy prit un paquet dans son corsage et le mit dans la main de Mme Clennam, qui resta le bras tendu.

« Avez-vous la moindre idée de ce qu'il renferme? demanda-t-elle.

— Non.

— Lisez. »

La jeune fille prit le paquet et rompit le cachet. Mme Clennam lui donna alors une seconde enveloppe, adressée à *Miss Dorrit*, et garda l'autre. Il faisait trop sombre pour qu'on pût lire ailleurs qu'à la croisée. La petite Dorrit se plaça donc dans l'embrasure de la fenêtre, et se mit à lire. Après avoir laissé échapper quelques exclamations de surprise et de terreur, elle acheva sa lecture en silence; puis elle se retourna et vit son ancienne maîtresse qui se courbait devant elle.

« Maintenant vous savez ce que j'ai fait.

— Oui, ou du moins je crains de le savoir; mais j'ai l'esprit trop troublé, trop plein de regrets et de pitié, pour bien saisir tout ce que je viens de lire, répliqua la petite Dorrit d'une voix agitée.

— Je vous rendrai ce qui vous appartient. Pardonnez-moi; pouvez-vous me pardonner?

— Dieu sait que je vous pardonne de tout mon cœur! Ne baisez pas le bas de ma robe; ne vous agenouillez pas à mes pieds; vous êtes trop âgée pour vous mettre à genoux devant moi. Je vous pardonne sans cela du fond de l'âme.

— J'ai autre chose à vous demander : c'est de cacher tout ceci à Arthur jusqu'à ma mort.

— Si j'étais bien sûre, répondit la petite Dorrit, que la connaissance de ce secret ne pût faire aucun bien à M. Clennam, je....

— Si, après avoir consulté ses intérêts, vous vous croyez le droit de m'épargner pendant le peu de temps qu'il me reste à passer sur cette terre, le ferez-vous?

— Oui.

— Dieu vous bénisse. Arthur ne m'a jamais aimée, mais il m'a toujours traitée avec respect et soumission. Aujourd'hui même il n'est pas changé. S'il faut qu'il me méprise, que ce ne soit qu'après ma mort. »

Le premier coup de cloche prévint les visiteurs qu'il était temps de se retirer.

« Déjà! s'écria Mme Clennam en tressaillant. J'ai une autre grâce à vous demander. Si vous voulez me l'accorder, il n'y a pas de temps à perdre. L'homme qui vous a fait remettre ce paquet et qui possède les originaux de ces papiers, attend chez moi le prix de son silence. Ce n'est qu'en l'achetant que je puis l'empêcher de tout révéler à Arthur. Mais il demande une forte somme, plus d'argent que je ne puis lui en donner sans avoir un peu de temps devant moi. Il ne veut rien rabattre de ses prétentions, car il menace de s'adresser à vous si je n'accepte pas ses conditions. Voulez-vous m'accompagner pour lui montrer que vous savez déjà tout? Voulez-vous m'accompagner pour essayer de le faire changer d'avis? Voulez-vous m'accompagner afin de m'aider à sortir des griffes de ce chat-tigre? »

La petite Dorrit ne se fit pas prier. Elle disparut dans l'intérieur de la prison, revint au bout de quelques minutes et dit qu'elle était prête à partir.

Quand elles arrivèrent à la maison de Mme Clennam, au moment où elles allaient franchir la porte de la cour, un grand bruit les arrêta, pareil à un éclat de tonnerre.

« Quel est ce bruit? Rentrons bien vite », s'écria Mme Clennam.

Elles se trouvaient sur le pas de la porte. La petite Dorrit, laissant échapper un cri de terreur, retint sa compagne.

Un instant elles aperçurent devant elles la vieille maison, où, une cigarette à la bouche, Rigaud prenait toujours ses aises, étendu sur le rebord de la croisée; l'instant d'après, on entendit comme un autre coup de tonnerre, et la maison se souleva, se gonfla, s'effondra et s'affaissa sur elle-même.

Assourdies par le bruit, étouffées, suffoquées, aveuglées par la poussière, les deux femmes se cachèrent le visage et se tinrent immobiles. Le tourbillon de poussière qui s'élevait entre elles et le ciel serein se troua un instant, et leur laissa voir les étoiles. Tandis qu'elles levaient les yeux, appelant au secours d'une voix effarée, la lourde souche de cheminées, restée debout comme une tour au milieu d'un ouragan, se rompit et tomba en une grêle de pierres sur les ruines de la vieille maison, comme si chaque moellon qui s'écroulait eût voulu enterrer plus profondément encore le misérable écrasé sous ses débris.

Noircies par les flots de suie et de poussière qui les couvraient, elles regagnèrent la rue en poussant des cris d'alarme et de terreur. Mme Clennam tomba alors sur le pavé, et à partir de ce jour elle n'eut plus la force de lever un doigt, ni de prononcer une seule parole. Pendant plus de trois ans elle resta couchée dans un fauteuil à roulettes, regardant avec attention ceux qui l'entouraient et paraissant comprendre ce qu'on disait; mais le silence qu'elle avait longtemps gardé d'elle-même avec tant d'opiniâtreté, il ne fut plus en son pouvoir de le rompre. Elle vécut et mourut semblable à une statue.

La vieille Affery, qui les avait suivies depuis la prison, arriva juste à temps pour recevoir sa maîtresse dans ses bras, pour aider à la transporter dans une maison voisine, et pour commencer à lui donner les soins qu'elle lui prodigua avec fidélité jusqu'au dernier moment.

La cause de tous les bruits mystérieux qu'elle avait entendus n'était plus un mystère : la vieille maison s'était, pour ainsi dire, lentement préparée pendant des années à s'effondrer d'un seul coup.

Lorsque l'orage de poussière se fut dissipé et que la nuit eut retrouvé sa sérénité, une foule de curieux vint encombrer toutes les avenues, et il se forma des groupes de travailleurs qui se relayaient pour opérer les fouilles. La rumeur publique répandit d'abord le bruit qu'il se trouvait cent personnes dans la maison qui s'était écroulée; il n'y en eut bientôt plus que cinquante; il finit par se confirmer qu'il y en avait au moins deux. Il fallut bien se contenter de ce chiffre. Les deux victimes étaient le visiteur étranger et M. Flintwinch.

A force de déblayer, on finit par découvrir le visiteur étranger, dont la tête avait été pilée comme verre; quant à M. Flintwinch, on n'en trouva nulle trace.

On acquit bientôt la certitude que le sieur Flintwinch ne se trouvait pas dans la maison lors de l'événement. On ne tarda même pas à savoir qu'il avait été fort occupé ailleurs, échangeant diverses valeurs contre espèces sonnantes, et profitant de sa position d'associé pour empocher à lui tout seul les fonds de la société. Enfin l'on sut, à n'en pouvoir douter, qu'il s'était enfui en Hollande, et Mme Flintwinch rendit grâce au ciel qui l'avait débarrassée de son époux.

CHAPITRE XXV

ON PART

Comme Arthur était toujours malade et que M. Rugg ne voyait poindre à l'horizon légal aucune chance d'un prochain élargissement, le pauvre Pancks s'adressait des reproches de plus en plus poignants. Plus les reproches étaient poignants, plus il se montrait impatient du joug patriarcal. Déjà, dans leurs dernières conférences, les reniflements de M. Pancks avaient pris une intonation courroucée qui ne présageait rien de bon pour son vénérable patron.

Un beau jour M. Casby combla la mesure en accusant son factotum d'être mou à l'égard des locataires, et de passer trop de temps du côté de la prison de la Maréchaussée.

« Je vous recommande, monsieur Pancks, de ne plus songer à vos pertes ni à celles des autres, mais de vous occuper de mes affaires, de vous occuper de mes affaires. »

Le remorqueur accueillit ce sage conseil par une émission si brusque, si rapide et si bruyante du monosyllabe « oh ! » que le lourd Patriarche lui-même dirigea avec assez de vivacité ses grands yeux bleus vers lui. M. Pancks, après s'être soulagé par un reniflement très accentué, dit : « Est-ce tout ?

— Oui, monsieur, c'est tout pour le moment, pour le moment. Je vais, poursuivit le Patriarche en se levant d'un air aimable, je vais faire un petit tour, un petit tour. Peut-être vous retrouverai-je ici ; sinon, monsieur, faites votre devoir, pressurez, pressurez, lundi ; pressurez dès lundi matin. »

Quand le Patriarche fut sorti, le remorqueur le regarda à la dérobée par-dessus les petits stores verts à hauteur d'appui qui garnissaient les croisées. « Je m'en doutais, se dit-il alors. Je savais bien que vous iriez par là. Bon ! »

Puis il regagna son bureau à toute vapeur, mit son chapeau, regarda autour de lui, dit adieu, et se mit en marche pour son propre compte, n'ayant personne à remorquer pour le quart d'heure. Il navigua tout droit vers la cour du Cœur-Saignant, et il vit le Patriarche qui parcourait la cour à pas lents, distribuant des sourires bénévoles à une foule de solliciteurs qui l'entouraient déjà.

Alors le remorqueur se dirigea vite vers son propriétaire.

Le Patriarche, s'avançant avec sa mansuétude habituelle, fut très étonné de voir arriver M. Pancks. Les locataires, de leur côté, ne furent pas moins surpris de cette rencontre inattendue, car le plus ancien habitant de la cour ne se rappelait pas avoir jamais vu en présence le maître et le commis. Mais qu'on juge de leur ébahissement lorsqu'ils virent M. Pancks, s'approchant du plus vénérable des hommes, faire halte en face de lui, abattre son pouce sur son index comme le chien d'un fusil, pour saisir avec beaucoup d'adresse le large bord du chapeau patriarcal, et mettre à nu le chef patriarcal.

Après s'être permis cette petite liberté sur la personne patriarcale, M. Pancks abasourdit bien plus encore les Cœurs-Saignants attirés par cette scène, en s'écriant :

« Maintenant, vieux filou tout sucre et tout miel, nous allons régler nos comptes. Je vous donne ma démission, afin de me procurer le plaisir de vous dire une bonne fois votre fait. Vous êtes un échantillon de la plus exécrable race d'imposteurs qui soit au monde. Moi qui les connais à mes dépens l'une et l'autre, je ne sais pas trop si je ne préfère pas encore la clique des Merdle à celle des Casby. Vous n'êtes qu'un tyran déguisé, un usurier, un grippe-sou, un écorcheur par procuration. Vous n'êtes qu'une canaille philanthropique ! vous n'êtes qu'un hypocrite répugnant ! »

Depuis longtemps déjà les auditeurs auraient abandonné le Patriarche pour passer, comme un seul homme, comme une seule femme ou comme un seul enfant, dans le camp du remorqueur, sans les longs cheveux blancs et le chapeau à larges bords qui faisaient le fond du Patriarche.

« Je ne suis, moi, poursuivit Pancks, que la serinette ; mais voilà celui qui tourne la manivelle pour me faire jouer l'air qu'il veut, et le seul qu'il aime : de l'argent, de l'argent, de l'argent! Voilà le propriétaire, et voici son homme de peine. Oui, mes braves gens, quand il s'en vient dans la cour, bourdonnant doucement comme une grosse toupie d'Allemagne pleine de bienveillance, et quand vous vous pressez autour de lui pour vous plaindre de l'homme de peine, vous ne savez pas quel imposteur c'est que votre propriétaire. Si je vous disais qu'il est venu se montrer ici ce soir afin que lundi prochain tout le blâme retombe sur moi! Si je vous disais qu'il m'a mis sur la sellette, pas plus tard que ce soir, parce que je ne vous pressure pas assez! Si je vous disais qu'au moment où je vous parle, j'ai reçu l'ordre formel de vous mettre à sec lundi prochain ! »

La foule répondit à cette série de suppositions par des murmures.

« Voilà ce que c'est, reprit Pancks, que votre bienveillant Patriarche de Casby avec ses préceptes dorés. On a du plaisir rien qu'à le voir; moi, c'est tout le contraire. Il est doux comme miel, moi amer comme fiel. A présent, continua Pancks, se rapprochant de son ci-devant propriétaire dont il s'était un peu éloigné, afin de permettre aux spectateurs de mieux l'examiner, comme je ne suis guère habitué à parler en public, et que j'ai déjà prononcé un discours assez long, tout bien considéré, je terminerai, mon bel ami, en vous priant d'aller voir là-bas si j'y suis. »

Le dernier des Patriarches avait été tellement surpris par cet assaut, il avait la compréhension si lente et la parole si difficile qu'il ne trouva pas un mot à dire. Il paraissait en train de chercher quelque rubrique patriarcale pour se tirer d'embarras, lorsque M. Pancks, tenant de nouveau le chapeau vénérable, entre le chien et le bassinet, le fit voler avec la même dextérité que la première fois.

Seulement, la première fois, deux ou trois Cœurs-Saignants s'étaient empressés de courir après et de le rapporter respectueusement à la victime du petit remorqueur; mais, ma foi, M. Pancks avait fini par produire une si vive impression sur son auditoire, que Casby, cette fois, fut forcé d'aller ramasser lui-même son couvre-chef.

Prompt comme l'éclair, M. Pancks, qui, depuis quelques minutes, tenait sa main droite dans une des poches de derrière de son habit, en tira une formidable paire de ciseaux et, profitant en traître, du moment où son propriétaire se baissait, il saisit la chevelure sacrée qui retombait en boucles blanches sur les épaules patriarcales, et le tondit à fleur de tête. Dans un paroxysme d'animosité, il s'empara, avec la même rapidité, du chapeau à larges bords que son ennemi venait de ramasser, et le transforma en véritable casserole, qu'il planta sur la tête du Patriarche.

M. Pancks, lui-même, recula d'effroi devant l'horrible résultat de cette profanation.

IL NE TROUVA PAS UN MOT A DIRE.

En effet, debout en face de lui, il voyait un lourd personnage à cheveux ras, à grosse tête, qui le contemplait avec de grands yeux hébétés, qui n'avait rien d'aimable, rien de vénérable, et qui semblait sortir de terre, comme un champignon, pour demander des nouvelles de ce qu'était devenu Casby. Après avoir contemplé à son aise ce fantôme, Pancks jeta ses ciseaux, et s'enfuit à toutes jambes.

CHAPITRE XXVI

LA BOITE DE FER

Les changements qui s'opèrent dans la chambre d'un fiévreux sont lents et capricieux ; mais ceux qui agitent ce monde, en proie lui aussi à la fièvre, sont rapides et irrévocables.

La petite Dorrit avait à surveiller à la fois ces deux sortes de changements. Une partie de sa journée était consacrée au malade. Mais le rôle qu'elle avait à jouer dans la vie réelle avait aussi ses exigences : la patience infatigable de la petite Dorrit faisait face à tout.

Il y avait d'abord Fanny, avec son orgueil, ses boutades, ses caprices et ses exigences.

Il y avait son frère : jeune vieillard, faible, orgueilleux, ivrogne, tremblant des pieds à la tête, affectant de protéger la sœur qu'il aimait d'une affection égoïste, pour la récompenser de ce qu'il se laissait guider par elle.

Puis il y avait Mme Merdle dans son deuil de gaze, disputant pied à pied le terrain à Fanny.

Il y avait encore le pauvre Edmond Sparkler, qui ne savait comment faire pour établir la paix entre les deux rivales.

Après la mort de M. Merdle, la Société s'était demandé si elle continuerait à voir Mme Merdle ; elle s'était décidée pour l'affirmative, la considérant comme une des victimes de ce vulgaire escroc de Merdle. Son fils l'avait recueillie dans son petit hôtel.

La place de M. Sparkler était, fort heureusement pour lui, une sinécure à vie. La petite Dorrit, cependant, se demandait avec inquiétude dans quel coin sacrifié de l'habitation distinguée de M. Sparkler on fourrerait les enfants de Fanny, et qui prendrait soin de ces malheureuses petites victimes encore à naître.

Arthur était beaucoup trop malade pour qu'on pût lui parler de choses capables de l'inquiéter ou de l'agiter, puisque son retour à la santé dépendait du calme dont on parviendrait à entourer son état présent de faiblesse. Toute l'espérance de la petite Dorrit, durant ce temps d'épreuves, se reporta sur M. Meagles. Dès sa première visite au prisonnier, elle lui avait écrit, adressant la lettre à Chérie. Depuis, elle lui avait confié ses inquiétudes sur les points qui lui causaient le plus d'alarme, et surtout sur l'absence prolongée d'un ami comme lui, au moment où sa présence aurait été une si grande consolation pour Arthur.

Sans lui révéler la nature précise des documents tombés entre les mains de M. Rigaud, la petite Dorrit avait confié à M. Meagles les traits principaux de cette histoire. Elle lui avait raconté la mort tragique de l'aventurier. Les habitudes prudentes et réfléchies de l'ancien homme d'affaires lui firent comprendre immédiatement combien il était important de rentrer en possession des documents originaux. Il répondit donc à la petite Dorrit, approuvant fort la sollicitude qu'elle témoignait à cet égard, et déclarant qu'il ne reviendrait pas en Angleterre « sans avoir essayé de les recouvrer ».

Vers la même époque, M. Henry Gowan s'était mis dans l'esprit qu'il serait plus agréable pour lui de rompre avec les Meagles. Il avait trop bon cœur pour défendre à sa femme de les voir; mais il dit à M. Meagles qu'il croyait que, personnellement, ils ne se convenaient pas et qu'ils feraient bien, tout en se reconnaissant l'un l'autre pour les meilleures gens du monde, de ne plus frayer ensemble, le tout poliment, sans scène et sans éclat. Le pauvre M. Meagles, sachant déjà par expérience qu'il ne contribuerait pas au bonheur de sa fille en fréquentant son gendre, toujours disposé à se moquer de lui, répondit :

« C'est bien, Henry! Vous êtes le mari de Minnie; vous avez pris ma place, je n'ai rien à dire, je ferai comme vous voudrez. »

Ayant ce gros chagrin sur le cœur, M. Meagles devait naturellement saisir avec ardeur l'occupation dont la petite Dorrit lui avait offert l'occasion. Il apprit de sa fille les villes que Rigaud avait traversées et le nom des divers hôtels qu'il avait habités depuis quelque temps.

La tâche que se donna M. Meagles fut de visiter ces villes et ces hôtels avec autant de discrétion et de promptitude que possible, et, dans le cas où il découvrirait que le gentilhomme cosmopolite avait laissé derrière lui, en garantie de la carte à payer, quelque boîte ou quelque paquet, de payer l'addition et de se faire remettre le paquet ou la boîte.

Quoique, dans son pèlerinage, M. Meagles eût déjà suivi la piste de Blandois jusqu'à Paris sans avoir rien découvert, il ne se découragea pas pour cela. A Paris il trouva, l'attendant à son hôtel, une lettre de la petite Dorrit. La jeune fille lui annonçait qu'elle avait pu causer pendant quelques minutes avec M. Clennam à propos de ce Rigaud; lorsqu'elle lui avait dit que son ami M. Meagles désirait obtenir quelques renseignements sur le compte de cet aventurier, il l'avait priée d'écrire à M. Meagles que Mlle Wade avait connu l'individu et qu'elle habitait à Calais, telle rue et tel numéro.

Mlle Wade reçut plus que froidement M. Meagles, et déclara sèchement que M. Blandois ne lui avait point laissé de papiers en dépôt.

« Allons, soupira M. Meagles en se levant, j'en suis fâché, c'est une affaire finie. J'espère que vous ne m'en voudrez pas de vous avoir dérangée pour rien?... Tattycoram va bien, mademoiselle Wade?

— Si Henriette va bien? Oh oui! très bien. »

En arrivant à l'hôtel, où il avait laissé Mme Meagles, il lui dit :

« Partie perdue, mère : nous sommes battus. »

De là il se transporta au paquebot de Londres, qui partait cette nuit; puis, enfin, à la prison de la Maréchaussée.

Le fidèle John était de garde lorsque papa et maman Meagles se présentèrent à l'entrée de la loge, vers l'heure du crépuscule. Mlle Dorrit ne se trouvait pas pour le moment dans la prison, leur dit-il; mais elle était venue dans la matinée, et elle revenait tous les soirs. M. Clennam allait beaucoup mieux; Maggy, Mme Plornish et M. Baptiste le soignaient à tour de rôle. Mlle Dorrit ne manquerait certainement pas de revenir avant que la cloche eût sonné. Si les visiteurs n'étaient pas pressés, ils pourraient l'attendre dans la chambre que le directeur lui avait prêtée. Craignant que son apparition subite ne fît du mal au prisonnier, M. Meagles accepta l'offre et fut enfermé avec sa femme dans la chambre : il put de là se distraire en regardant, à travers les grilles, la cour où se promenaient les détenus.

Il se tourna vers la porte, qu'il venait d'entendre ouvrir.

« Eh mais! miséricorde! s'écria-t-il, ce n'est pas Mlle Dorrit; voyez donc, mère! Tattycoram! »

Tattycoram en personne. Et dans les bras de Tattycoram on voyait un coffret de fer d'environ deux pieds carrés. C'était bien une boîte pareille que Mme Jérémie, dans un de ses rêves, avait vu sortir de la vieille maison sous le bras du frère jumeau du sieur Flintwinch.

TATTYCORAM DÉPOSA CETTE BOITE AUX PIEDS DE SON ANCIEN MAITRE.

Tattycoram déposa cette boîte aux pieds de son ancien maître; puis elle tomba elle-même à genoux à côté de cette boîte, la frappa de ses deux mains en criant d'un air moitié triomphant et moitié désespéré, moitié riant et moitié pleurant :

« Pardonnez-moi, cher maître; reprenez-moi, chère maîtresse. Voilà la boîte!

— Tatty! s'écria M. Meagles.

— C'est bien là ce que vous cherchiez? continua Tattycoram. La voilà. Mlle Wade m'avait fait entrer dans une chambre voisine afin de m'empêcher de vous voir. J'ai entendu les questions que vous lui avez faites sur cette boîte ; je l'ai entendue vous répondre qu'elle ne l'avait pas. Mais comme j'étais présente quand cet homme l'avait laissée chez nous: le soir même, au lieu d'aller me coucher, je l'ai prise et je l'ai emportée ; la voici.

— Mais, ma fille, s'écria M. Meagles, comment avez-vous pu arriver en même temps que nous?

— J'ai fait la traversée sur le même paquebot que vous. Lorsque vous avez pris une voiture, sur le quai, j'en ai pris une aussi et je vous ai suivis. Elle ne vous l'aurait jamais rendue, après avoir appris de vous quelles sont les personnes qui la cherchent. Elle l'aurait plutôt jetée à la mer ou brûlée. Mais la voilà ! »

Avec quelle joie, quel ravissement l'enfant prodigue répétait : « La voilà ! »

« Elle avait prié cet homme de ne pas la laisser chez elle, je dois lui rendre cette justice ; mais il a insisté ; et après vous avoir soutenu qu'elle ne l'avait pas, elle ne vous l'aurait jamais rendue. Mais la voilà ! Cher maître, chère maîtresse, reprenez-moi et rendez-moi mon ancien nom! Pardonnez-moi en faveur de la boîte! »

Papa et maman Meagles ne méritèrent jamais mieux leur nom que lorsqu'ils reprirent sous leur protection paternelle cette enfant terrible qui n'avait jamais eu ni père ni mère.

La porte s'ouvrit de nouveau. Tattycoram se calma et la petite Dorrit entra. M. Meagles lui montra la boîte avec un geste de joie et d'orgueil. Un mélange de joie et de reconnaissance vint illuminer le visage de la jeune fille. Désormais le secret était sain et sauf. Arthur ne saurait jamais d'elle ce qu'elle voulait lui taire ; il ne saurait jamais ce qu'elle avait perdu ; plus tard elle lui dirait ce qu'il lui importait d'apprendre et ce qui le concernait personnellement ; mais il n'apprendrait jamais ce qui ne regardait qu'elle seule. Tout cela était passé, pardonné, oublié.

« Maintenant, ma chère demoiselle Dorrit, dit M. Meagles, vous savez que je suis un homme rompu aux affaires... ou du moins que je l'ai été... et en conséquence je vais prendre mes mesures avec toute la promptitude possible. Ferai-je bien de voir Arthur ce soir ?

— Je crois qu'il vaut mieux différer. Je vais monter chez lui et lui demander comment il se porte. Mais je crois pouvoir dire d'avance qu'il vaudra mieux ne pas le voir ce soir.

— Je suis de votre avis, ma chère, dit M. Meagles ; aussi n'ai-je point voulu quitter cette chambre lugubre pour me rapprocher de lui. Il est probable maintenant que je ne le verrai pas d'ici à quelque temps. Mais que je ne vous retienne pas.... Je vous expliquerai à votre retour ce que je veux dire. »

La petite Dorrit fut bientôt de retour ; elle leur conseilla de ne pas déranger cette nuit le détenu, qu'elle avait laissé calme et tranquille.

« Très bien, dit M. Meagles d'un ton encourageant. Vous avez raison, tout à fait raison. Je vous charge donc, ma bonne petite garde-malade, de me rappeler à son souvenir, et je sais que je ne puis choisir une meilleure messagère. Je me remets en route demain matin. »

La petite Dorrit, surprise, lui demanda où il comptait aller.

« Ma chère demoiselle, reprit M. Meagles, je ne puis vivre sans respirer. Or la vue de cette prison m'a coupé la respiration, et je ne la retrouverai que lorsque Clennam sera hors d'ici.

— Est-ce là une raison pour partir demain matin ?

— Vous allez voir, continua M. Meagles. Cette nuit, nous couchons dans un hôtel de la Cité. Demain matin, Mère et Tattycoram retourneront à Twickenham. Moi, je me mettrai en route pour aller trouver Doyce. Il faut absolument que Daniel vienne ici, car je vous dirai, ma chère enfant, qu'il est parfaitement inutile d'écrire, de former des hypothèses et des plans conditionnels sur telle ou telle chose qui doit arriver à telle ou telle époque : il faut avant tout que Doyce soit ici. Qu'est-ce que cela me coûte d'aller le chercher ? Je suis un voyageur aguerri ; toutes les langues et toutes les coutumes étrangères ne m'embarrassent pas plus l'une que l'autre,... je n'en comprends pas une. C'est ce qui fait que je ne suis jamais embarrassé. »

Ils gagnèrent la rue au moment où la cloche commençait à retentir, M. Meagles portant la boîte. La petite Dorrit n'avait pas de voiture, ce qui étonna un peu papa Meagles. Il héla un fiacre, la fit monter dedans et plaça la boîte à côté d'elle lorsqu'elle fut assise. Puis ils se dirent au revoir.

CHAPITRE XXVII

CONCLUSION.

C'était par un beau jour d'automne. Ce jour-là, la petite Dorrit, en venant voir le prisonnier avec Maggy, lui apprit une singulière nouvelle : l'héritage de M. William Dorrit avait été englouti avec tant d'autres héritages dans la banqueroute de M. Merdle. La petite Dorrit était donc aussi pauvre qu'à l'époque où Clennam avait fait sa connaissance.

Jusque-là Clennam, quoiqu'il eût appris tout ce qu'elle valait, et quoiqu'il l'aimât de tout son cœur, n'avait pas osé lui demander de devenir sa femme : il était trop fier pour demander la main d'une jeune fille riche. La sachant ruinée, il n'hésita plus, et il fut convenu que le mariage aurait lieu quand les affaires de Clennam seraient réglées : car elles étaient en bonne voie d'arrangement. Le premier moment de colère passé, les créanciers de Doyce et Clennam étaient devenus fort accommodants.

L'automne se passa. Un matin, Arthur entendit dans l'escalier les pas de plusieurs personnes.

« Cher Arthur, cria, de l'autre côté de la porte, la voix de la petite Dorrit, je vous amène quelqu'un. Puis-je le faire entrer ? »

Clennam avait cru entendre monter trois personnes. Il répondit oui, et la petite Dorrit entra avec M. Meagles.

Papa Meagles, le teint bronzé et l'air guilleret, ouvrit les bras à Arthur et l'y serra comme un brave compère bronzé qu'il était.

« Allons, tout va bien, dit M. Meagles au bout de quelques minutes. Voilà qui est fait. Arthur, mon cher garçon, avouez tout de suite que vous comptiez me voir beaucoup plus tôt.

— En effet, répondit Arthur; mais Amy m'a dit que, sans demander d'autres explications, je ne devais m'attendre à recevoir de vos nouvelles que le jour où je vous verrais.

— Eh bien, vous me voyez, mon garçon, s'écria M. Meagles en lui donnant une cordiale poignée de main ; et je vais vous fournir toutes les explications possibles. Le fait est que je suis venu tout droit vous voir, à mon retour d'Italie,... autrement je n'oserais pas vous regarder en face aujourd'hui,... mais vous n'étiez pas en état de recevoir des visites, et il m'a fallu repartir tout de suite pour rattraper Doyce.

— Pauvre Doyce ! soupira Clennam.

— Ne lui dites pas, derrière son dos, des sottises qu'il ne mérite pas, dit M. Meagles en l'interrompant. Il n'est pas pauvre ; ses affaires marchent très bien, je vous en réponds. Doyce est un grand homme là-bas. Je vous assure que ça marche comme sur des roulettes.

— J'ai un grand poids de moins sur la conscience ! s'écria Clennam. Si vous saviez comme cette nouvelle me rend heureux.

— Heureux ! s'écria M. Meagles, ne parlez pas de bonheur avant d'avoir vu Daniel. Je vous assure qu'il dirige là-bas des travaux à vous faire dresser les cheveux sur la tête.

— Vous m'auriez apporté le double de ce que j'ai perdu, s'écria Arthur, que vous ne m'auriez pas fait autant de plaisir.

— Je sais ça, je sais ça, dit M. Meagles, et c'est pour cela que j'ai commencé par là. Maintenant, pour en revenir à mon voyage à la recherche de Doyce, j'ai fini par l'attraper. Je suis tombé sur lui au milieu d'un tas de ces sales moricauds qui portent des bonnets de femme beaucoup trop grands pour eux, sous prétexte qu'ils appartiennent à la race arabe ou à d'autres races non moins incohérentes. Mais vous les connaissez bien, vous, après tous vos voyages. Il allait justement partir pour me rejoindre, lorsque je venais le chercher ; de sorte que nous sommes revenus ensemble.

— Doyce serait en Angleterre ? s'écria Arthur.

— Là ! fit papa Meagles en étendant les bras. Je n'en fais jamais d'autres ! Je suis le plus mauvais négociateur qu'on puisse imaginer. Je ne sais pas ce que je serais devenu si l'on m'avait mis dans la diplomatie. J'aurais été bêtement tout droit mon chemin ! Bref, mon cher Arthur, voilà quelque chose comme quinze jours que nous sommes en Angleterre. Et si vous me demandez où Daniel Doyce se trouve en ce moment, je vous répondrai en bon anglais : « Le voici ! » Maintenant laissez-moi respirer à mon aise. »

Doyce s'élança de derrière la porte, saisit Arthur par les deux mains et raconta le reste lui-même.

« Mon cher Clennam, je n'ai que trois choses à vous dire, et ce ne sera pas long. *Primo*, pas un mot du passé. Il s'est glissé une erreur dans vos calculs. Je sais ce que c'est. Cela dérange le mécanisme, et il en résulte que tout va de travers. Vous profiterez de la leçon pour éviter cet inconvénient. J'ai commis bien des erreurs semblables en construisant une machine. Voilà pour le *primo*. Passons au *secundo*. J'ai été fâché de vous voir prendre la chose assez à cœur pour vous adresser de si sévères reproches ; je voyageais nuit et jour pour mettre ordre à tout cela, avec l'ami que voilà, lorsque nous nous sommes rencontrés ainsi qu'il vous l'a raconté. *Tertio*, nous sommes tombés d'accord, lui et moi, sur le point que voici : après ce que vous aviez souffert, au sortir de votre crise de découragement et de votre maladie, ce serait vous causer une agréable surprise de nous tenir cois jusqu'à ce que les affaires eussent été tranquillement arrangées à votre insu, puis de venir vous annoncer que tout est réglé ; la maison n'a jamais eu plus grand besoin de vous qu'en ce moment, et une nouvelle carrière s'ouvre pour vous et pour moi, en qualité d'associés. Une carrière heureuse, j'ose le croire. Voilà pour le troisième point. Mais vous savez que, nous autres mécaniciens, nous faisons toujours la part du frottement : aussi me suis-je réservé un peu d'espace pour me retourner. Mon cher Clennam, j'ai pleine et entière confiance en vous ; vous pouvez m'être tout aussi utile que je puis ou que j'ai jamais pu l'être pour vous. Votre ancien bureau vous attend et a grand besoin de votre présence. Il n'y a rien qui doive vous retenir ici une demi-heure de plus. »

Il y eut un moment de silence, pendant lequel Arthur resta le visage tourné vers la cour, dans l'embrasure de la fenêtre où celle qui allait bientôt devenir sa femme venait de s'approcher de lui.

Daniel Doyce reprit en les regardant :

« J'ai avancé tout à l'heure un fait que j'ai lieu maintenant de croire erroné. J'ai dit, Clennam, qu'il n'y avait rien qui dût vous retenir ici une demi-heure de plus. Ai-je tort de croire à présent, mon ami, que vous préférez ne sortir d'ici que demain matin? Ai-je deviné, sans être bien malin, où vous voudriez aller tout droit en quittant les murs de cette prison et de cette chambre?

— Vous avez deviné, répondit Arthur : c'est en effet notre vœu le plus cher.

— Très bien! dit Daniel. Dans ce cas, si mademoiselle Dorrit veut me faire l'honneur de me regarder pendant vingt-quatre heures

ILS S'ARRÊTÈRENT SUR LES MARCHES. (Voir p. 317.)

comme un père, et m'accompagner du côté de l'église Saint-Paul, j'ai dans l'idée que nous avons besoin d'aller faire un tour par là. »

La petite Dorrit et M. Doyce ne tardèrent pas à sortir ensemble, et M. Meagles resta en arrière pour dire quelques mots à son ami.

« Je crois, Arthur, que vous pourrez vous passer de Mère et de moi, demain matin, pour le mariage; nous resterons chez nous. Mère ne pourrait pas s'empêcher de penser tout de suite à Chérie, et vous savez comme elle a le cœur tendre. Elle sera mieux là-bas, à Twickenham, où je resterai pour lui tenir compagnie. »

Sur ce, ils se séparèrent pour le moment. Et le jour toucha à sa fin, et la nuit s'écoula; le jour reparut, et la petite Dorrit, aussi simplement mise que d'habitude, rentra dans la prison avec les premiers rayons du soleil, sans autre demoiselle d'honneur que Maggy.

« Ma chère enfant, dit Arthur, pourquoi donc Maggy allume-t-elle du feu ? nous allons partir tout de suite.

— C'est moi qui lui ai dit d'en allumer.... Il m'est venu une idée bizarre. Je veux vous prier de brûler quelque chose pour moi.

— Quoi donc ?

— Ce papier plié en quatre. Si vous voulez bien le jeter au feu de votre propre main, tel qu'il est, vous aurez contenté ma fantaisie.

— Vous êtes donc superstitieuse, ma petite Dorrit ? Est-ce un talisman ?

— C'est tout ce que vous voudrez, mon ami, répondit-elle, tandis que ses yeux riaient, pour peu que vous consentiez à m'obéir dès que le feu sera pris. »

Ils restèrent devant la cheminée, observant le feu.

« Flambe-t-il assez maintenant ? demanda Arthur.

— Oui », répondit la petite Dorrit.

Clennam jeta dans le feu le papier, qui se mit à flamber.

Ils traversèrent tranquillement la cour, car il ne s'y trouvait personne, bien que plus d'un détenu les regardât à la dérobée, caché derrière ses rideaux. Dans la loge ils ne rencontrèrent qu'un seul guichetier, c'était une vieille connaissance. Lorsqu'ils lui eurent, tous deux, adressé de bonnes paroles, la petite Dorrit se retourna une dernière fois, et dit en lui tendant la main :

« Adieu, mon bon John ! J'espère que vous serez heureux, mon ami. »

De la prison ils se rendirent directement à l'église voisine et s'avancèrent vers l'autel, où Daniel Doyce, en sa qualité de père de la mariée, les attendait déjà.

Et ils furent mariés, tandis que le soleil brillait sur eux à travers l'image du Sauveur peint sur le vitrail. Puis ils entrèrent dans cette même sacristie où la petite Dorrit avait dormi après sa grande soirée, afin de signer leurs noms sur le registre des mariages. Là M. Pancks (destiné à devenir premier commis de Doyce et Clennam, et plus tard un des associés de la maison) assista en ami à la signature, donnant galamment le bras droit à Flora, tandis que Maggy accaparait le bras gauche, et qu'au dernier plan se tenaient les Chivery, père et fils, avec les autres guichetiers, qui étaient accourus un instant, abandonnant la geôle, pour voir l'heureuse enfant de la prison.

Lorsque les nouveaux mariés eurent signé, on s'écarta pour les laisser passer, et la petite Dorrit et son mari s'éloignèrent. Ils s'arrêtèrent sur les marches, sous le porche de l'église, contemplant la fraîche perspective de la rue qu'éclairaient les brillants rayons d'un soleil d'automne; puis ils descendirent.

Ils descendirent le cours d'une existence modèle, utile et heureuse; ils descendirent les marches de la vie pour donner, au bout de quelques années, les soins d'une mère aux enfants délaissés de Fanny (aussi bien qu'aux leurs), pendant que cette dame passait toute la sainte journée à s'ennuyer... ou à briller dans le monde, ce qui revient absolument au même. Ils descendirent les marches de la vie pour donner à Tip une fidèle amie et une douce garde-malade qui ne se rebuta jamais de ses nombreuses exigences, et ferma tendrement les yeux du malheureux jeune homme à tous les fruits de corruption engendrés dans la prison pour dettes. Ils descendirent tranquillement les rues bruyantes, heureux désormais et inséparables; et tandis qu'ils passaient tour à tour du soleil à l'ombre et de l'ombre au soleil, ils ne s'inquiétaient guère de voir tout ce que le monde renferme de tapageurs, de gens avides, orgueilleux, froissés et vaniteux, continuer à s'agiter comme par le passé, à s'échauffer et à faire leurs embarras comme à l'ordinaire.

FIN

TABLE DES CHAPITRES

Livre I. — PAUVRETÉ

		Pages.
Chapitre I.	— Au soleil et à l'ombre	5
II.	— Compagnons de voyage	13
III.	— Chez soi	21
IV.	— Mme Jérémie fait un rêve	28
V.	— Affaires de famille	31
VI.	— Le Père de la Maréchaussée	37
VII.	— L'Enfant de la Maréchaussée	41
VIII.	— La geôle	45
IX.	— Petite mère	50
X.	— Renfermant toute la théorie de l'art de gouverner	59
XI.	— Le voilà lâché, gare !	64
XII.	— La cour du Cœur-Saignant	69
XIII.	— Patriarche	73
XIV.	— La soirée de la petite Dorrit	84
XV.	— Mme Jérémie Flintwinch fait un autre rêve	88
XVI.	— A Twickenham	92
XVII.	— M. Gowan	97
XVIII.	— La maladie de M. Merdle	102
XIX.	— Enigme	106
XX.	— La machine en mouvement	110
XXI.	— La bonne aventure	113
XXII.	— Conspirateurs et autres	118
XXIII.	— Mme Jérémie continue à rêver	122
XXIV.	— La parole d'honneur d'un gentilhomme	127
XXV.	— Encore la bonne aventure	135
XXVI.	— Sujet de plainte de Mme Merdle	141
XXVII.	— Un banc de Mollusques	145
XXVIII.	— Ce qu'il y avait derrière M. Pancks sur la main de la petite Dorrit	149

TABLE DES CHAPITRES.

Livre II. — RICHESSE.

	Pages.
Chapitre I. — Les compagnons de voyage	161
II. — Mme Général	169
III. — Rencontre	171
IV. — Il y a quelque chose qui cloche quelque part	178
V. — Il y a quelque chose quelque part qui va bien	185
VI. — Où il est surtout question de prunes et de prismes	191
VII. — Parais! disparais!	195
VIII. — Les rêves de Mme Jérémie se compliquent	201
IX. — Où le lecteur assiste à une grande conférence patriotique	206
X. — Les progrès d'une épidémie	211
XI. — Un mariage	216
XII. — Ça marche toujours	226
XIII. — Disparition	230
XIV. — Une visite désagréable	237
XV. — Les deux frères	242
XVI. — Voyage inutile	250
XVII. — Mme Jérémie refuse d'expliquer ses rêves	255
XVIII. — Le soir d'une longue journée	259
XIX. — Le maître d'hôtel se démet de son pouvoir	265
XX. — Orage	270
XXI. — Nouvelle apparition de la Maréchaussée	275
XXII. — Combat de générosité dans la Maréchaussée	283
XXIII. — On ferme	287
XXIV. — C'est fermé	296
XXV. — On part	302
XXVI. — La boîte de fer	306
XXVII. — Conclusion	312

Imprimerie A. Lahure, rue de Fleurus, 9, à Paris.

www.ingramcontent.com/pod-product-compliance
Lightning Source LLC
Chambersburg PA
CBHW060417170426
43199CB00013B/2173